社会病理学講座

病める関係性
―ミクロ社会の病理―

高原正興・矢島正見
森田洋司・井出裕久

［編著］

学 文 社

執筆者

＊森田　洋司	大阪市立大学	（序章）
竹川　郁雄	愛媛大学	（第1章）
石川　洋明	名古屋市立大学	（第2章）
工藤　宏司	大阪府立大学	（第3章）
高橋　良彰	大正大学	（第4章）
山本　　功	淑徳大学	（第5章）
増田　周二	東北学院大学	（第6章）
＊井出　裕久	大正大学	（第7章）
神原　文子	神戸学院大学	（第8章）
中村　　正	立命館大学	（第9章）
石川　義之	大阪樟蔭女子大学	（第10章）
魁生由美子	瀬戸内短期大学	（第11章）
＊高原　正興	京都府立大学	（終章）
＊矢島　正見	中央大学	

（執筆順＊は編者）

はしがき

　一般的に「社会病理」や「問題行動」と呼ばれる現象は，いつもマスメディアの絶好のターゲットになり，世論を喚起しやすい。その第1は，「いじめ」→「不登校」→「ひきこもり」とシフトしてきた「希薄化する関係性」に関わる現象であり，第2は，「少年非行」や「少女売春」のような「浮遊する関係性」に関わる現象であるといえる。第1部で取り上げているこれらの諸現象は，しばしば「青少年問題」としてマスメディアの舞台で語られてきた。また，第3に，親子，夫婦，職場，男女の間で潜在・顕在する「濃密化する関係性」や「歪む関係性」に関わる現象がある。第2部で取り上げているこれらの諸現象は，家族や職場で望ましい人間関係を形成できない大人たちの問題として，また，時には「死に至る病」として世論化されてきた。

　ところで，この社会病理学講座の企画段階で，「マクロ社会の病理」と「ミクロ社会の病理」を独立した巻に収めるという構想は早くから了解済みであった。そこで，「社会病理」諸現象のミクロ分析という社会病理学の「定番」を扱う本巻としては，(1)最近マスメディアや世論の対象になっているトピカルな現象に現代的に切り込むこと，(2)各章が散漫にならないように「病める関係性」の視点を設定すること，(3)第4巻の「援助・処遇・介入」という臨床・実践の領域と住み分けることなどを確認して，編集担当は「定番ものの弊害」からの脱却を図ろうと考えた。

　幸いにして，執筆者各位のご尽力により，上記(1)の「現代的な切り込み」を各章にわたって展開することができたと思っている。また，企画段階での矢島プランのおかげで，(2)の「病める関係性」の視点を1部・2部に明示することができた(しかし，企画編集を担われた矢島氏が，闘病のために執筆できなくなったことは残念でならない。幸いにして，当書刊行の頃は全快される見通しで安堵している)。そして，本巻の大きな方法論上の課題は，経験科学・実証

i

科学と構築主義・言説論の分立の「調整」であった。この点については，各章が対象にした諸現象の実証可能性と言説性のウエイト，各執筆者が依拠する方法論上のスタンスなどのために，記述の統一を図ることはできないまでも，この分立状況をふまえて各章が展開されていると思っている。

　最後に，編集担当の力不足と多忙のために，学文社には多大なご迷惑をおかけしたことをお詫びしたい。それでも，遅れがちな原稿の執筆を叱咤激励されながら，快活なお声で度々研究室に連絡をとっていただいた学文社社長田中千津子氏に，この場を借りて厚く御礼申し上げる。

　2003年12月

編者を代表して　　高原　正興

目　次

序章　病める関係性の時代……………………………………………1
　Ⅰ　「病める関係性」の意味　1
　Ⅱ　病理研究が胚胎する認識上の隠蔽作用　4
　Ⅲ　日常性に潜む逸脱生成の契機　7
　Ⅳ　日本社会の私事化の動向　10
　Ⅴ　リスクの個人化と新たな関係性の形成　11

第1部　希薄化・浮遊する関係性の病理

第1章　い　じ　め………………………………………………17
　Ⅰ　いじめ現象への関心　17
　Ⅱ　いじめの特定化について……………………………18
　　(1) 日常用語としてのいじめといじめ定義について　19／(2) いじめの物語を作ることの必要性　23／(3) いじめの国際比較研究　26
　Ⅲ　いじめと仲間集団　27

第2章　不　登　校………………………………………………33
　Ⅰ　問題の所在　33
　Ⅱ　解決策をめぐる論争　34
　　(1) 問題提起期　34／(2) 取り込み模索期　35／(3) 葛藤期　35／(4) 文部省の見解の変遷　36／(5) 新たな方向　37
　Ⅲ　ひきこもり問題からのインパクトと登校刺激の再登場　37
　Ⅳ　評価と考察　39
　　(1) 学校の「硬さ」　40／(2) 「不登校の権利」と「自立を促す権利」　43／

(3) 学校の去勢機能　44

　Ⅴ　今後の課題　46

第3章　ひきこもり ………………………………………………………… 49

　Ⅰ　「ひきこもり」統計の問題と本章の目的　49

　Ⅱ　「ひきこもり」実態調査の困難　50

　　(1) 相談状況調査　50／(2) 「ひきこもり」認知調査　51／(3) 「厳密な定義」の有効性？　53

　Ⅲ　「ひきこもり」定義の「曖昧さ」　54

　Ⅳ　意味の達成——状況依存的表現の合理的性質　56

　Ⅴ　「厳密な定義」作成から定義運用の注視へ　59

第4章　少年非行——家庭を中心にして—— ……………………………… 65

　Ⅰ　非行の社会問題化と特異犯罪少年の家庭　65

　Ⅱ　非行少年と一般少年の家庭背景の比較　67

　　(1) 家族の状況　68／(2) 経済状態　70／(3) 家庭における人間関係　71

　Ⅲ　累犯少年の家庭背景　74

　　(1) 家族の状況　74／(2) 家族との関係　77

第5章　少女売春 ……………………………………………………………… 81

　Ⅰ　「少女売春」とは　81

　　(1) 「少女」とは誰か　81／(2) 「売春」とは何か　83／(3) 少女売春か少女買春か　84

　Ⅱ　当事者に焦点をあてた「少女売春」研究　85

　Ⅲ　少女売春を論じることを論じる　89

　Ⅳ　論じ方の4つの類型　93

目 次

第2部　濃密化・歪む関係性の病理

第6章　子ども虐待——情緒的虐待を中心にして—— ………………… 99
- Ⅰ　テーマの限定　99
- Ⅱ　情緒的虐待の定義　100
- Ⅲ　情緒的虐待の原因　100
- Ⅳ　情緒的虐待のケースにおける愛着と絆　105
  - (1) 母性の剥奪　105／(2) 母性的な絆　106／(3) 情緒的虐待と無視のケースにおける母性的な絆の歪み　107
- Ⅴ　非器質的発育障害　108
- Ⅵ　心理社会的発育不全症　110
- Ⅶ　心理社会的発育不全症の子どもとその問題行動　112
  - (1) 自傷行為　112／(2) 異様な摂食行動　113／(3) 排泄行為　113／(4) 破壊行為　114
- Ⅷ　授食行為を通した母親と子どもの相互作用　114
- Ⅸ　子どもの特性と親子の相互作用（むすびにかえて）　118

第7章　過　労　死 ……………………………………………………… 121
- Ⅰ　過労死の社会問題化　121
- Ⅱ　過労死問題の2側面　124
- Ⅲ　労災認定問題としての過労死　125
  - (1) 家族の生活上の切実さ　125／(2) 労災認定の厚い壁　126／(3) 「生」の正当な承認　128
- Ⅳ　「働きすぎ」と過労死　130
- Ⅴ　「働きすぎ」と〈仕事〉の信憑　134

第8章　夫婦間コンフリクト ……………………………………………… 139
- Ⅰ　夫婦関係のコンフリクト・アプローチ　139

(1) 近年の離婚と夫婦間コンフリクト　139／(2) 夫婦間コンフリクトとは？　140

　Ⅱ　夫婦間コンフリクトの分析視角　141

　　(1) 夫婦関係のとらえ方　141／(2) カップル関係における夫婦間コンフリクト　142／(3) 家族メンバーとしての夫婦間コンフリクト　143／(4) 生活主体としての夫婦間コンフリクト　145

　Ⅲ　現代の夫婦関係と夫婦間コンフリクト　147

　　(1) 家族にとっての自分から，私にとっての家族へ　147／(2) 夫婦間平等志向とコンフリクト　148／(3) 夫婦協働化とコンフリクト　149／(4) 離婚への後押し　150

　Ⅳ　夫婦間コンフリクトと夫婦間の病理への対処法　151

第9章　ドメスティック・バイオレンス……………………………………155

　Ⅰ　ドメスティック・バイオレンス——言葉のポリティクス——　155

　Ⅱ　親密な関係への法的介入の過程——新しい領域の法化——　156

　Ⅲ　不作為命令の創設　157

　Ⅳ　DV生成の背景としての家族の特質　159

　Ⅴ　ケアリングと暴力　161

　Ⅵ　心理的暴力と家族関係　164

　Ⅶ　ドメスティック・サービスと暴力　167

　Ⅷ　今後の課題　169

第10章　セクシュアル・ハラスメント……………………………………173

　Ⅰ　ある女性のライフ・ヒストリー——性的被害個別面接調査から——　173

　Ⅱ　セクシュアル・ハラスメントの概念　175

　Ⅲ　セクシュアル・ハラスメントの実態　179

　Ⅳ　セクシュアル・ハラスメント被害の影響　181

(1) 社会的・経済的影響　181／(2) 心理的影響　182／(3) 2次被害　184

　Ⅴ　セクシュアル・ハラスメントの発生メカニズムとそれへの対応　186

第11章　ストーカー……………………………………………………………193

　Ⅰ　社会問題としてのストーカー　193

　Ⅱ　ストーカー規制法の概要および運用　194

　　(1)「ストーカー規制法」による定義　194／(2)「ストーカー規制法」成立の経緯　197／(3) ストーカー規制法の適用　197

　Ⅲ　ストーカー言説という現象　199

　　(1) ストーカー関連図書の出版概況　199／(2) ストーカー言説の「文法」と虚構のモティーフ　202／(3) ロマンティック・ラブとストーカー行為　203

　Ⅳ　ストーカーの説明原理　205

　　(1)〈わたし〉の内部へ向かうストーカー言説　205／(2)「人格障害」というカテゴリー　206／(3) ストーカーを生む社会文化的背景　207

　Ⅴ　ストーカー行為の予防のために　208

第12章　病める関係性とマクロ問題――自殺の分析から――………………213

　Ⅰ　問題の所在　213

　Ⅱ　自殺の概念と意味　214

　Ⅲ　自殺の社会学的研究の系譜　216

　Ⅳ　日本の自殺統計の特徴　218

　Ⅴ　現代日本における自殺の社会学的分析　221

　Ⅵ　自殺の「社会問題化」　226

　Ⅶ　マクロ社会の病理としての自殺　227

索　引……………………………………………………………………………231

序章　病める関係性の時代

I　「病める関係性」の意味

　社会学の歴史を紐解いてみると，その進展の背後に，研究者の認識の枠組みや価値観や研究者が立脚している社会的な基盤を相対化し，自らを研究の対象としつつ，常に自問し自省することによって新たな視点やアプローチの方法が見出されてきたという側面を見逃すことはできない。

　とりわけ，社会問題やさまざまな逸脱事象を取り扱う社会病理学においては，社会がその事象をどのように認識しているのか，社会的なベクトルはどの方向に向けられようとしているのか，そして，これらを社会学者はどのように認識し，どのような距離で関わろうとしているのかについては，常に問いかける作業が不可欠となる。

　古くは研究者の価値自由を問う作業から始まり，近年では，私たちが事実として把握してきた社会現象を，構築された社会的な所産として把握し直すという視点が登場し，そこに新たな理論の地平が開かれつつもある。

　今回社会病理学会が企画した社会病理学講座第3巻は，「病める関係性」と題されている。しかし，社会病理学がこの主題を取り扱おうとする場合には，「病める」とは一体どういう事態を意味するのかという社会病理学の基本問題を避けて通ることはできない。日本における社会病理学の歩みも，ときには不毛の論議に迷い込むリスクを引き受けつつ，この主題をめぐる論争に長く関わってきたという歴史がある。

　しかし，この第3巻は，この主題を正面から取り上げて理論的に展開する場ではなく，個別事象に焦点を当てて分析する場であるため，むしろ，個々の章

で取り扱われる具体的な事象を分析し論議を展開していくなかで、それぞれの立場から、何が「病める」事態なのかについて触れてもらうことによって、この問いへの回答を示していくつもりである。

それは、論者によって、「病める」という事態の捉え方にもさまざまな立場があるからである。また、かりに本巻のように事象を「関係性」に限定したとしても、「関係性」とは個人間なのか、それとも個と集団あるいは組織との関係なのか、社会との関係なのか、また、「病める」とは、これらのどの軸上で、どのような事態をさすのかは、扱う研究者や扱われる事象によって異なってくるからである。なかには、「病める」関係とか「逸脱」した関係にある事象としてみなすこと自体が、社会学者としての見識を疑わざるを得ない事象もある。

たとえば「不登校」を例にとってみよう。「不登校」とは、義務教育課程における各学校が備えている出席取り扱い事項に照らして、病気や公欠など妥当とされる欠席事由に当てはまらない欠席が年間30日以上生じた場合を総称したものである[1]。

いうならば、不登校は、学校が妥当な事由だと認める欠席事由以外の残余カテゴリーを総称したものであり、そのなかには、さまざまな原因による種々雑多な不登校が含まれ、それゆえに現象の現れ方もさまざまである。しかも、この現象は、文部科学省が統計をとるために規定した定義によって切り取られた現象であって、一種の統計的な概念にすぎない。

加えて、「不登校」は、あくまでも義務教育課程を前提とした概念であり、高等学校以上の教育課程には、類似の現象は存在するとしても、「不登校」という概念は成立しない。そのため、高等学校の不登校については全国的な統計もなく、また、都道府県レベルでさえ、実態を把握していないところも散見される。

しかし、研究者の議論には、こうした統計的な構成概念としての側面を没却して、何かそこに不登校を引き起こす一群の原因に対応した実態が社会的な実在として存在するかのように理解する傾向がみられる。なかには、「不登校」

を「病んだ」現象として捉え，そこには「病んだ」原因が対応しているという病因論的な発想のなかで解釈する傾向もみられ，この病因論的な発想が，「病んだ」事象への介入を正当化させる論拠となる場合も少なくない。

かつては「不登校」を「学校不適応」とか「登校拒否」と称した時代もあり，不登校を対人関係をも含めて学校に適応できない児童生徒とみたり，登校することに拒否的な心的機制を備えた「病める」生徒であり，「病める」家族の所産であるとみなす傾向が社会の一部に存在していた時代もあった。

これに対して「不適応なのは子どもではなく学校である」という見方や，オールタナティブ・スクールを制度的に認めない義務教育制度自体から派生する問題であるという社会的なクレームが登場し，病んでいるのは子どもや家族ではなく，学校や日本の制度それ自体であるという主張も現れてきた。

あるいは，現代では，不登校は特定の子どもに起こる例外的な事柄ではなく，もはや「どの子にも起こりうる」こととして捉えようとする見方が旧文部省[2)]から示されたことによって，病める原因の矛先は，子どもたちを取り巻く環境のすべてに向けられ，多様な原因と多様な様態に対応した概念構成へとシフトし，その結果，特定の個人や家族に発生の責任，つまり「逸脱の有責性」を帰一させる考え方は次第に影を潜めてきている。

こうした不登校という記号の解釈の社会的なシフトは，当事者である不登校の子どもや保護者の後ろめたい気持ちを軽くしたり，罪障感を薄めたり，あるいは，不登校を取り巻く教師やカウンセラーや近隣の人々などの周りの人々が，不登校を逸脱視したり道徳的な非難を加える傾向が少なくなってきている。

社会病理学では，こうした現象を「逸脱の"脱"逸脱化」と称しているが，この現象の極には「不登校もライフスタイルの一つ」という見方が位置しており，この視点には，原因論においても，様態においても，あるいは当事者の意識や行動や周りの対応の仕方においても，不登校という事象に「病める」という判断や価値観の介在する余地はない。

しかし，これに対して，近年では不登校を容認する社会のまなざしが不登校

の発生率を高めているという言説が現れ、「脱」逸脱化の動向に対する揺り戻しがみられ、不登校をめぐる道徳的な意味空間や言説空間は、今また揺れ動いている。対応においても、これまでの「待つ」という姿勢から、積極的に「働きかける」という方向へとシフトする傾向もみられる。

このように、私たちが特定の事象を「病める」というときには、そこに「病める」と称する人間や集団や社会の認識の枠組みが介在し、この認識の枠組みが、当然のことながら対応のあり方までをも規定している。

本巻で扱う個々の具体的な事象について、何が「病める」「関係性」なのか、どのレベルがどのように「病める」「関係性」なのかについては、各章の議論に委ねることとするが、本章では、これらの各章の議論に先立って、社会病理学を研究する研究者の認識の枠組み、とりわけ、本巻が「関係性」を取り扱う書であるという性格を踏まえて、社会病理学や逸脱論を研究する者がその研究対象と対峙したときに形成する「関係性」にまつわる諸問題について検討することから始めたい。それは、社会問題の問題性が社会的な定義過程の所産であり、社会問題化していく過程では研究者は問題化の要素となることもあり、それだけに、社会病理学では、研究者と研究せんとする現象との関係やそこにおける自らの位置については、常に自覚的でなければならないからである。

II 病理研究が胚胎する認識上の隠蔽作用

特定の事象を病理と捉えようが逸脱と捉えようが、これまでの社会学では、その現象を異常な現象とみなしたり、そこには歪んだ要因が横たわり、現象はその要因の現れであるとみなしたり、その現れを共有された規範から逸れた事象とみなしてきた傾向がある。

こうした見方は、特定の現象を、社会規範が作動している日常生活からはずれたものとして捉えるために、多くの人々が生活している日常生活世界の内側では起こりえない、日常生活の「外の世界に存在する現象」、あるいは、日常

序　章　病める関係性の時代

生活の「外部に押しやられた現象」とみなす傾向を，私たちの認識の枠組みのなかに作り出してしまうことにもなりかねない。

あるいは，特定の現象を病んだ要因の結果であるとみなすと，それは日常生活世界を支えている要因とは異なる異常な要因によるものであり，日常生活世界とは別のロジックが働いているものとして取り扱ってしまう傾向も現れてくる。

佐々木嬉代三は，そこに，「正常社会学」が扱う親学問たる社会学とその埒外に置かれた逸脱や病理を異常とか負の価値判断を被る現象として取り扱う社会病理学研究との「分業体制」が成り立ってきたと捉え，そこに潜む問題性に徹底的にこだわり，西澤晃彦の「認識上の隠蔽作用」という概念を援用しつつ，社会病理学は親学問たる社会学と共謀しつつ，この隠蔽作用に加担したことを指摘している[3]。

西澤晃彦は，「正常社会学」なるものが，本来その内部に含み込むべき異常現象や逸脱現象を，日常生活世界の秩序や共有された規範の外にある異質なものとして外部に放り出すことによって，認識からはずし理解を閉ざしてきたことを「認識上の隠蔽作用」と表現している。

彼は都市社会学を例として取り上げ，「『地域』認識から外部として隠蔽されたその人々が，社会病理学によって病理・異常現象として回収」されてきたことが，その分析に都市のリアリティを失わせる元が潜んでいるとして，これまでの社会学の研究の枠組みや問題の立て方に修正を求めようとしている[4]。

これらの佐々木や西澤の指摘を踏まえるとすると，社会病理学の研究においては，研究対象とする事象を異常な事態や病理や逸脱というカテゴリーのなかに封じ込め，それ自体を完結した現象として把握するのではなく，社会一般の諸現象の中に位置付け，これらをトータルな現象としておさえつつ，改めて研究の対象とする社会的現実を再構築していくことが要請されることになる。

そのためには，逸脱というカテゴリーに疑いもなく区分けしてきた事象でも，その社会学的な常識を一旦留保し，相対化してみる必要がある。この自明とも

5

いえる社会学的な常識や逸脱カテゴリーは，社会学という研究現場だけにみられるものではなく，研究者の生活意識のなかに無意識のうちに忍び込んでいる市民感情や社会通念に基づいていることが多い。

したがって，認識上の隠蔽作用を相対化する作業とは，日常生活の中でその事象を眺める私たちと人びとの現象へのまなざしを社会学的な分析の俎上に乗せ，その現象の病理性や問題性の判断の依ってくる所を，改めてみつめ直し問い直す作業でもある。このことは，本巻の各章で「病める関係性」ないしは「関係性の病理」として位置づけられている諸現象についても同様である。

たとえば，ホームレス（野宿生活者）を取り上げてみよう。これらの人々は，大阪市立大学調査[5]によれば，その大部分は単身の中高年男性であり，家族生活と生計を維持するだけの収入と住居をもたず，そのために野宿生活を送らざるをえない状況にある。

これらの人びとに対して，市民の反応は，「怠け者」「酔っぱらい」「無気力」「恐い」「邪魔者」「汚い」「不健康」など，「負」の価値判断を伴うイメージを形成する傾向が強くみられる。これに対して，「不器用」「苦労してきた」「がんばっている」「正直」などのイメージをもつ人びとは1割にも満たない。

ところが，現実の野宿生活者の生活がどのようなものかを調査してみると，この人びとのおよそ8割はなんらかの収入を得るために働いており，そのほとんどが空き缶集めなどの廃品回収を収入源としている。加えて，この廃品回収を行っている人びとの8割は月20日以上働いている。廃品を集める時間帯は午前1時から午前9時までの間が最も多く，そこから得られる収入の平均はおよそ3万円でしかない。

また，生活のパターンをみてみると，野宿生活者が仕事を終える時間帯が市民の出勤時間帯と重なっている。野宿生活者にとって，この時間帯は，仕事を終えて疲れた身体に一杯の酒で潤いを与えるひとときであり，市民が働いている時間帯が，睡眠をとり身体を休める時間帯となる。この彼らの生活の現実が，市民からは，朝から酒を飲み，昼間はごろごろ寝ている「怠け者」の姿として

目に映るのである。こうしてみると，実態調査から浮かび上がってくる野宿生活者の実際の姿は，「怠け者」「無気力」という姿とはほど遠い。

　加えて，野宿生活者への負のイメージを作り上げている市民は，野宿生活者を町で見かけることはあっても，実際に話をしたり関わった人びとはごくわずかでしかない。そのため，市民が野宿者イメージを構築するための素材は，町で通りすがりに見かける野宿者の姿や，マスメディアを通じて流れてくる映像や記事やさまざまな人びととの論評などでしかない。

　野宿生活者の現実は，市民にとっては，自分たちの生活とは関わりのない日常世界の外部に起こっている出来事としてみなされ，さらに，野宿生活を逸脱した状態であるとか，特別な人に起こる異常な出来事とみなされるだけに，ますます自分たちの日常世界から切り離されて認識されていくことになる。

　このことは，社会学を研究する者についても，市民感覚にとどまる限り，同じことが起きることは否定できない。西澤が指摘するように，「通念を後ろ盾にしつつ『正常』と『異常』を分かち合う，都市社会学と社会病理学の分業体制は，未だ死に絶えたわけではない」[6]。

　社会病理学や逸脱研究の歴史を振り返れば，その営みは思い込みや価値判断に対する問い直しの歴史であり，自明性への疑義と問題提起の歴史として整理し直すこともできよう。

Ⅲ　日常性に潜む逸脱生成の契機

　この社会学と社会病理学との分業体制に潜む「認識の隠蔽作用」を回避する方法の一つは，研究者自らの意識と行動への自覚的な問い直しにあるが，社会病理学や逸脱論上のパースペクティブや分析視点としては，病理なり逸脱とされる事象と日常の慣習的世界とされる事象との連続性に着目したり，あるいは，逸脱の生成の契機を日常性のなかに見出そうとする試みもその一つの方法である。

それは，逸脱という現象が，日常生活世界から切り離された異なった世界や異次元の世界で発生するものではなく，むしろ，日常の生活世界のさまざまな営みや社会過程を基盤として生成されたり，これらと連続的な現象として現れてくるという側面があるからである。

　たとえば，「いじめ」を例にとってみよう。いじめには多様な形態がみられるが，そこには共通して「優位—劣位」がみられ，この「不均衡な力関係」のなかで，優位にある側が，その優位に立っている「関係性を乱用」するところに「いじめ」が発生し，被害性が生じるという性質をもっている[7]。

　このいじめの基盤となる力のアンバランスは，どのような集団であっても，あるいは社会関係であっても常に存在している。集団の規模や人数の大きさの差，能力や資質の違い，経験や知識やその操作能力の差，人気度や集団内の構造上の位置や地位関係の差，賞罰のコントロール資源の差，社会階層の違いなどに基づく「優位—劣位関係」というさまざまな「力の不均衡」が存在する[8]。

　いじめという現象から，この日常性に潜み，ときには日常性を支えている力の非対称性という関係や，その関係を支えているパワー資源の乱用過程に着目することによって，初めて日常性に潜む権力関係と暴力の生成基盤が浮かび上がってくる。

　このような現象の認識の仕方や分析方法は，すでに古くはマッツァとサイクス (Matza, D. & Syks, G.M.) の潜在価値の理論やハーシ (Hirschi, T.) の社会的コントロール理論においても用いられている。マッツァとサイクスは，非行文化を分析するにあたって，ヴェブレンの描いた有閑階級の「豪胆」，「労働規律の拒絶」，「誇示的消費」などの文化的特性と，非行少年が重視する価値との共通性を明らかにし，非行集団ではなく，むしろ，一般社会のなかに構造化された逸脱文化の生成の契機を析出しようとしている。また，彼らの中和の理論は，非行少年の多くが一般の人びとと同じ価値観や規範意識を分有していることに着目し，逸脱がその規範の中和のメカニズムを経て発現していることを明らかにしている[9]。また，ハーシは，周知のように「人びとはなぜ非行に走るのか」

というこれまでの問いを逆転させ,「なぜ非行に走らないのか」という問いから出発し,人びとを規範的世界に押しとどめている日常の生活の枠組みや同調のメカニズムとその圧力を解明している[10]。

ここでは「いじめ」という行動を例として説明してきたが,逸脱や病理を私たちの日常の営みとは切り離されたものとして把握したり,全く別個の空間で起こることとして認識するのではなく,われわれの日常生活の基本的な構造的要素や社会過程のなかに位置づけて認識するということは,単に逸脱という現象の広がりや関連する諸問題を視野に入れて認識するためだけでなく,現象の表層に着目しながら,社会構造や社会過程の深層へと分析のレベルを掘り下げ,問題を読み解いていくためにも必要な作業である。

たとえば,本巻における中村正の「ドメスティック・バイオレンス」の分析は,この日常性に潜む暴力生成の契機に向けられている。中村によれば,DVが生成される温床のひとつを,家族の親密性や共同性,あるいは,そこに埋め込まれているケアリングやマザリングという役割と,そこにできあがる心理的依存という家族がもっている関係性に求めている。

この分析視角は,DVが「病んだ関係性」を基盤として生成されてくるのではなく,むしろ,一見理想的な夫婦の関係ともみられるような「正常」な家族の関係性を基盤として生成されてくることを抉り出すものとなっている。いいかえれば,こうした分析手法をとることによって,DVが私たちの日常とは切り離された「外部の」「異常な」世界で起こる現象ではなく,日常性の内部の地続きの地平で発生してくることを明らかにすることによって,私たちの日常に潜む暴力生成のメカニズムを解明する研究となっている。

さらに中村は,こうした家族内の関係性の分析にケアリングやジェンダーの視点を導入することによって,権力論的な関係性の上に生成される暴力というマクロなレベルと,そこで関係性を営む個人の心理臨床的な関係性の上に生成される暴力というミクロなレベルとの中間の,家族に内包する関係性の特質に基盤を置くメゾレベルの暴力生成のプロセスを明らかにしうると考え,そこに

社会学的な病理学の分析の有効性を見出している。

Ⅳ 日本社会の私事化の動向

　再び本講座のタイトルに戻ろう。第3巻の本章が「病める関係性の時代」と題されているのは、本巻の終章で高原正興が付言しているように、現代社会の諸状況を、「希薄化」を基調とし、そこから「浮遊，濃密化，歪み」の各方向にブレ、複雑に絡む状況を「病める関係性」として特徴づけたものとされている。

　現代社会に生成されるさまざまな社会問題の背景的な要因については、これまでにも、多くの研究者によって語られてきているところである。しかし、ここでは、現代社会の深層に流れる日本社会の基本的な動向の一つとしての「私事化(privatization)」について触れておきたい。それは、本巻では、既述のように、病理や逸脱の生成を私たちの社会や日常生活の外部に求めたり、外側に押しやるのではなく、私たちの日常世界が繰り広げられる社会の内側にある基本的な構造に求めようとする視座に立っているからである。

　「私事化」は「私化」とも呼ばれているが、いずれにしても丸山真男が位置づけたように、私事化(privatization)とは、社会が近代化していく過程で、共同体の呪縛から人びとが解き放たれていく「個人化(individuation)」の一形態であり、共同体の求心力が弱まっていく過程でもある[11]。日本社会では、共同体そのものが「公」であり、規範的な存在であったが、私事化は、「公と私」という関係価値の組み替えのなかで、「公」重視から「私」尊重への転換がはかられていく過程でもある。人々の関心も、「公」的領域への比重を薄め、「私」的領域へと集中していく。

　その意味では、私事化は否定的な現象ではない。むしろ、集団や組織に呑み込まれ、ないがしろにされがちだった私生活とその中心に位置する「私」を大切にし、自分らしさを求めようとする価値やライフスタイルが登場してきたと

いう意味では歓迎すべきことである。

　加えて，この「個人の析出過程」を伴う私事化は，社会のなかでの個のあり方を問い直す過程であり，個人の幸福追求価値が社会のなかに浸透していくにつれて，人々の権利観念への関心を高め，それぞれの人権のあり方が生活のさまざまな領域で具体的に問題にされていくことにもなる。本巻の個々の章で取り上げられていく「いじめ」「虐待」「過労死」「ドメスティック・バイオレンス」「セクシャル・ハラスメント」「ストーカー」などの社会問題も，こうした一連の人権問題や差別問題への関心の高まりや社会的取り組みの進展と関連しつつ，私事化という社会の動向の下で社会問題化してきている。

　このように，私事化の動向には，自由，解放，個人の幸福などの価値理念が正当性を与えられるだけでなく，社会に潜在していたさまざまな問題が社会問題化させたことも私事化の動向のポジティブな側面とみなすことができる。

　ところが，私事化という現象には否定的な側面もある。私的なものへの関心が高まるあまり，人びとは社会や集団への関わりを弱め，私生活へと隠遁する傾向や他者への無関心を生み出す傾向がある。また，自分を大切にするあまり，自己利害だけが突出する傾向も強まってきている。このようにみてくると，私事化は肯定的にも否定的にも評価される面を備えた動向である。

　この私事化の動向は，今のところ退潮するきざしはない。構造改革をはじめとする現代の日本社会のさまざまな動向のベクトルを分析すると，むしろ，私事化は現代社会の不可逆な動向にもなってきている。

V　リスクの個人化と新たな関係性の形成

　この動向の下で，個々人は，共同体や人間関係からの呪縛から逃れ，一見自由や解放という価値理念を現実のものとしたかのようにみえている。しかし，その反面，共同体は凝集力を欠き，自己制御機能を弱め，自らの集団や個々の成員が抱えるさまざまな問題の問題解決機能を低下させ，一見全体化から自立

したかにみえる「個人」は，再び全体社会レベルへと絡み取られる契機をはらむという皮肉な結果をもたらしかねない。「私事化のパラドックス」である。

　一方，私事化社会とは，既述のように，共同体の呪縛から人びとが解放されていく過程であるが，個人の側からみれば，人びとが共同体にもはや意味を見出さなくなっていく過程であり，さまざまな意志決定作業を個人に委ねていく結果，人びとは自らが意志決定せざるをえない状況に置かれることになる。

　いいかえれば，これまで古くは，家族集団や村落共同体のなかで緊密な関係をもつことを余儀なくされ，比較的近代においては，労働組合などに加入しながら集団に依拠しつつ解決してきたさまざまな生活上の問題や，そこから生じる被害や潜在的な危険に対して，私事化社会に生きる人びとは，ますます自分自身で被害とそのリスクに気づき，個々人の力で対処していかなければならなくなっている。

　それは，「リスクヘッジの個人化」とも呼びうる過程であり，人々の緊密な結合を崩壊させ，バラバラな個人がさまざまな被害や危険を引き受けることによって問題を増幅させていく過程でもある。この分断された状況は，大人社会にも子どもたちの社会にも等しく押し寄せてきている[12]。

　個々の家族は，親族体系が義務的な体系から選択的な体系へと変化するにつれて孤立化し，村落共同体の安全保持機能は行政組織体の諸機能のなかに糾合され，そのサービスの提供を受けるにつれて解体してきている。地方自治体や国家は，「小さな政府」を標榜して私事化を押し進め，行政の諸機能はますます民間の手に委ねられていく。組織率を低めている労働組合は組合員の求心力を失い，個々人は降りかかる被害に直接対処せざるをえなくなり，日本社会はますます自らの安全を自らで守るしかない社会へと移行しつつある。

　この個人化された被害やリスクに対して，新たに，被害の当事者だけでなく被害を被る潜在的な可能性をもつ人びとをも含めた新たな連帯と合意を形成する動きも，現代の日本社会には現れてきている。

　しかし，私事化という社会の動向が，もう一方では，人びとの連帯形成を分

断してしまっているところに今日の問題解決の困難さがある。この困難さを前にして，もはや人びとはいたずらに行政や団体や企業体の無力さを批判しているだけではすまなくなってきている。

一方，国家や地方公共団体は，官僚的・垂直的な統治機構ではもはや人びとの安全を確保できなくなりつつあり，社会的なリスクに直面した場合，行政や民間団体・組織の水平的な統治機構を社会のなかに形成していくことが必要となってきている。現代社会における人びとは，自己と他者に対する新たな確実性を見出し，新たな共同性という関係を再構築していくことを余儀なくされている状況にある。そのとき，被害者のみならず被害を蒙っていない人びとが，潜在的な被害やリスクの可能性に対して，いかに連携して新たな共同性を再構築できるかが，今問われている。

近年，この新たな共同性の再構築ともいえる動向として，公害や地球環境だけでなく，など犯罪被害者対策や防犯活動における NPO（非営利組織）やボランティアや義援金等が注目されている。それは「公」が担いきれない問題があることを社会として自覚することであり，安全に関しても，官主導・官依存型社会から，市民や民間団体が「官」の補完体でなく新たな「公」たりうる公共性を形成し，主体的に参加し協働する社会へと転換を図っていくことである。

注）
1）森田洋司『「不登校」現象の社会学』学文社，1991, pp.13-16.
2）文部省『学校不適応に関する調査研究協力者会議報告書』1991.
3）佐々木嬉代三『社会病理学と社会的現実』学文社，1998.
4）西澤晃彦「「地域」という神話」『社会学評論』第47巻第1号，1996, pp.47-62.
5）森田洋司編著『落層——野宿に生きる』日経BP社，2001.
　　大阪市立大学都市環境問題研究会（研究代表者・森田洋司）『野宿生活者（ホームレス）に関する総合的実態調査報告書』大阪市立大学都市環境問題研究会，2001.
6）西澤晃彦，前掲論文．
7）森田洋司編『いじめ集団の構造に関する社会学的研究』（昭和59年度文部省科学研究費補助金研究成果報告書）大阪市立大学社会学研究室，1985, p.4.

森田洋司・清永賢二『いじめ―教室の病い』金子書房，1986〈改訂版1996〉.
8）森田洋司「いじめの集団力学」佐藤学他編『岩波講座現代の教育4　いじめと不登校』岩波書店，1998，pp.115-134.
　　森田洋司「「現代型」問題行動としての「いじめ」とその制御」宝月誠編『講座社会学10逸脱』東京大学出版会，1999，pp.85-120.
9）マッツァ, D.・サイクス, G.M.(中久郎訳)「少年非行と潜行価値」『アメリカ社会とソビエト社会』第2巻，鹿島出版会，1972.
10）ハーシ, T.(森田洋司・清水新二監訳)『非行の原因――家庭・学校・社会へのつながりを求めて――』文化書房博文社，1995.
11）丸山真男「個人析出のパターン」ジャンセン, M.B.編『日本における近代化の問題』岩波書店，1968，pp.372-373.
12）森田洋司「社会学の視点から見た被害者学」日本被害者学会『被害者学研究』日本被害者学会10周年記念シンポジウム報告集，2001，pp.86-96.

第1部

希薄化・浮遊する関係性の病理

第1章　いじめ

I　いじめ現象への関心

　現代日本社会におけるいじめ現象は，80年代初めより教育関係者によって，クラスの問題児への対応の仕方など，すでに問題視されていたが[1]，人びとの大きな関心事となるのは特定の事件がきっかけとなっている。

　まず，1984年の大阪産業大学付属高校生殺人事件において，いじめられたことへの報復として，金づちでめった打ちにして殺したという残忍さと，後に明らかになったいじめ手口の凄惨さなどが一般の人びとの注目を引き，その後，水戸で発生したいじめ自殺事件の報道によって，人びとの関心をさらに大きく引くに至った。さらに1986年には，鹿川裕史君が家出先で自殺をした中野富士見中事件が発生したが，これは，担任の先生を含む大勢の者がひとりの中学生を死んだことにして追悼するいわゆる「葬式ごっこ」があったことにより，人びとの大きな関心を呼び起こした。その後，いじめへの関心は次第に低下していったが，1994年に，中学2年生の大河内清輝君がいじめられて自殺をした西尾市東部中事件が発生した。この時には，長文の遺書が公開され，残忍ないじめ手口と自殺した生徒の生きることへの素直な言葉が人びとの同情を引き起こし，しだいに沈静化しつつあるとされていたいじめへの関心を大きく呼び覚ますこととなった。この時には，いじめについての閣僚会議が開かれ，文部省（当時）は「いじめ対策緊急会議」を設置するほどであった。

　これらの事件の前後においても，いじめによるとみられる児童生徒の自殺事件は散発し，新聞報道もされていたが，人びとの興味を引き起こすセンセーショナルな事件とはなっていない。いじめが人びとの大きな関心事となるため

には，死亡事件だけでなく，その上に人びとを驚愕させる事件性が必要であることがわかる。西尾市東部中事件以後，少しずついじめ問題への関心が薄れているとみられるが，現在もいじめはなお発生しているはずで，報道される事件のショッキング性に振り回されることなく，いじめ現象発生の根本的解明と冷静な対応が求められるところであろう。

あらためていじめ現象を考えることの重要性について言及すると，いじめによる自殺や殺傷事件，そして強度の心的外傷(トラウマ)など，深刻な傷害の発生の問題がある。いじめは昔からあり，諸外国でも多数発生しており，特別に扱う必要はないという意見はよく聞かれる。子どもの世界からいじめをまったくなくすことは不可能であり，また，そのような試みは逆に管理強化による息苦しさを生み出すであろうから望ましくないともいえるが，いじめによる自殺や傷害などを引き起こしかねない深刻なケースについては，積極的な介入が必要であるといえよう。

本章では，そうした実践的対処の必要性の視点を考慮に入れて，日常生活におけるいじめの特定化の問題と，仲間集団内のいじめについて論及する。なお，ここで対象とするいじめ現象については，その担い手を同級生間のいじめに限定し，上級生と下級生，生徒と先生，先生と先生，親と子(児童虐待)，上司と部下(セクハラなど)の間でもさまざまにいじめは起こりうるが，それぞれ固有の問題性を内包しており，本章では対象外とする。

Ⅱ　いじめの特定化について

いじめについての議論はさまざまになされているが，実際の対人関係や集団状態のなかでいじめ現象を共通に認識することは容易ではない。今日でもいじめの特定化が困難な理由として，日常用語であるいじめの概念規定の問題と，現象面でいじめを確定することの問題があげられよう。以下，そのことについて言及する。

第1章　いじめ

(1) **日常用語としてのいじめといじめ定義について**

　いじめは日常用語であり，たとえば，プロ野球で優勝寸前のチームを弱いチームが優勝を阻んだ時，「○○いじめ」などという表現が新聞の見出しに使用されるなど，普段の生活のなかでさりげなく使われる。学術用語のように厳格な使用を強制することはできず，何となくこれがいじめに該当するだろうという感覚で多くの人びとがとらえているのが現状である。いじめ事件が大きく報道された際には，関心の高まりによるいじめ概念の拡大と，いじめという言葉の使用の頻繁化がおこるだろう。

　しかし，社会問題として対処すべきいじめ現象がどのようなものであるかについては，定義しておく必要がある。いじめ定義の議論は何度もなされているが，いじめ現象のとらえ方と密接にかかわって重要なことであり，ここでも論及しておきたい。

　文部科学省は，いじめの定義を「1．自分より弱いものに対して一方的に，2．身体的・心理的な攻撃を継続的に加え，3．相手が深刻な苦痛を感じているもの。なお，起こった場所は学校の内外を問わないこととする」としている[2]。まず，1．いじめは対等性のあるけんかではなく，一方的に不均衡な関係のもとで行なわれるということである。つぎに，2．身体的・心理的な攻撃ということであるが，それが「継続的に」加えられると規定することには問題がある。これは3．深刻な苦痛を感じていることとかかわって，いじめ現象確定の要件となるが，深刻な苦痛を感じるいじめにはどのようなものがあるかあげてみると，第1に，逃げ出せない閉塞的な状態のもとで執拗に継続的に攻撃する場合があり，第2に，集団リンチなど短期的ではあるが暴力性の強い攻撃を行なう場合があり，第3に，大勢の前で恥をかかす，あるいは恥ずかしいことを強要するなど，精神的傷害の大きい場合がある。いじめの定義には第2，第3の場合も含めて考えるべきであろう。

　文部科学省の定義は抽象的な表現で記述されているが，スミス(Smith, P.)ら

シェフィールド・プロジェクトによるいじめの定義では、調査対象者である児童生徒にもよく理解できるように、いじわるいことや不愉快なことをいう、たたいたり蹴ったり脅したりする、部屋のなかに閉じこめたりする、いやなことを書いたメモを送ったりする、みんなで無視したりする、いじわるなやり方で繰り返し人をからかう、といった行為があげられ、具体的に示されている[3]。それらの1回限りの行動であってもいじめだと判定される。

　このように具体的に考えてみると、いじめの定義に該当する断片的な攻撃行動がまずある。そして、実際にいじめをとらえる時には、一種類以上のいじめ行動全体をさして、それをいじめだとみなすことが多い。それは、いじめられる側の精神的ないし身体的な苦痛のあることをいじめの判断基準にしているからである。いじめ定義の議論では、上述のシェフィールド・プロジェクトの定義のように、具体例をあげて客観的に定義をする場合もあるが、その際には、いじめられる側の苦痛の深刻さと関わりなく判断されることになるだろう。

　いじめによる自殺を防止するという点から考えるならば、いじめ被害者の苦痛の深刻さを問題にしなければならない。苦痛は主観的なものであり、客観的な現象から一律に判定することはできない。このことはいじめの確定のむずかしさを引き起こすこととなるが、いじめをうけている子どもの立場から、その子の感受性、攻撃に対する耐性、いじめの継続度、周囲の援助と孤立の度合いなど、多くの要因について考慮しなければならないということである。

　また、具体的にいじめの様態を示した客観的定義では、そこであげられなかったいじめ手口はどのように判断されるのか不明であり、いじめのなかに入れられない場合もあろう。後述の西尾市東部中事件では、授業中手をあげさせないことや遠方のスーパーマーケットに使い走りをさせることが、いじめの手口として遺書のなかで述べられていた。いじめ加害側は巧妙な攻撃手段を使って苦痛を与えるので、いじめの判定には苦痛の深刻さの有無ははずせないであろう。こうした客観性を与えるための操作的定義と、より現象の重要な部分をつかもうとする実在的定義の対立は、かつてランドバーグとブルーマーが論争

したことでもあり[4]、学問上の論争点ではあるが、ここではいじめ問題にかかわる者への救済という実践的要請から、いじめ被害側の主観性の重視、すなわち、主体的行為者の状況判断と意識のありようを考慮に入れることが大切であろう。

ところで、いじめによってとられる攻撃手段が不当なものであるという点については、いじめ現象に関する限り当然のことであるかのように考えられている。しかし、厳密に考えるならば、一方的な不均衡関係が発生している状況の下で、精神的ないし身体的苦痛を与える攻撃行動がすべていじめだとみなされるわけではない。攻撃する側のその行為に正当性が与えられている場合は、いじめにはならないのである。もっとも典型的なものは、裁判による判決で被告が処罰される場合で、そのことに関して誰もそれがいじめだとは思わないであろう。

この場合、その社会で正当化された一方的攻撃行動は、ウェーバー(Weber, M.)の正当的支配の類型に即して考えることができよう。すなわち、一定のルールによる制裁的攻撃(合法的支配)、これまで慣例的に存在する秩序を維持しようとする攻撃(伝統的支配)、天与の資質をもったものが行なう攻撃(カリスマ的支配)である。これらが判然としている場合には、いじめとしての攻撃かそうでないかは明白である。現実にはその多くは合法性、つまり多くの人びとの合意によって作られたとされる規則の正当性によるものであろう。

日常的には、正当性があるためにいじめにならない一方的攻撃によって苦痛を与える行動には、先生による校則を違反した児童生徒への叱責、大企業が行なう人事異動の配置転換(左遷)などがある。しかし、その際でも、法律に基づいた処罰行為ほどの正当性根拠が保証されているわけではないから、一方的な攻撃行動で苦痛を負わせるならば、いじめのニュアンスを帯びてくることとなる。たとえば、あまり信頼されていない先生が教室である生徒を執拗に叱りつけるならば、それをみていた周囲の生徒が「これはいじめではないか」と思い始めるであろう。このように、いじめかどうかの判断には、単に一方的攻撃に

よって苦痛を感じるかどうかだけでなく，攻撃の仕方がその時の脈絡からみて不当であるとか過剰であるとかの判断が働いていると考えられる。したがって，ある場合にはこの正当性判断がいじめかどうかを左右することになる。

川上亮一は，現場のいじめを確定することのむずかしさについて次のように述べている。「いじめは最初から確固とした事実としてそこに存在しているわけではない。それぞれの生徒，教師，親が，それをいじめであると認定したとき，初めて姿を現すものである。しかも，それはそれぞれの立場でまったくちがった様相を呈しており，多数決で民主的にどれかに決めることなどありえない。いじめた生徒がいじめを認めないことなどふつうのことだし，まわりの生徒も，他人に関心が薄いから気がつかないことのほうが多い。とすると，誰かがいじめの"物語"をつくって，それを関係者に押しつけることが必要になってくるわけだ。学校では，教師がその役割を担うことになるだろう。教師がいじめを確認しようとするとき，ある種の力が必要なのは，そのためである」[5]。

たとえ誰かが大きな傷を負ったり死亡したりしたとしても，そこにいじめがあったかどうかは，前述したような要件を満たしているかどうかで判定されることになる。「葬式ごっこ」で有名になった中野富士見中事件や山形マット死事件などの裁判において，判決が覆されたりするのはそのむずかしさを示している。

それとは逆に，ある児童生徒の属する仲間集団がその子にとってきわめて重要な集団となっている時，すなわち積極的準拠集団となっている時，その集団内でのルールがたとえ理不尽な内容であっても，正当性をもって認識される場合がある。すると，そこでできあがっているルールは何よりも守るべきことがらであって，仲間集団の外部にある校則や法律はその次のものとなる。このような仲間集団内では，集団内ルールの違反に対する制裁やカリスマ的ボスの暴力行為は，そこに所属しているメンバーにとって，不当だとか過剰だとか判断されないので，いじめではないということになる。このことは，おとなの集団においても同様で，革命的セクト集団や宗教団体での違反者に対する総括的処

第1章　いじめ

罰は，内部のメンバーにとって正当性意識が抱かれている時，いじめだとは思われないだろう。集団外からみればいじめだが，正当性意識を抱いているために集団内のメンバーにはいじめだと判断されない場合があり，当事者間でいじめ認識に違いがでてくることとなる。

　以上をまとめると，いじめとは，その時の状況において相対的に優位に立つ一方が劣位の者に対して，通常，目的と手段の間に正当的根拠がないか，あっても過度に及ぶ手段によって，精神的ないしは身体的な苦痛を与える攻撃行為である[6]。このように，いじめ判断には，被害側の苦痛の有無をめぐる主観的な内面状態の判断と，攻撃的行為の状況的正当性の判断という2つの判定困難な要素がかかわっており，現場でのいじめ現象の確定をむずかしくしている。

(2)　いじめの物語を作ることの必要性

　次に，実際の生活のなかでいじめを確定する際のむずかしさについて考えてみよう。日本でいじめが大きく取り上げられた1984〜86年頃では，いじめられっ子といじめっ子の立場が入れ替わったり，いじめる側の巧妙な偽装工作によって，いじめの可視性が低下しているという指摘がされ[7]，いじめ現象のみえにくさ，不可解さが論じられてきた。猟奇的な不可解さの印象は薄れたが，今なお，いじめ確定のむずかしさの問題はいじめに関する事件が発生するたびに生じている。

　いじめの手口と普段の日常的行為とが不明確である場合，たとえば，遊びだといってプロレスごっこを強要され，常に負け役で激しく痛めつけられる場合や，頻繁にジュースや菓子を買ってくるように使い走りをさせられる場合など，それだけをみているだけではいじめかどうか判断がつかないであろう。そのような遊びの負け役や使い走りを請け負うことでのみ，仲間集団のメンバーとして認められるために，自ら進んでつらい役を引き受ける場合がある。あるいはまた，苦痛だと思っていてもそこしか自分のポジションがない，逃げても無駄だとわかっているので，少しでも攻撃をやわらげるためにいやな役を積極的に

図表1－1　いじめられた者がクラス内でどれだけ知られているか

		A	B	C	D	E	F	G	H	I	J	K	L	M	N	O
クラスの人数		43	42	45	45	43	44	42	45	43	43	41	45	45	42	43
指摘した者の人数ある人がいじめられたと	1人	6	13	6	9	7	6	5	2		4	8	8	4	1	2
	2人	3	5		7	3	4		1		3	5		1	2	2
	3人			1	2		1		1			1	1	2	1	
	4人				2								1	2		3
	5人															1
	6人								1		1	2				
	7人				1				2							
	8人	1			1											
	9人			1	1											
	10人														1	
	11－15人	2		2		1			1	2	1			1	1	2
	16－20人	1								1						1
	21人以上	1		1				1	2	1					1	

出所）竹川郁雄『いじめと不登校の社会学　集団状況と同一化意識』法律文化社, 1993, p.85

引き受ける場合などがあり，そのような場合にはいじめの判定はかなりむずかしいものになるだろう。

　図表1－1は，クラスのなかのある生徒が，同じクラスの何人の生徒によってその時いじめられたと指摘されたかを示したものである。このデータは東京と大阪の中学2年15クラスの生徒を対象としたもので，調査年が1984年と古いが，いじめの報道が頻繁になる直前に調査されたものであり，いじめ概念の拡大は生じておらず，今日この種の質問はまず行なえないであろうから，その意味で貴重なデータである[8]。

　これをみると，1人から4人による少数の指摘が多く，これによりいじめ判断がクラスのメンバーによっても異なっていることがわかる。各人でいじめの規定が異なる上に，メンバー間で見方や立場が異なることにより，同一の現象であっても，それに対するいじめ判断の相違が出てくるのだと考えられる。

　少数の者による指摘が多数あるのに対して，クラス内で広範囲に認知されたいじめ被害者も少数だが存在する。図表1－1では，20人以上によって指摘されている者は15学級中7人となっている。これらは，一方的に不当な攻撃をう

けて苦痛を感じている事態がそこで生じていて，それを多数の者がいじめだと認識しているケースである。いじめられていると多数に指摘された者がいるクラスは，少数に指摘された者の数が少なくなっており，そこではいじめられる者が固定していると考えられ，大きな苦痛を感じている可能性が高いであろう。

　多くの者に認知されているケースを教師や保護者が察知して，ある者が一方的に不当な攻撃行動によって苦痛を感じているに違いないと判断して，それをいじめだと学級内で確定しようとしても，そこにはなお困難さがある。まず，被害・加害ともに認めたがらないことがある。被害側は自尊心や思春期特有の自立心，あるいは仲間への配慮や報復のおそれなどからいじめられたと認めず[9]，加害側は処罰を恐れていじめたと認めようとしないであろう。

　川上は「いじめの物語を作ることが必要」だと上の引用で述べていたが，いじめの要件を実際の現象に当てはめて，それをいじめとして言説化することは，それぞれの立場で不都合を生じさせることになるので容易ではない。誰かがいじめだと判断して，それをいじめだと表明しなければ，そのまま過ぎ去ってしまうのであり，いじめられている側の深刻な苦痛を被っている状態を取り除くには，救済のための言説化を要するのである。

　逆に，過度の言説化がいじめ問題を歪曲してしまう場合があり，いじめ問題の社会的構築として問題視される。マスコミによる一方的な立場に立った糾弾的報道は，いじめ問題の適切な対処を困難なものにする場合がある。西尾市東部中事件や山形マット死事件など多くのいじめ事件において，十分な対応をしなかったとされる学校側を指弾する動きが大勢を占め，それによって学校側が保身のために情報開示を拒否し，いじめ事件の解明がうやむやとなってきた。

　いじめられる側がいじめ加害の攻撃行動に耐えたり，負った傷をたやすく修復できれば，大きな問題とはならず，日常生活のなかで発生するいざこざとして処理されていくだけだが，被害側が深刻なダメージをうけた場合や，さらにいじめの続くことが予想される場合に，それを救済したり防止するために言説化することが必要になるのである。その意味で，いじめの特定化は被害側の緊

急保護要請の認識があって出てくる作業であり，その認識がなければ言説化しても無用なものにすぎなくなる。逆に，過剰反応によって言説が過大なものになると，モラルパニックを引き起こして適切な対応を誤らせてしまうであろう。

(3) いじめの国際比較研究

いじめの発生は，そこで日常的に営まれている生活様式や慣例的思考法などと密接にかかわっていると考えられる。そうした観点については，国際比較研究を行なうことで，日本のいじめの状態を文化レベルでとらえることができるようになる。

図表1－2は，森田洋司を代表とする国際いじめ問題研究会による調査結果より，日本，イギリス，オランダ，ノルウェー4ヵ国のいじめ被害の比率と，被害経験率に占める長期高頻度被害者の比率を示したものである[10]。この図表をみると，いじめの被害にあっている比率は，4ヵ国のなかで日本が一番低くなっている。しかし，いじめの継続期間が「1学期以上」続き，かつその被害の頻度が「週に少なくとも1回以上」認められる「長期高頻度被害者」の比率は，4ヵ国中最上位となっている。これらの数値からすると，日本のいじめは他の3ヵ国に比べていじめ被害の発生数は低いが，発生しているいじめそのものは長く頻繁に続くという傾向があることを示しており，いじめの状態が他の3ヵ国よりも深刻なものになりやすいとみられる。森田はこの点に関して，学

図表1－2 日本，イギリス，オランダ，ノルウェーのいじめ被害経験者と長期高頻度被害者の比率

	いじめ被害経験者の比率	長期高頻度被害者の比率
日本	13.9	17.7
イギリス	39.4	12.4
オランダ	27.0	11.7
ノルウェー	20.8	17.1

出所）森田洋司「いじめ被害の実態」森田洋司監修『いじめの国際比較研究　日本・イギリス・オランダ・ノルウェーの調査分析』金子書房，2001, pp.37-43

級のなかでいじめをみてみぬふりをする傍観者層の存在が,「問題自体や逸脱に対して許容的な雰囲気を学級内に作り,逸脱を消極的な形で促進し,いじめを増幅していく効果をもたらす」と指摘している[11]。

III いじめと仲間集団

　西尾市東部中事件や中野富士見中事件のように,自殺を引き起こすいじめのケースには,仲間集団内でのやりとりが重要な要因となっている場合がある。ここでの仲間集団とは,学級集団内でのサブグループや地域の遊び仲間を指している。以下,そうした仲間集団内でのいじめについて,大河内清輝君が長文の遺書を書いて自殺した西尾市東部中事件の事例を参考にして,仲間集団の形成・発展の視点から考えてみたい。
　小学校高学年や中学生の頃には,普段つきあう友人関係は気の合う者がまとまる少数の関係となる。そこからさらに緊密なつきあいの仲間集団へと発展していく。その際,たいていはお互いがそれぞれの個性を認め合う対等で相互に補完し合う仲良しグループとなるが,メンバー間で何かと力の差がある場合には,グループ内で序列化することがある。とくに男子のグループでは,ボス,参謀,兵隊,ピエロ役,使い走りといった役付けがされて,かなり固定された関係のもとにグループ活動が進行していくことがある。メンバーが序列化したグループでは,暗黙のルールや目指す目標ができあがり,人目のつかない所を集合場所にしたり,グループ内でしか通用しない言葉を使ったりして,お互いの結束を促す緊密な行動をとるようになる。
　こうした親密な仲間集団内で,最下位に位置する者をこき使って何かと搾取する隷属的ないじめが発生することがある。その際にもっとも問題になるのは,いじめられる側のおかれた状態である。最下位のいじめられる側は,自分に向けられるいじめ行為を回避するために,時にはいじめる側の意向を先読みして自ら隷従したり,状況によっては他の者をいじめる行動に加わるというような

ことまでしなければならない。そして忍耐の限界に直面した時，耐えられずに自殺を図ったりするのである。

こうした隷属的ないじめを引き起こしやすい仲間集団の特徴について考えてみると，次のようなことがあげられる。

(1) 学齢期の発達段階における一過程であること

子どもたちは学齢期になると思春期特有の自立への意識が強くなり，今まで依存していた大人から離れ，身近な仲間との連帯によりグループで行動することで，思春期の自立を実現しようとする。仲間集団の形成は，誰もが通過する発達段階の一過程であるといえよう。

大河内君の場合，学校側も認識している問題グループのメンバーとして行動しており，激しいいじめをうけていたのだが，上級生たちに助けられた時も「楽しいからいい」と抜けることを拒否しており[12]，さまざまな想いの交錯するなか，思春期の自立意識が強く働いていたのではないかと考えられる。

(2) 集団内部で結束が強く，閉鎖的で濃密な関係となりやすいこと

このころ形成される仲間集団は，監督者である大人から離れようとするため，グループ内での約束事を大切にして活動を秘密にする。そのため外部の者には不可視性が高くなる。

西尾市東部中事件の場合，学校の教師はいじめの存在を知っていたが，大河内君の長文の遺書を読むまではいじめの実態をつかんではいなかった。小林篤の報告によれば，教師たちは大河内君へのいじめの凄惨さと背景の複雑さを知って狼狽していたという[13]。また，大河内君をもっともいじめていた同級生は，大河内君を叱った教師に対してくってかかり，自分の側に引き寄せようとしたという[14]。一方でいじめているのに，他方で結束を示すような濃密な行動をとったりするのである。

第1章　いじめ

(3) インフォーマル集団であるため集団を監督する者の不在

　仲間集団は自然発生し，公の場へ出ることがないので，それをコントロールする者や機関がなく，破壊的な行動へと暴走することがある。

　小林によれば，大河内君が入っていたグループに対して，上級生のM君をリーダーとするグループが弱い者いじめへのブレーキをかけていたのだが，彼らの卒業後，ブレーキをかける者がいなくなり，隷属的ないじめが始まったという[15]。

(4) 全体的視野にたった内部リーダーの不在

　年齢差のある者からなる集団活動は，上の者は下の者をかばい，下の者は上の者を慕う意識を育て，上位に立った者は他のメンバーの立場や心理を理解することができた。しかし，今日の同年齢集団は対等な関係が基本で，学校の成績を争うライバル関係がそこに入ってきたりする集団であるので，全体的視野を身につける機会は少ないであろう。

　大河内君の場合，ボス的存在が自分の欲求を満たすために，最下位の使い走り役である大河内君に対して恐喝したり無理難題をふっかけたりして，深刻ないじめとなった。

(5) 所属メンバーにとって，生活圏全体のなかで大きな位置を占めるため，拘束度が非常に強いこと

　児童生徒の日常生活の範囲は，家庭，学校，塾，近隣とそれほど広くはなく，仲間集団内で継続的に執拗にいじめられると逃げ場がなくなり，精神的に苛酷な状態に陥る。

　昼夜を分かたず大河内君は使い走りをさせられ，法外な金を要求されており，彼の自殺は逃げ場のない精神的に追いつめられた末の行為であった。

(6) 忍耐力や他者への共感能力の不足など，メンバーの対人関係能力の未熟性

　個々のメンバーはなお発達段階の途上にあり，忍耐力や他者への共感性の欠如した状態である。それぞれの思いがぶつかり合い，複雑な形で現象化し，その一部がいじめとなる。小林によると，大河内君が矢作川で溺れさせられた時，他のいじめている者が止めようとした。溺れさせている者も，殺そうとしたのではなく，自らの弱さを知るがゆえに，強くみえる大河内君を試そうとしたのであるという[16]。他者への共感能力が全くないわけではないが十分ではなく，日々続く濃密な関係性のなかで自省や罪悪感を感じる基盤を消失してしまっているのである[17]。

　以上の6つのうち，1，2，3の項目は，この種の仲間集団が一般的に隷属的ないじめを生みやすい条件を示している。そして，4，5，6の項目，すなわち，仲間集団を円満に機能させる統率力のないこと，集団拘束力が強く，学校・家庭・地域にまで及び，逃げ場のないこと，各メンバーの対人関係面での未熟性が，最近の子どもたちの仲間集団に顕著な特徴であると考えられる。

　以上，日常生活におけるいじめの特定化の問題と，仲間集団内のいじめについて言及してきた。もちろん，いじめ現象で追究すべきことはこれだけで十分ではなく，紙数の都合もあり問題のごく一端に触れたにすぎない。いじめは，上述したように，子どもの対面的相互作用のなかで自殺や死傷事件や精神的トラウマを引き起こす可能性のある現象として，実践的対処の要請があるためにテーマ化されるものである。頻繁な報道によるいじめの過大視や，逆に報道されないことによる過小視の影響を排して，個人の社会化と家族，対人関係，学級集団およびサブグループ，学校と地域，教育行政，日本文化などのさまざまな視点から，子ども世界の的確な現状分析を目指すべきであろう。

注）
　1）冨田武忠編『いじめられっ子』講談社，1980，城丸章夫監修，家本芳郎・佐藤

功編著『弱いものいじめ』あゆみ出版，1981など．
2）内閣府編『青少年白書』平成13年版，財務省印刷局，2001，p.165.
3）スミス，P. シャープ，S. 編（守屋慶子・高橋通子監訳）『いじめととりくんだ学校』ミネルヴァ書房，1996，p.18.
4）ランドバーグ，G.（福武直・安田三郎訳）『社会調査』東京大学出版会，1942，pp.103-110.
　　ブルーマー，H.（後藤将之訳）『シンボリック相互作用論　パースペクティブと方法』勁草書房，1969，pp.224-239.
5）川上亮一『学校崩壊』草思社，1999，pp.49-50.
6）竹川郁雄『いじめと不登校の社会学　集団状況と同一化意識』法律文化社，1993，p.55.
7）森田洋司・清永賢二『いじめ　教室の病い』新訂版　金子書房，1994，pp.21-28.
8）竹川郁雄，前掲書，p.85.
9）尾木直樹『いじめ　その発見と新しい克服法』学陽書房，1995，pp.48-61.
10）森田洋司「いじめ被害の実態」森田洋司監修『いじめの国際比較研究　日本・イギリス・オランダ・ノルウェーの調査分析』金子書房，2001，pp.37-43.
11）森田洋司，前掲書，pp.43-47.
12）西尾市立東部中学校の公表資料より，豊田充『清輝君が見た闇　いじめの深層は』大海社，1995，pp.82-91.
13）小林篤「清輝君の死は何を遺したか」『現代』1995年5月号，講談社，p.182.
14）小林篤「清輝君の学校で何が起こっていたか」『現代』1995年3月号，講談社，p.188.
15）小林篤「僕は，旅立ちます　清輝君「いじめ自殺」の真実」『現代』1995年2月号，講談社，pp.104-117.
16）小林篤「清輝君の学校で何が起こっていたか」『現代』1995年3月号，講談社，p.190.
17）冨田充保「清輝君事件と子どもたちの集団秩序・規範形成の現在」教育科学研究会・村山士郎・久富善之編『いじめ自殺　6つの事件と子ども・学校のいま』国土社，1999，pp.111-123.

第2章　不登校

I　問題の所在

　不登校は，重大な社会問題としての地位を確立しているようである。毎年「学校基本調査」が行なわれ，ある基準によって不登校をしている児童生徒数がカウントされる。その数字は必ず新聞報道され，人びとは事態が改善していないことをあらためて確認して，顔を曇らせる。確かに不登校は減っていない（図表2-1参照）。われわれは，毎年「過去最悪」ということばを聞かせ続けられる。いったい何が問題なのだろうか。

　本章では，不登校をめぐる広い問題布置のうち，とくに「不登校の解決とは何か」という問いにこだわって考察を進めたい。この問いに関係して，筆者は，

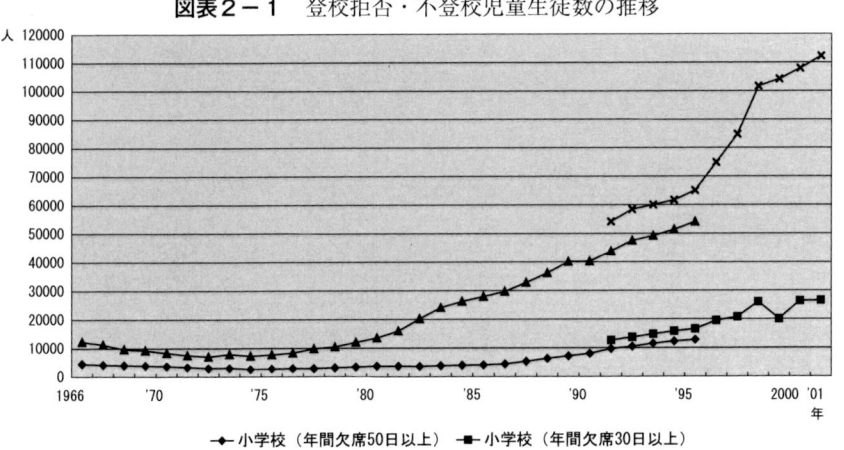

図表2-1　登校拒否・不登校児童生徒数の推移

→ 小学校（年間欠席50日以上）　　-■- 小学校（年間欠席30日以上）
-▲- 中学校（年間欠席50日以上）　　-×- 中学校（年間欠席30日以上）

出所）学校不適応対策調査研究協力者会議「登校拒否（不登校）問題について　―児童生徒の『心の居場所』づくりを目指して―」1992より作成

かつて不登校の親の会についてのフィールドワークをもとに研究報告をして，親の会とつながることにより，不登校児の親が子どもを受け入れるようになり，その結果として子どもが「回復」していくというプロセスを記述した。分析にあたっては，嗜癖研究から援用した「共依存」概念を用いたので，家族システム論的な色彩の強い議論であった。

しかし，「回復とは何か」，すなわち「不登校の解決とは何か」という問いについては留保したままであった。

おそらくは，この問いは不登校問題についての本質的な問いなのである。

II 解決策をめぐる論争

実は，不登校に関する議論のなかで，この解決策の違いがもっともクローズアップされた局面がある。学校復帰を不登校の最大の目標とする考え方の人びとと，学校には必ずしも行く必要がないと考える人びとの論争である。簡略に「学校派」と「脱学校派」の論争とよんでよいかもしれない。そこで，かつては「登校拒否」，その後「不登校」とよばれたこの問題が，どういう立場から言及されているかということをみてみたい。

以下では，朝倉景樹の整理[1]に従い，登校拒否・不登校問題についてのクレイム・メイキングの3つ(ないし4つ)の時期を簡単に振り返ってみる。

(1) 問題提起期

第1期は1950年代中頃から1970年頃にかけて，児童精神科医による登校拒否の病理としての問題提起の時期である。アメリカで登校拒否が学校恐怖症(school phobia)の名称で初めて問題化されたのは1940年代だが，日本では学会での症例報告が初めて行なわれたのが1950年代であるため，第1期の開始は1950年代とされる。この時期の登校拒否・不登校は，アメリカでの研究を踏まえ，日本でのその発現形態，すなわち治療の対象である「病気」としての取り扱い

第 2 章　不登校

が通常で，初期に用いられた用語は「学校恐怖(症)」と「登校拒否」，後に平井信義らにより「登校拒否」の名称が一般化された[2]。

なお朝倉によれば，この時期は登校拒否に関するマスコミ報道は多くなく，1965年6月の朝日新聞の報道がその嚆矢で，以後，日本経済新聞が同年9月，朝日ジャーナルが翌年6月に記事を掲載し，それに続いたという。また，公式統計では，文部省「学校基本調査」が，長期欠席の理由別統計に「学校嫌いを理由とする」という項目を盛り込んだのが1966年であった[3]。

(2) **取り組み模索期**

第2期は1970年頃から1984年頃にかけてで，朝倉はこの時期を「登校拒否の取り組みの模索」の時期と名づけ，さまざまな試みが出そろった時期として記述している。

さまざまな試みとは，①文部省によるカウンセリングや生徒指導を通じての取り組み，②「キャンプ療法」などの病院・カウンセリングルーム以外での「治療」，③「戸塚ヨットスクール」などの「非専門家」による登校拒否の「矯正施設」，④「非専門家」によるが，③よりはソフトで非強制的な路線の「登校拒否児」の「立ち直り」の試み，⑤登校拒否を「治療対象」とみなさない児童精神科医・心理学者・カウンセラーによる試み，である[4]。

(3) **葛藤期**

第3期は1984年頃から朝倉の著書の出版頃(1995年)までの「登校拒否カテゴリーをめぐる葛藤」の時期である。この時期は，登校拒否をしている子どもの家族による組織「登校拒否を考える会」が誕生し(1984年)，その会から初めて「学校外の居場所」が生まれた時期(1985年)である。「登校拒否を考える会」の前身は，国立国府台病院の渡辺位による親のグループ「希望会」である。この会の発足は，「希望会」発足10周年記念に出版された『登校拒否──学校に行かないで生きる』[5]のたいへんな反響を受けて，一般の人も参加できるように結

成されたものである。その後すぐ,「学校外の居場所」である東京シューレが創立されている[6]。

「登校拒否を考える会」の結成と「東京シューレ」の創立により,登校拒否を神経症的なものとみる見方に対する異議申し立てが本格化する。とくに注目されるのは,1988年9月の朝日新聞の報道をきっかけとした論争である。稲村博らのグループの研究結果を引き,「きちんと治療しないと20〜30代まで無気力症として尾を引く」と述べる記事に対して,新聞紙上での反論,新聞社との会見,緊急集会の開催などの異議申し立てが矢継ぎ早に起こった。このうち,紙上の反論として掲載されたのは,スクールソーシャルワーカー山下英三郎のものであった。

さらに,1988年11月の文部省「児童生徒の問題行動の実態調査」で,「教師は登校拒否で一番多いタイプは『怠学』と考えている」ことが判明し,それに対抗して,東京シューレに通っている子どもたちが,「史上初の登校拒否の子どもたちによる登校拒否のアンケート」を実施した。その結果は新聞報道された後,出版された[7]。

(4) 文部省の見解の変遷

この動きの影響のためか,文部省による登校拒否カテゴリーの記述も変遷してきた。たとえば,第2期の1983年『生徒指導資料第18集』では,「登校拒否を起こしやすい性格傾向」や「養育者の性格傾向」についての言及があり,基本的に本人の性格傾向や親の養育態度に帰責する書き方であった[8]。しかし,第3期にあたる1990年『生徒指導資料第21集』では,性格傾向と家庭要因があげられている点は変わっていないが,その他に学校要因・社会要因などが準備因子としてあげられ,生徒への対応についても,「治そうとするのではなく,むしろわかろうとする姿勢で」と書かれていた[9]。

そして,1990年10月の学校不適応対策調査研究協力者会議による「登校拒否問題について(中間まとめ)」では,「必ずしも本人自身の属性的要因が決め手

となっているとはいえない事例も多く」と記され[10]。また、対応について、「登校拒否はどの子どもにも起こりうるものである、という視点に立って登校拒否をとらえていくことが必要」という文言が掲載されたのは、この中間報告を受けた最終報告であった[11]。これを受けて、朝倉は「登校拒否を考える会」や「学校外の居場所」の活動が文部省の見解を変えることに成功したことになると結論づけている[12]。

(5) 新たな方向

　以上の3期に続いて、朝倉は第4期とみることができる動きについて報告している。すなわち、ホームエデュケーションの動きである。1994年には、「学校外の居場所」にも行かないで、自分で勉強したい子どもたちを支援する動きが出てきていることを報告している。「似た年齢の子どもが集まる場所にとくに通わなくたっていいじゃないか」というこの意見は、基礎学力と社会性についての批判を先取りして、クレイム・メイキングをはじめているものとみることができる。学齢期の子どもはすべからく学校へ行くものという近代的な前提そのものを相対化する動きである[13]。

Ⅲ　ひきこもり問題からのインパクトと登校刺激の再登場

　ところで、不登校にかかわる最近の動向として気になるのは、ひきこもり問題からのインパクトである。ひきこもりの定義は、「20代後半までに問題化し、6ヵ月以上、自宅にひきこもって社会参加しない状態が持続しており、ほかの精神障害がその第一の原因と考えにくいもの」[14]とされる。そして、ここ数年の「ひきこもり」あるいは「社会的ひきこもり」の語の頻出・流通ぶりは、記憶に新しいであろう。今や、社会生活、ときに家族とのコミュニケーションからも撤退し、自宅あるいは自室にひきこもって日々を過ごす若者の問題は、大きな社会問題として認知されつつある。

ひきこもりと不登校の問題領域はかなり重なっている。ひきこもりの側からみれば，ひきこもり者の90％が不登校の経験者である。したがって，不登校の問題について考えるとき，ひきこもりの視点からの示唆は大きいと思われる。以下に，ひきこもりの治療と研究をリードする精神科医斎藤環による不登校に関する見解を整理してみる。

斎藤は不登校問題の多くは解決すると述べる[15]。多くの者は（期間は不明だが）ある程度の時間を経て社会復帰していく。だが，何割かは社会的ひきこもりというより深刻なフェイズに移行していく。そして，斎藤はある程度の登校刺激は必要と考えている。初期段階には常識的な介入や説得を行なうべきであるという。その点からみると，「誰にでも起こりうる」という報告の「登校刺激を避けよ」「受容的に接しろ」という主張が，不介入＝無責任の excuse として受け取られてしまうことについては危惧を隠さない。ただし，やってみてダメだと思ったことや無効な対応はやめるように釘を刺してもいる[16]。

このように，斎藤は受容万能論に批判的である[17]。無際限な受容は退行をもたらし，退行はときに暴力をもたらす。ひきこもり事例における思春期暴力はこのメカニズムから生ずる。この場合の暴力は，自他未分化に近い状態のなかでの自傷的な暴力とみなすことができると思われる。

さて，斎藤は「不登校問題に関する調査研究協力者会議」の委員の一人であった。そして，2003年に行なわれた上記会議の報告には，不登校問題に対しても「登校刺激」をタブー視すべきではないという議論が盛り込まれた。脱学校的な考え方からは「揺り戻し」とみられる動きが，最近になって生じてきたのである。

だが，少し細かくみると，事態はそれほど単純ではないようだ。たとえば，同会議の中心的メンバーの一人森田洋司は，不登校経験者の追跡調査の結果を踏まえつつ[18]，「学校に行くべき」というはっきりとした主張をていねいに避け，登校刺激の問題を慎重に取り扱っている。森田は，調査の結果から，不登校は「進路形成の問題」であるという点を強調する。不登校は，それによって

子どもが学校に行けないことで悩む姿が長く注目され，「心の問題」としてクローズアップされてきた。だが，調査によって明らかになったのは，不登校経験後の就学・就労の状態，あるいはその過程での援助の有無や出会いの量・質によって，「心の問題」の経過がかなり違ってきていることである。端的にいえば，不登校後によい就学・就労・出会いを経験した者は，「心の問題」が軽くて済むのである。ここから，森田は進路形成をみすえた不登校支援が必要であるという結論を導く。そして，その際に，登校刺激については，過度のこだわりと過度の忌避など，対応が極端にならないこと，つらい時期はともかく，幅をもった時間の流れのなかで適切な登校指導を柔軟に行なうことが指摘されている[19]。

このように，確かに登校刺激について容認的な記述もみられる。しかし，全体をみると，「登校」の重みは驚くほど少ない。森田が提唱しているのも，登校促進というより社会参加支援であり，そのなかの一部として就労・進学・再登校があると思われる。また，個人化するリスクに対応するため，フリースクールや親の会なども含めた新たな連帯による支援が提唱される。いわば，脱学校的な方向も容認され，取り込まれているのである。

IV 評価と考察

われわれは，このような方向を評価してよいだろうか。

上記の処方箋は，学校がニーズを満たすことができなくなったので，学校外の社会の力を借りて社会参加への道をつけようという提言である。学校にこだわるのではなく，学校が社会のなかで果たすべき機能という原点に立ち戻り，その機能を果たすような制度に組み替えようという提言である。この方向は基本的にはまちがっていないと思う。

だが，ここで忘れてはならないのは，そもそも学校がボンド形成（に必要なニーズ充足）に失敗したことである。しかも，ここには「なぜニーズを満たす

ことができなくなったか」についての分析が欠けている。学校の機能不全の原因を十分に考察することなく，制度の改変のみが提言される。これは問題に対する抜本的な対策とはいえない。

われわれが学校に対してもつ直感的なイメージは「硬さ」である。上記の制度組み替えは，それを補うものとして，より柔軟に社会参加を支援できるようなものとして考えられたと推測できる。問題は，学校そのものの「硬さ」に手をつけずに済ませてよいのだろうかということなのである。

(1) 学校の「硬さ」

森田の立論の基本は，ボンド(絆)理論である[20]。ボンド理論では「なぜ学校に行かないのか」と問わず，逆に「なぜ学校に行くのか」と問う。そして，学校に行くにあたっては，行く理由(引力)と行かない理由(斥力)があり，そのバランスが比較考量されて，行くか行かないかが決まるという説明がなされる。ボンド理論は合理的選択を前提とした理論である。非行問題にかかわる行動選択であれば，「同調への賭け」は，手段的自己実現，すなわち非行せずまじめに暮らすことで将来を得ようとするという選択として描かれる[21]。だがこの場合，「同調」にも実質上さまざまな選択肢があり，何か唯一のものに同調するように強制される度合いはさほど大きくない。

しかし，学校に行くことが唯一の選択肢とみられがちであるならば，学校に行くという「同調への賭け」は強制的な色彩を帯びやすい。かつ，現実には「学校外の居場所」であっても，まだスティグマ性が十分低いとはいえず，学校という選択肢が実質上唯一であるという可能性は低くない。そういう状況での強い登校刺激は，いわば選択の強制であり，ハラスメントである。選択の強制を合理的選択と強弁するとき，そこには重大な危険が生ずる。セクシュアル・ハラスメントやアカデミック・ハラスメントがなぜ被害者にとって苦痛であり，かつ許されざる不正義であるかということを考えてみるとよい。そこには「究極の選択の強制」とでもいうべきメカニズムが働いている。ある者がハ

ラスメント被害に巻きこまれる場合，その者は「(性的) 自己決定を諦めて就労・就学の継続やその環境の安定を選ぶか，(性的) 自己決定を守って就労・就学の継続やその環境を犠牲にするか」という，他の人間であれば迫られずにすむ，きわめて苦しくかつ不合理な二者択一を迫られているのである。「無効な登校刺激を繰り返すな」と釘が刺されるのは，この点からも理解できる。親の会での活動や，そこでの経験による子どもの「受容」が，子どもにとってもよい結果をもたらすことが多かった理由も，これで説明がつくのではないだろうか。親の会は，親のコントロール志向の自覚の場，あるいは運動体として親のパワーの吸収の場として機能したと思われる。そこでは親は de-power され，子どもから detach したといってよい。すなわち，親の力を相対的にそぐことが，子どもを empower する結果となることは理解できる。

　これはもちろん，学校因を極大化して考えた場合のシミュレーションである。実際には子どもが学校へ行かない理由は単一ではないし，どの子どもにも登校刺激のプレッシャーが均一に働くわけではないことには留意が必要であろう[22]。

　また，実際には，学校はもちろん一枚岩ではない。森田の提唱するフランス型の「ソーシャル・インクルージョン」[23]にしても，現在既に起こっているともいえる。もちろん，ある子どもを排除した主体が包摂をも行なうということは論理的にありえないので，エージェントが変化しているか，排除するエージェントと包摂するエージェントの分化が起こっているとみるのが妥当である。つまり，ここでは学校内の多様性が前提とされている。実際，保健室登校などはその一例とみることができる。

　だがそれでも，学校の「硬さ」については懸念が残る。たとえば，進路指導の問題を学校システム全体の「硬さ」の問題として考えてみるとどうだろうか。「進路形成を見すえた不登校支援」といわれるが，一般生徒の進路指導は現在のところどう支援されているのだろうか。「入れる高校／大学」という進学指導一辺倒で，いくつもの選択肢は提示されていないということはないだろうか。あるいは，それが既に生徒に内面化され，事実上選択肢が狭いままではないだ

ろうか。

　カリキュラムについては，一斉授業を基本とし，全員ができるまで教えることをよしとするという，ある意味で親切すぎる斉一的な教育カリキュラムがわれわれの知る学校のプログラムである。これが「硬さ」のイメージに寄与しているであろうことは容易に推測できる。学校のプログラムは，全体の斉一性を基本にした，いわば剛構造のプログラムなのである。したがって，この状況に手をつけるという選択肢ももちろん考えられる。選択型カリキュラムの提案など，学校の基本構造自体を柔構造にする提案である。宮台真司は「成熟社会であるにもかかわらず，選択型でない古いタイプの教育プログラムは日本・韓国・台湾くらい」と述べ，自己決定能力を涵養する選択的カリキュラムの導入に対し，積極的な姿勢をみせる[24]。

　それに対して，2003年の協力者会議の報告書では，新指導要領の「生きる力」の精神への期待が表明され，かつ，きめ細かい教科指導でドロップアウトを減らし，不登校のきっかけ要因を減少させることがめざされている[25]。ここでは，まだ剛構造のプログラムを信頼し前提視する姿勢で対策が立てられているようにみえる。

　これは，はたしていいことなのだろうか。今までそうであったように，剛構造のままで課題を付加することが，再び教員の負担を増やすことにならないのだろうか。しかも昨今，学力低下批判により新指導要領への風当たりは強く，それに対して，新要領が「最低水準を示すもの」といわれるなど，新要領については，まだ行方が定まっているとはいえず，混乱があるように思われる。もちろん，選択型プログラムの実際の施行においては，選択の方法をどう指導するのか，選択型への対応能力をどう養うかという問題が生じうる。大学生をみても，選択能力を育てるのがたやすくないのは明らかである。しかし，この方向へと舵を切れば，学校の「硬さ」からくる圧迫感はずいぶんと軽減されると思われる。

(2) 「不登校の権利」と「自立を促す権利」

　斎藤は，ひきこもりの回復の基準を「社会復帰」におき，「社会」を「家族を超える親密な関係」として定義する。この場合，就労・就学はオプションであり，治療者側からもちかけることは例外的にしかないという。つまり，ひきこもりの回復像は就学・就労ではないのである。就学・就労を治療者側から積極的にもちかけない理由として，斎藤は医療従事者として価値判断を避けるためと述べている。また，斎藤は，「子どもにはひきこもる権利はある」ということと，「親には，経済的に支援しているということを理由に，自立しろと言う権利はある」という2つの立場を表明している。彼自身が「法律的には双方代理という非倫理的行為になるらしい」と表明しているように[26]，これは微妙な立場である。

　それでも斎藤がこの立場をとる理由は，最終的には両者の利害が一致すると考えているからである[27]。最終的には，人間は社会参加する動物であり，ごく一部の例外を除いては，社会につながることはそうでないことよりもよいこと（おそらくは生存＝サバイバルのためにも機能的）である，という判断に基づいているのかもしれない。

　ところで，不登校の場合はそこまでの共通利害を読み込むことはできない。「子どもにはひきこもる権利がある」のだから，「子どもには不登校する権利がある」のは明らかである。だが，「親には自立しろと言う権利はある」だろうが，そのために学校に行けと指定する権利まではないだろう。できるとすれば，自立のためには学校に行った方が合理的だと説得することぐらいである。同じように，学校が不登校児に対して登校を促すとしても，ボンド＝引力を用意する，すなわち「引きつける魅力」「来るかどうか聞く」「選択肢を用意する」といったコミュニケーションしかありえないということになる。そうなると，不登校をする者本人に対する支援も，社会復帰は前提にするが，学校復帰を前提にしたものではないし，それのみでは不十分ということになる。その場合，どのような支援が必要になるのだろうか。

たとえば，斎藤は，ひきこもりに関して，初期診断の重要性を指摘する[28]。他の精神疾患の有無を判断し，もし原因がある程度特定できるものであれば，その方面での適切な対応(主として治療)へとつなぐことは確かに重要である。不登校に関しても，このような初期診断が必要になるのだろうか。ひきこもりの初期診断は，すでにひきこもり状態がかなりの期間続いた後を想定しているものであり，不登校最初期はそれとは状況が異なると考えられる。むしろ，もし初期診断を行なうのであれば，端的にかつ冷静に，「学校に何か問題がありましたか」「学校で何か嫌な目にあいましたか」と聞くべきなのだろう。そして，端的に聞くというのは，「そういうものがあるにちがいない」という構えで聞くことではない。「そういうものがあるかもしれないし，ないかもしれないが，あっても不思議ではない」という聞き方である。「あるにちがいない」という構えそのものも，当事者の経験の独自性を否定しかねないという点では同罪である。そして，その回答を虚心に受け止めるべきなのである。さもなければ，学校の問題を否認したまま，適応を強いることになるからである。

　ところで，これに関連して，誰が聞くのかという問題が生ずる。もっともありそうなケースは，親が聞くことになるということである。不登校に関しては，やはり親が第一次的な働きかけの主体になることが多いと思われるからである。こうしてみると，親への援助の重要性が浮上してくる。そういう意味で，子どもばかりでなく，親の相談にものれる援助資源が充実し，選択肢が充実することは望ましい。ただ，これは親の会を無条件に評価するという意味ではない。どんな選択肢も，民間であっても行政であっても，信頼できない場合もありうるし，クライアントである親や子どもに合うか合わないかも未知数である。ただいえることは，援助を求める親の試行錯誤がやりやすいように，それを支援する情報・資源ネットワークが重要になってくるであろうということである。

(3) **学校の去勢機能**

　斎藤は，現在の教育を「去勢否認的な教育システム」と批判する[29]。すなわ

ち，徒競走をしない運動会に端的にみられるように，挫折の契機を最小化することで隠蔽し，自分の有限性を受け入れる機会を失わせているということである。別の文脈だが，やはり「去勢機能を学校が担うべきだ」という考え方も存在する。たとえば，諏訪哲司や河上亮一ら「プロ教師の会」のメンバーは，その機能を学校が担うべきだと思っている[30]。だから，彼らは「規範の理不尽さ」や，無根拠であってもときにそれを押しつけることを強調する。

だが，去勢は厳しさ一辺倒のものではないだろう。ひきこもり論のなかでも，過剰に退行促進的な態度は戒められ，何らかの形での「規範」は必要とされているが，それは厳しさ一辺倒を意味しない。むしろ，「愛より親切」のように，できることとできないことの明示・限定などが一般的な方法のようである。そして，このバランスが実はむずかしい。むしろ学校については，学校が「社会」であることによる，その組織原理による方法が「去勢機能」実現の方法として適当ではないかと思われる。上述の自己決定型の柔構造のカリキュラムがその一例として考えられる。

だが，学校のカリキュラムの柔構造化は，今のところまだマイナーな動きにとどまっている。それは，柔構造化したときに起こることへのためらいであると思われる。柔構造化すれば，進路は複数化するだろう。それが水平的な「選択の違い」であればよいが，結果として高等教育へのアクセスや教育による階層上昇チャンスなどの垂直的な差も出てくる可能性はある。

現在までの一斉カリキュラムの理想型は，「誰でも勉強すればできるようになるし，そうしなくてはならない」という建前であったように思われる。これは高度成長と相まって，総中流化肯定的な価値観として機能してきたといってもよいだろう。このために，「挫折がありうる」ということを否認する方向が生じてきた。だが，このことを学校だけの責に帰すのはフェアではない。家庭や地域も上昇志向に基づき「学校化圧力」に参加した。これは学校をとりまく社会の選択だったと考える方が妥当である。

だがもはや，総中流化は見果てぬ夢となりつつあるようにみえる。成長神話

の永続を信じている者はもういない。ゆとり教育の裏で、学力のみならず学習意欲の階層差が報告されている。今後は、学校の機能を考えるときに、「実力による」階層化容認の是非についての議論が必須となるだろう。そのときに、競争や柔構造カリキュラムについての決断をわれわれは迫られるだろうし、そのことが不登校の問題にも何らかの影響を及ぼしていくにちがいない。

V　今後の課題

　以上、不登校に関する議論の経緯を概観し、現在の議論の問題点について検討してきた。だが、マクロ的な展開に議論が偏り、実証的な議論についての目配りが不足したのが心残りである。以下に、実証的な課題について整理して稿を閉じたい。

　斎藤風にいうならば、不登校問題においても、心理的問題は原因か結果か判別できない。すなわち同時決定的である。したがって、その際の説明にはシステム論が適していると思われる。

　そこで、不登校のリスク―回復力(risk-resiliency)モデルが予想できる。リスク―回復力モデルとは、子ども虐待防止分野で近年注目されている包括的な説明形式で、虐待の生起可能性や被害の重症度を高める危険要因(risk factors)と、生起可能性を下げ、被害の程度を緩和し、被害者の回復力(resiliency)を高める保護要因(protective factors)との連関やバランスで事態を説明するモデルである。ミクロからマクロまでさまざまなレベルの要因を組み込むことができるこのモデルは、生態学的(ecological)モデルともよばれるが、発想はシステム論的であると思われる。

注)
1) 朝倉景樹『登校拒否のエスノグラフィー』彩流社、1995.
2) 同上書、pp.48-50.

3）同上書，pp.50-54.
4）同上書，pp.55-65.
5）渡辺位編著『登校拒否―学校に行かないで生きる』太郎次郎社，1983.
6）朝倉景樹，前掲書，pp.65-66.
7）東京シューレの子どもたち編『学校に行かない僕から学校に行かない君へ―登校拒否・私たちの選択』教育史料出版会，1991.
8）朝倉景樹，前掲書，pp.76-78.
9）同上書，pp.78-79.
10）同上書，pp.79-80.
11）学校不適応対策調査研究協力者会議「登校拒否（不登校）問題について ―児童生徒の『心の居場所』づくりを目指して―」1992，p.14，より作成．
12）朝倉景樹，前掲書，p.80.
13）同上書，pp.209-214.
14）斎藤環『社会的ひきこもり』PHP新書，1998，p.25.
15）同上書，p.36.
16）斎藤環『OK？ 引きこもりOK!』マガジンハウス，2003a，p.11.
17）斎藤環『心理学化する社会』メディアワークス，2003b，pp.81-121.
18）森田洋司「「不登校追跡調査」から見えてきたもの」森田洋司編著『不登校―その後』教育開発研究所，2003，pp.1-50.
19）同上書，p.41.
20）森田洋司『「不登校」現象の社会学』学文社，1991．森田洋司，2003，前掲書．
21）森田洋司，1991，前掲書，pp.241-242.
22）森田洋司，1991，前掲書，第8章．現代教育研究会「不登校に関する実態調査 平成5年度不登校生徒追跡調査報告書」，2001，第9章．
23）森田洋司，2003，前掲書，pp.49-50.
24）斎藤環，2003a，pp.113-114.
25）不登校問題に関する調査研究協力者会議「今後の不登校への対応の在り方について（報告）」，2003，第4章．
26）斎藤環，2003a，前掲書，p.158.
27）同上書，p.158.
28）斎藤環，1998，前掲書，pp.62-81.
29）同上書，pp.205-210.
30）田崎英明「子ども論を読む」『インパクション』124号，2001，p.118.

第3章　ひきこもり

I 「ひきこもり」統計の問題と本章の目的

　「ひきこもり」が話題になるようになって10年近く経った。もちろんこの問題が大きく扱われたのは，1999年末から2000年にかけて社会的注目を集めたいくつかの刑事事件の容疑者が，「ひきこもり」的生活をしていたと報道されたことをきっかけとしている[1]が，それまでにもたびたび新聞報道で話題になり，精神科医やカウンセラー，「ひきこもり」青年の自立を援助する私塾の経営者（以下，彼らを「援助者」とよぶ）などによる書籍が版を重ねていた[2]。

　早くからこの問題を「啓蒙」してきた精神科医・斉藤環は，しばしば「ひきこもり」の「実数」を提示してきた。しかし，当初には「数十万人」[3]と曖昧だったものが，2000年の事件報道への反論のなかで「100万人突破」と語られる[4]など，彼が語る「実数」には推計であるがゆえの「ブレ」がある。必然，斉藤には調査手法やデータ解釈についての検討を踏まえた批判もあり[5]，正確な調査に基づく実態把握が待望されていた。

　そのようななか，2000年の事件と「ひきこもり」とが結び付けられたことをきっかけに[6]，厚生労働省の要請で研究班が組織され，対応のガイドライン作成が進められた。その一環として行なわれた調査結果や民間の教育研究所による調査結果が2001年に入って公表されるなど，「ひきこもり」の統計的実態把握をめぐる動きはにわかに活発化してきた。

　しかし，ことは簡単ではなさそうだ。それは，「ひきこもり」青年の多くは自宅にひきこもるため，「全戸調査」しか実態把握の方法がない[7]というこの問題特有の事情だけでなく，統計調査の手続き自体に解消困難な問題があると

考えられるからである。それは一体何だろうか。

　統計調査の実施には，当然，対象の「定義」が必要である。しかし，それは対象の同定に関する困難を抱え込むことになる。以下では，まずそれがどういうことかを明らかにしていく（Ⅱ節，Ⅲ節）。そして，ある「不登校・ひきこもりの子どもを持つ親の会」（以下，「親の会」）におけるやりとりの分析を通して（Ⅳ節），従来の社会（病理）学とは違う「ひきこもり」問題へのアプローチの方法を示す（Ⅴ節）。これが本章の目的である。

Ⅱ　「ひきこもり」実態調査の困難

(1)　相談状況調査

　まず，厚生労働省による「ひきこもり」対処の最前線である保健所と，各都道府県に1箇所ある精神保健福祉センターとを対象にした，「ひきこもり」の相談状況に関する調査をみよう。これには，厚生科学研究障害保健福祉総合研究事業（平成12〜14年度）「地域精神保健活動における介入のあり方に関する研究」の一環で行なわれた倉本英彦による調査[8]（以下「倉本調査」），および，国立精神・神経センター精神保健研究所の精神保健計画部による調査[9]（精神保健福祉センターのみが対象。以下，「研究所調査」）の2つがある。いずれも2000年11月に行なわれ，翌年5月に厚生労働省が全国の関係機関に配布したガイドライン[10]公表の際に報告されたものである。

　「倉本調査」は，「ひきこもり」を「① 6ヶ月以上自宅にひきこもって社会参加しない状態が持続しており，② 分裂病などの精神病ではないと考えられるもの。ただし，社会参加しない状態とは，学校や仕事に行かないまたは就いていないことを表す」[11]と定義し，最近1年間の相談の有無，関連した問題行動，年齢と継続期間，経歴と依頼経路，各施設の取り組みの実際などを明らかにした。回答を寄せた保健所・精神保健福祉センター673ヶ所（回答率96.6％）のうち，「相談を受けた」機関は83.4％，「増加傾向があると思う」と回答した

第3章　ひきこもり

機関は59.7%である。来所ケース数は、保健所で3787件、精神保健福祉センターで2364件だった。一方、「研究所調査」では、2000年4月1日からの半年間に来談した「ひきこもり」件数は599件である。

「倉本調査」の数値は来所の延べ件数とケース数とが混合されたものであり[12]、相談数自体を割り出すことはむずかしい。「研究所調査」は「初診」の相談件数だから、正確な数値により近いかもしれないが、この調査では「ひきこもり」定義を提示しておらず、すべてのセンターが「同じ」状態を念頭に置いていたかはわからない（この点については(2)で触れる）。しかし、より重要なことは、どちらもが「相談状況」の調査だという点である。つまり、そもそもそれを「ひきこもり」の実数というには無理がある。そこには保健所やセンターに相談に来（られ）ない人びと、つまり「暗数」が存在する。しかし、本章が問題として考えたいのはむしろつぎの点である。

(2)　「ひきこもり」認知調査

臨床教育研究所「虹」による調査報告に目を転じよう。これには、質問紙による「ひきこもり」認知調査[13]（尾木直樹の後援会参加者が対象。以下「認知調査」）と「全国引きこもりKHJ親の会」会員家族を対象とした調査[14]とがあるが、ここでは「ひきこもり」の実数を明らかにしようとしている「認知調査」を取り上げよう。

　この調査は「1.一体『ひきこもり』青年は現在わが国ではどれ位存在するのか（実態の把握）　2.人々はそのことをどのように、またどの程度認知しているのか—誤解も含めて（認知状況の把握）　3.……略……保健婦たちの取り組みの現状や課題、問題意識は何なのか（現状と課題）　4.今後の調査・研究の課題は何か。また、解決への方向性は何か」を明らかにしようとする[15]。では「実態把握」はどのようにされているのだろうか。

　まず、調査は「あなたの周囲に誰か『ひきこもり』傾向の方がおられますか」と質問し、「3割もの身近に『ひきこもり』が存在する」ことを明らかに

した。次に，この回答者にその人との関係をたずね，家族(11.1％)，親戚(16.0％)，友人・知人(38.8％)，その他(39.7％)という回答をえた。そして「家族に『ひきこもり』傾向の人がいる」との回答が総数の3.2％を占めたことより，わが国の総世帯数4410万世帯の3.2％に1人ずついると仮定し，「ひきこもり人口140万人」が推計されたのである[16]。

さて，われわれがここで考えなければならないのは，回答者が何を「ひきこもり」傾向と考えていたかである。この調査では，「ひきこもり」という用語の認知調査も行なっており，94.9％が「知っている」と回答した。しかし，内実はどうだろうか。「『ひきこもり』とは何だと思いますか」という自由記述形式の問いには多様な回答が寄せられたのである。

報告は，「① 対人関係不全，② 心の病，③ 自立発達へのプロセス(苦しみ)，④ 閉じこもり現象，⑤ 対社会への適応不全，⑥ 自己肯定感の問題，⑦ ストレス，⑧ 現代社会のゆがみ」にその結果を分類し，人びとの「ひきこもり」定義として抽出する[17]が，このことは回答を寄せた人びとの間で「ひきこもり」イメージが共有されていなかったことを示す。調査では「ひきこもり」定義が提示されなかったため，人びとは「ひきこもり」をおのおののイメージでとらえて回答したはずである。ましてやこの調査では「ひきこもり傾向の人」とたずねている。とすれば，推計された140万人という数字には多様な状態が含まれていると考えるべきだろう。

実は，「相談状況調査」も同じ問題を抱える。「研究所調査」によれば，当時「ひきこもり」の定義をもっていたセンターは28.6％にすぎない[18]。注目すべきは，調査者が用意した8つの事例それぞれを「ひきこもり」と判断するかと尋ねた結果である。各センター間の判断一致率がもっとも高い「社会活動が1年以上できない事例を『ひきこもり』と判断する」は89.3％であり，同じ状態が「6ヶ月」継続するものを「ひきこもり」と判断するもので82.1％になる。しかし，一致率が80％を越えるのはここまでで，「わからない」が50％を越えるものが3つも存在する[19]。この結果をどうみるかは微妙だが，専門機関であ

る精神保健福祉センターにしてはズレが大きいと考えられなくもない。とすれば，ここでも，回答したセンターそれぞれが「同じ」状態を想定していたのか，ということには疑問の余地が残る。

(3) 「厳密な定義」の有効性？

　以上の点は，共有された定義がないために「ひきこもり」と判断された状態に多様なものが含まれ，ある場合に「ひきこもり」と判定されるものが別の場合にそう判定されないというような，測定における「妥当性」が問題となっていることを示すものである。とすれば，それは「調査法の不備」に起因するものと考えられるかもしれない。つまり，「あらかじめきちんと定義をしておくことで解決できる問題である」と。実際，デュルケムの『自殺論』を持ち出すまでもなく，「社会問題」に関する社会学研究の多くは，現象についての科学的で普遍性の高い「厳密な定義」を作成することから議論を開始するのが常である。しかし，問題はその先にある。

　近畿圏のある精神保健福祉センターでは，「倉本調査」が行なわれた際，カルテを遡り相談分類欄を再検討することで，調査における定義に当てはまるものを探したが，厳密に一致するケースを探し出すのはきわめて困難だったという。それは，このセンターが当時「ひきこもり」定義を所有していなかったことに加え，クライアントがセンターに通う間に相談内容が変化することがしばしばで，普段から彼らを「分類」すること自体に大きな意味を見出していないためである[20]。

　このことが示すのは，「行為の定義を作成すること」と「行為を同定すること」とは本来別の作業だということである[21]。そこには運用レベルにおける人びとの具体的な実践が介在する。つまり，「ひきこもり」の定義をいかに厳密にしたとしても，それだけでは「ひきこもり」を同定できないのである。以上のように述べても，何が問題なのかはわかりづらいかもしれない。そこでⅢ節において，現在流通する「ひきこもり」定義を検討し，そのことを考えていこ

う。

III 「ひきこもり」定義の「曖昧さ」

　「援助者」たちはそれぞれ独自に「ひきこもり」を定義するが，それらは必ずしも一致した状況にない。しかし，「援助者」の定義を検討した塩倉は，「青年期を中心に，対人関係から長期間身を引いた状態や社会的な活動に長期間参加しない（できない）でいる状態」を共通して問題にしているという[22]。その「状態」を中核的イメージとし，補足的事項が加わることで，それぞれの定義に違いが生まれているのである。

　たとえば，精神科医の多くやガイドラインは「統合失調症など精神病を背景としたものを除く」と，「ひきこもり」を「精神病」とは違うものとして定義する[23]。また，「対人関係」を避ける「心性」を強調した定義をもつものがいる[24]一方で，「心性」に重きを置く定義を「そんな人間は他にいくらでもいる」と批判し，「家に閉じこもりきりである」ことを強調するものもいる[25]。

　それらを総合すると，①「家から出られない状態」，②「社会的活動」からの撤退，③「対人関係」からの撤退という3点が，定義に共有された要素であることがわかる。では，それらが「ひきこもり」を同定できるか考えてみよう。

　われわれが「ひきこもり」と聞いてイメージするのは，おそらく①だろう。しかし，これは単独では「ひきこもり」を同定できない。たとえば，「首相は今日，終日家に引きこもっていた」という語りをわれわれは経験的に知っているし，それがここで問題となっている「ひきこもり」でないことも（おそらく）共有できる。逆に，「ひきこもり」とよばれる人は必ずしも「家から出られない」わけでなく，「コンビニにも行くしCDも買いに行く」[26]，「何とか近所には外出したり，病院の受診だけは続けている」[27]など，彼らの状態の多様性はもはや共有された前提である。そのため，「家から出られない」人だけを「ひきこもり」とするならば，今度は，現在「ひきこもり」と考えられている人を

「ひきこもり」として同定できなくなってしまう。

そこで②③が必要となる。しかしこの場合，「社会的活動」「対人関係」がそれぞれ具体的に何をさすのかという問題がまず生じる。「援助者」の間でもこの点は意見が分かれる。彼らのとらえ方に即せば，「就労」および，2つを同じ意味にとらえた「友人との付き合い」がその代表になるだろう。しかし，仮にそう考えたとして，次には「同定」問題が待ち受ける。「ひきこもり」を単に「就労からの撤退」と考えれば，「フリーター」「主婦」をそこに含むことになりかねないし(「フリーター」は「就労支援」の文脈においてしばしば「ひきこもり」と等しく支援対象とされ[28]，「主婦のひきこもり」は一般に「見えづらい」と語られる[29])，「友人との付き合いからの撤退」ととらえれば，「ひとりの時間は大事だ」[30]「他人とうまく付き合えない人は潜在的ひきこもりだ」[31]などと，「ひきこもり」の外延は広がってしまう。

それゆえ「援助者」は，結局①〜③を組み合わせて定義をつくることになる。ここでは，多くの「援助者」も共有できると思われる「倉本調査」の定義について考えておく。

「① 6ヶ月以上自宅にひきこもって社会参加しない状態が持続しており，
② 分裂病などの精神病ではないと考えられるもの。ただし，社会参加しない状態とは学校や仕事に行かないまたは就いていないことを表す。」

結論からいえば，この定義も「ひきこもり」を正確には同定できない。なぜなら，この定義によって同定される人には，たとえば「6ヶ月以上寝たきりの老人」や「出不精の専業主婦」が含まれてしまうからだ。また，仮に「社会参加しない状態」を「友人がいない」に変更しても事態はかわらない。つまりこの定義は，「ひきこもり」とよばれる人を過不足なく同定する「性能」を備えていないのである。そして，同じことは現在流通する他の定義にも当てはまってしまう。

だからこそ社会(病理)学は「厳密な定義」を行なわなければならないのだ，という主張もあろう。上記のような事態をすべて想定し，あらゆる場面で通用

するように，それぞれの概念の意味をあらかじめ特定した「厳密な定義」を作成し，それを「厳密に運用」すればよいではないか，と。しかし，これは「無限後退のパラドクス」に漂着する。

　「ひきこもり」はひとつの概念であり，定義とはその説明である。定義を構成するためにわれわれは別の概念を用いるわけだが，それもまた概念だから，何を示すのかという定義を必要とする。この定義を構成するために，また別の概念を使用し…と，この営為には終わりがない。つまり，われわれが前もって「概念の意味」をどれだけ厳密に定めておこうとしても，それは実現困難なのだ。「ひきこもり」定義それだけでは現象を正確に同定できない程度に，それは「曖昧」なものなのである。

　とはいっても，人びとが「ひきこもり」を同定できないわけではない。実際はむしろ逆である。ということは，人びとはその作業を「厳密な定義」を用いるのとは別の方法で成し遂げていることになる。

　ガーフィンケル(Garfinkel, H.)は，概念の「状況依存的表現(indexical expression)」がもつ上記のような「曖昧」さに注目した。そして，それは日常生活においてはむしろ「合理的」なのだという。概念は，日常生活におけるさまざまな実践が組織化されるなかで，その都度状況に応じて実践的行為が成し遂げられることで合理的性質を獲得するのだ，と[32]。いったいどういうことだろうか。

Ⅳ　意味の達成──状況依存的表現の合理的性質

　近畿圏のある「親の会」で交わされたやりとりをメモしたデータを参考に，そのことを考えていこう。

　この会は一般に「不登校の親の会」とよばれるもので，創設から8年が経っている。およそ2ヵ月に1度例会が開かれ，そこでは固定メンバー（多くは現在あるいは過去に「不登校」をしていた子の親）の間で子どもの状況や自身の悩みなどが語り合われる。語られた悩みには他のメンバーからしばしば励まし

第3章　ひきこもり

やアドバイスがなされるが，ほとんどの場合，つっこんだ議論には展開しない。むしろ悩みへの共感や受容が相互に示されるのが常であり，自助グループとしての性格が強い会である。

　さて，以下に掲載する短いやりとりは，家族の一員がかつて「ひきこもり」だった人を招いて企画された「ひきこもりを考える集会」で交わされたものである。まず2名の報告者によって家族の「ひきこもり」体験が語られ，とくに「立ち直り」のきっかけについての質疑応答が行なわれた後，進行役がフロアー（20名程度。一般公開されたため参加人数はいつもより多い）に，「こんなふうに悩まれている方いませんか」と発言を促した。データにあげたAは進行役のひとりで，会の古参メンバーである。A自身にも外界と接触をほとんど断っている「ひきこもり」の子どもがいて，悩んでいることがそれまでに語られている。発言した5名中4番目の発言者であるBは一般参加者で，妹の「ひきこもり」状況（部屋からほとんど出てこず，インターネットばかりして，家の仕事も手伝わない）と，彼女への複雑な思い（将来が心配，時々腹が立つ）を語った。以下のやりとりはその直後に交わされたものである。

　　A「でも，インターネットしてるんでしょう。」
　　B「インターネットって言っても，チャットじゃないのね。サイトを見て
　　　回るとか，そういうことだけなの。」
（このあと，もう1人の進行役が「家族の方は心配ですよね」と話をまとめ，次のトピックに移行した。＝「他に悩まれている方おられませんか」）

　ここでは，AとBの間で「インターネットすること」の意味についてズレが生じていたわけだが，やりとりの理解にとって重要なのは，Bがその意味を「修復（リペア＝いい直し・訂正）」しているその「仕方」にある。順次考えていこう。

　Aはここで，「インターネットしてること」を単にそれが「事実」だから語ったのではない。Bが語ったなかで「事実」は他にもたくさんあった（部屋に閉じこもりきり，家の仕事をしない，腹が立つなど）。しかし，Aは「イン

ターネットしてること」だけをここで取り上げた。一体なぜだろうか。

　それは，このような「親の会」においてインターネットがもちうる意味を考えることで理解できる。専門家のなかには，インターネットが「ひきこもり」援助に役立つとし，メールでのカウンセリングを検討するものもいる[33]。もちろん，それには懐疑的な議論もある[34]が，家族のなかには「せめてメールでやりとりをすることくらいできれば」[35]と語るものもけっして少なくない。

　そこで鍵になるのは，Aの「でも」という発話である。これは，直前までにBが語った妹の「ひきこもり」についての悩みに対する「でも」である。以上をあわせて考えれば，Aの発話を「でも，インターネットをしているのだから大丈夫なのではないですか」という「励まし」として理解することが可能だろう。つまり，Aは単なる「事実確認」をしたわけではないのである。

　実際，Bは「励まし」と受け取ったからこそ，「インターネットすること」の意味の「修復」を行なったのである。そのようにいえる根拠は，ここで「インターネットすること」を「チャット」と「サイト回り」に二分し，妹がしていることは後者であり前者ではないと，わざわざ意味づけたことにある。「インターネットすること」を二分する基準は別にこの2つでなくてもよい。「ブロードバンド」と「ナローバンド」でも，「情報発信」と「情報収集」でもかまわない。では，なぜBは「チャット」「サイト回り」という二分法をとったのか。

　そのことを考えるには，ここでも「親の会」における「インターネット」の意味をコンテクストにしなければならない。つまり，Bは「インターネットすること」の意味を「ひきこもり」定義の要素である「コミュニケーション」項目に沿って二分し，「チャット」を「コミュニケーティブ」，「サイト回り」を「コミュニケーティブでない」という対照として用いた上で，妹のそれを「コミュニケーティブでない」と意味づけたのである。そしてそのことで，Aの発話を「励まし」と聞いたことを提示しつつ（これは同時に，「Aは『インターネットすること』を『コミュニケーティブ』と意味づけた」とBが受け取った

ことを示す），「やはり心配なのだ」と，Aへの「応答」をデザインしたのである。

　重要なことは，「インターネットすること」「チャット」「サイト回り」の意味が，やりとりに先立って与えられていたわけではないということである。われわれは「チャット」を「バーチャル・リアリティ」として「コミュニケーティブでない」とする語りにも出会うし，「サイト回り」を新たな商取引成立の場として「コミュニケーティブ」とする語りがあることも知っている。つまり，これらのカテゴリーは，「ひきこもり」や「インターネット」に関する一般的知識を参照しながら，会の日常をコンテクストにして意味を与えられ，「励まし」―「応答＝心配の訴え」というやりとりを成し遂げるが，同時に，そのようなやりとりを成し遂げる相互行為を通じて，その場で意味を達成させられてもいるのである。その意味で，各カテゴリーの意味はそれ自体「曖昧」だが，やりとりに即して「合理的」なのである。

　以上のように考えても，このやりとりを，「妹さんは『ひきこもり』ではない」から「あなたは私たちとは違う」とAがいい，Bが「いや，やはり『ひきこもり』だ」から「私もあなたたちと同じだ」と返したという，会のメンバーシップをめぐるものとみることは可能かもしれない。しかし，それは「強すぎる」解釈だろう。先に触れたように，この会では，語られた悩みにはまず共感や受容が示されるのが常であり，メンバーシップが脅かされることはめったに起こらない。また，AがBを「排除」する必要性も，その場にいた筆者には感じられなかった。つまりここでも，「会の日常」や「その場」という「ローカル性」が，やりとりの理解にとって重要なコンテクストなのである。

V　「厳密な定義」作成から定義運用の注視へ

　以上の議論が示すのは，概念の意味が概念そのものに依存するのではないということである。それは，使用のされ方，つまり，具体的な相互行為が置かれ

るコンテクストに照らし合わせながら，やりとりのなかで意味をその都度達成する人びとの実践に依存するのである。ゆえにこういってよいだろう。概念の意味が曖昧になるのは，それが使用される当該の相互行為場面から切り離そうと試みるからなのである。定義とは一般化や本質化，つまり脱文脈化を志向する概念である。ゆえにそれが曖昧になるのは当然であり，Ⅲ節でみたような問題は，たとえどれだけ厳密に定義したとしても，必然的に生じるのである。

　しかし，そのことは定義自体を否定するものではない。たとえば，「倉本調査」の定義はセンターに来ない「ひきこもり」を同定することは確かにできない。しかし，センターに来るクライアントを「類型化する実践」で意味をもつ場面は当然あるだろう。「精神病ではないひきこもり状態を社会的ひきこもりとする」という，けっして「科学的に厳密」といえない精神科医の定義も，彼らの援助にとって投薬の可否が第一義的に重要である以上[36]，その「診断の実践」にとって大きな意味をもつ。同じことは「心性」に重きをおくカウンセラーの定義にもいえる。それは彼らの「援助実践」から紡がれたきわめて合理的なものなのである。

　定義自体が意味を成さない場面があることも念頭に置くべきだろう。たとえば，先にもあげた近畿圏の精神保健福祉センターでは，ガイドライン配布後も，クライアントが「ひきこもり」であるかという類型的な判断にはほとんど意味を見出していない。2001年からクライアントの主訴欄に「ひきこもり」が加わったが，彼らはそれを基本的には「数を数えるためのもの」と認識しているという。むしろ実際の「援助実践」では，「思春期問題」と広くとらえた上で，「その人の回復にとって必要な援助は何か」を慎重に見極めることがもっとも重要な課題とされる。対処の具体的内容も相談が継続するなかでいかようにでも変わり，「状態」の類型化は「無意味だ」とまでいわれる[37]。

　上記のようなおのおのの実践は，社会(病理)学的には「厳密」さを欠いたものとして批判されることなのかもしれない。しかし，それは「臨床」という「ローカル」な現場を生きる彼らにとってしばしば無意味な批判である。むし

ろ,「曖昧」で「その場その場で変わってしまう」ような状態のとらえ方は,「臨床実践」という彼らのコンテクストに即して考えれば,きわめて使い勝手のよい,性能のよいものなのである。つまり,彼らの「定義」が曖昧に映るのは,「全体性」を志向する「社会(病理)学的な文脈」にレリバント(適切)でないというだけなのだ。それは何を「実践的目標」とするかによる違いなのである。

　ここでわれわれは,「従来の社会(病理)学とは異なるアプローチを示す」という本章の目的にたどり着くことになる。以上の議論が正しいのなら,考えるべきは,社会(病理)学がこの問題に向き合うとき,どのような「実践的目標」に即したものであるべきかということである。すでにみたように,「ひきこもり」は一般化と全体化に馴染まないものとして人びとによって語られる。従来の社会(病理)学者なら,それを「社会事象の精神医学化」[38]「逸脱の医療化」[39]「心理主義化する社会」[40]と批判的にとらえ,現象の一般化を志向して,「ひきこもり」の「社会的要因」や「統計的実態」を明らかにすることを「実践的目標」とするだろう。

　しかし,それは「個」と「社会」,「心理(学)主義」と「社会(学)主義」といった安直な二元論によるとらえ方である。実際,「対応のマニュアル化」を積極的に進める精神科医もいる[41]。それならば逆に,現象の一般化を志向しない社会(病理)学があってもよいはずである。それは,Ⅳ節でみたように,「援助者」や家族あるいは当人による,ローカルな場における意味の構築実践,すなわち「社会問題のワーク」[42]に目を向け,彼らが「ひきこもり」をどのように語るのかを明らかにすることを志向するプログラムである。社会(病理)学研究にとっては,それが「レリバントな実践的目標」であると私には思える。

　その理由は,「厳密」で「一般化された」定義に基づく類型化は,それ自体,人びとを抑圧する過程と隣り合わせだからである。たとえばフォックス(Fox, K.J.)は,合衆国の犯罪者矯正のためのCSC(Cognitive Self-Changing＝認知的自己変革)プログラムにおいて,収容者がいかに自己正当化の語りをしても,「犯罪病

理学」的知識を行使するファシリテーターによって，当人が逸脱的である（反省していない）証拠にされてしまう過程を描く[43]。「ひきこもり」についても，専門化された知識を用いる「援助者」が同定や「介入」をする場面で，同様の政治学的ジレンマの過程が現出する可能性はあるだろう。

　現在このようなジレンマは，皮肉にも，「ひきこもり」を「病気でない」とする定義において現れている[44]。たとえばある「援助者」は，「ひきこもり」が「病気でない」ため，医療機関で得られるような金銭的負担の軽減措置を適用できない「私塾」などを利用する当事者が，高額な負担をせざるを得ない現状を「矛盾だ」という[45]。また，「全国引きこもりKHJ親の会」代表の奥山氏は，「K＝強迫性神経障害，H＝被害妄想，J＝人格障害」という「病名」を会の名称に頂いていることについて，「病名をつけないと行政が相手にしてくれない」とジレンマを語る[46]。さらに「ひきこもり」をする人のなかには，「道徳的な非難」から逃れられるために，「病気のほうがいい」と語るものさえいる[47]。

　以上のことは，単なる言葉の問題として考えられがちな定義が，実際にはその問題だけにとどまらないことを示す。それは具体的な場面に配置され，人びとによって使用されるなかで，それ自体活動を組織し，社会的状況を生み出すのである。それゆえ，定義を運用する人びとの具体的な実践一つひとつを詳細にみていき，そこで何が実際に行なわれているのかを明らかにする作業は，「ひきこもり」についてのさまざまな問題を可視化することになるだろう。それは，彼らにとって本当に必要な援助を考えるために有効なひとつの方法なのである。

注）
1）塩倉裕『引きこもり』ビレッジセンター出版局，2000，pp.174-191.
2）富田富士也『引きこもりからの旅立ち』ハート出版，1992．田中千穂子『ひきこもり―「対話する関係」を取り戻すために』サイエンス社，1996．工藤定次『おーいひきこもり　そろそろ外へ出てみようぜ』ポット出版，1997．斉藤環

『社会的ひきこもり』PHP研究所，1998，など．
3）「ザ・キーマン　斉藤環」『日経トレンディ』1999年4月号，p.196．斉藤環，前掲書，p.5など．
4）斉藤環「『ひきこもり』への偏見を正す」『Voice』2000年4月，pp.149-150．
5）竹村洋介「近代社会と精神医療の共犯関係」pp.176-178．高木俊介編『ひきこもり』批評社，2002，pp.155-181など．
6）荻野達史「『グレーゾーン』の処遇—『ひきこもり』の定義をめぐって—」第75回日本社会学会配布資料，2002，p.1．
7）塩倉裕，前掲書，p.223．
8）倉本英彦「保健所・精神保健福祉センターを対象にしたひきこもりの全国調査から」『地域精神保健活動における介入のあり方に関する研究　中間報告書』2001，pp.33-45．
9）国立精神・神経センター精神保健研究所『「ひきこもり」についての相談状況調査報告書』2001．
10）『10代・20代を中心とした「社会的ひきこもり」をめぐる地域精神保健活動のガイドライン（暫定版）』
11）倉本英彦，前掲論文，p.33．
12）同上，pp.41-43．
13）尾木直樹『社会現象としての「ひきこもり」』臨床教育研究所「虹」，2001a，および『「ひきこもり」家族90人の回答にみる「ひきこもり」の実相〜社会現象としての「ひきこもり」第2次分析〜』臨床教育研究所「虹」，2001b．
14）尾木直樹『「ひきこもり」問題と社会はどう向き合うべきか—600家族の声に見る解決と支援への提言—』臨床教育研究所「虹」，2002．
15）尾木直樹，2001a，p.1．
16）『内外教育』2001年4月17日，時事通信社，p.13．
17）尾木直樹，前掲書，pp.10-11．
18）国立精神・神経センター精神保健研究所，前掲書，p.1．
19）同上書，p.2．
20）2002年10月の聞き取りより．
21）中河伸俊『社会問題の社会学』世界思想社，1999，pp.65-98．
22）塩倉裕，前掲書，p.203．
23）斉藤環，1998，p.25．狩野力八郎・近藤直司『青年のひきこもり』岩崎学術出版社，2000年，p.4など．
24）富田富士也，前掲書，p.28．田中千穂子，前掲書，p.5，pp.21-29など．
25）工藤定次，前掲書，p.50．
26）斉藤環「講演　ひきこもりと現代社会」『文明21』7号，2001，p.1．
27）近藤直司「ひきこもり・閉じこもりの理解と対応」近藤直司・塩倉裕『引きこ

もる若者たち～社会に出られない～』朝日新聞大阪厚生文化事業団，1997，p.36.
28) たとえば「青少年就労支援『育て上げ』ネット」(http://www.sodateage.net/).
29) たとえば「もしかしてあなたも主婦のひきこもり予備軍？」『エッセ』2001年10月号，pp.155-165．石川結貴「夫は気づかない『引きこもり主婦』の叫び」『サンデー毎日』2001年1月21日号，pp.173-176など．
30) 吉本隆明『ひきこもれ　ひとりの時間をもつということ』大和書房，2002．
31) 石川清「『他人とうまく付き合えないひと』がなぜ増えるのか」『新潮45』2001年11月，pp.236-243．
32) Garfinkel, H., [1967] 1984, *Studies in ethnomethodology*, Polity Press, pp. 10-11.
33) 渋谷英雄・武藤収「インターネットによるひきこもりからの脱出」『現代のエスプリ』403，至文堂，2001，pp.193-202．
34) 渡辺健「インターネットとひきこもり―表象化不全の世界」『現代のエスプリ』418，至文堂，2002，pp.93-100．
35) 筆者が個人的に知る「ひきこもり」の子を持つ親のプライベートな発言．
36) 塩倉裕，前掲書，p.192．精神科医・近藤直司への塩倉によるインタビューより．
37) 2002年10月の聞き取りより．
38) 高岡健『孤立を恐れるな！もう一つの「十七歳」論』批評社，2001，pp.14-15．ただし，高岡自身は精神科医である．
39) Conrad, P. and Schneider, J.W., 1980, *Deviance and Medicalization: From Badness to Sickness*, C.V. Mosby.
40) 森真一『自己コントロールの檻―感情マネジメント社会の現実』講談社，2000．
41) 斉藤環『ひきこもり救出マニュアル』PHP研究所，2002．
42) Holstein, J.A. and Miller, G., 1993. "Social Constructionism and Social Problems Work," in Holstein, J.A. and Miller, G., Hawthorne, Aldine de Gruyter, (eds.) *Reconsidering Social Constructionism: Debates in Social Problems Theory*, pp. 151-172.
43) Fox, Kathryn J., 1999, "Reproducing Criminal Types: Cognitive Treatment for Violent Offenders in Prison," *The Sociological Quarterly* 40, (3), pp.435-453.
44) 荻野達史，前掲書，p.4．
45) 工藤定次・斉藤環『激論！ひきこもり』ポット出版，2001，pp.146-155．
46) 荻野達史，前掲書，p.4
47)「私たちがしゃべりはじめないとね　今ひきこもっているあなたへ」『ひきこもり［知る　語る　考える］』NO.1，ポット出版，2000，p.21.

第4章　少年非行──家庭を中心にして──

I　非行の社会問題化と特異犯罪少年の家庭

　少年非行が社会問題化し，世の中の耳目を集めるときはどのような場合であろうか。ひとつには量的増大があげられる。非行少年の数の年次トレンドのなかで，非行少年の総数が増大したいわゆる第2のピーク，第3のピークといわれる現象である。両者とも非行問題に関して戦後最悪といわれた。第3のピークに続いて，第4のピーク形成が一部の者から叫ばれたが，最近減少してたち消えとなった。

　非行の総量の増加に代わって，特定罪種の増加が社会問題化する場合がある。たとえば，凶悪犯罪という包括罪種の増加が注目される場合である。凶悪犯罪に含まれる犯罪は殺人，強盗，放火，強姦であるが，凶悪犯罪が増えたといわれると，一般的には殺人も当然増えているという印象をうけるが，実際に増えていたのは強盗のみで，他の犯罪は横ばい状態であるというのが最近の動向である。その増えた強盗も，ひったくりがスムースに行なえず，相手が抵抗するのを無理に強奪して強盗となったというもので，強盗を意図した犯行ではなく，結果として強盗になったものの増加による場合が多い。すなわち，よくみると，凶悪犯罪はさほど増えていないということになる。世の中の注意を喚起したいためにこの手の非行動向報告を行なっているのであろうが，センセーション・シーキングなマスコミや学者などは別として，良識ある学者・研究者はそのことに気づいており，狼少年にならないように注意してほしい。

　非行少年が量的に増えなくても社会問題化する場合がある。少年による特異・凶悪事件が頻発する場合である。特異犯罪が連続してマスコミによって報

道されると,いかにも異常犯罪が急激に増えたような印象を世の中に与え,社会問題化する。神戸のA少年(酒鬼薔薇聖斗)事件からしばらくたって,少年による特異・凶悪事件が頻発した。警察庁生活安全局少年課と科学警察研究所防犯少年部は,1998年1月から2000年5月までに発生した少年による事件のなかから,社会に大きな衝撃を与えた特異・凶悪事件を22件(25人)選んで,その背景や前兆的行動などについて調査を行なっている[1]。これに含まれている事件は,バタフライナイフで女性教師を殺した事件,高速バス人質・殺人事件,女生徒による男性教師殺人未遂事件など,いずれもマスコミに大きく取り上げられた事件である。この種の調査分析が行なわれたことは筆者が非行研究にかかわった30数年において初めてであり,この数年間における少年による特異・凶悪犯罪の頻発は,社会に大きなインパクトを与えた社会問題とみなしてよいだろう。

　さて,ここではこの報告の内容に触れ,この種の少年の問題点をみてみたい。単親家庭が一般の非行少年より多い。実父母ありが5割,あとが単親家庭などとなるが,実父母なしの多さも目立つ。いじめや犯罪,家族からの暴力で何らかの被害をうけた者は6割,孤立経験,不登校,怠学,ひきこもりという対人不適応を示した者は6割という多さを示し,また,脅迫や身体的暴力,激高行動などもみられ,社会適応上の問題点が多くみられる。報道や書籍などの影響があるとみられた者も5割の多さを示している。そのなかには,神戸の酒鬼薔薇聖斗事件や猟奇もの関係の本,ホラービデオ,武器関係の本などが含まれる。犯行の前兆的行動としては,犯行類似行動,犯行のほのめかし,不審・特異な言動,悩みの表現,刃物の携帯・収集・使用,動物虐待,自傷行為など多岐にわたる行動がみられている。

　特異・凶悪犯罪を引き起こした少年は,社会生活上何も問題を示さず,ある日突然に犯罪を犯すということでなく(ここで分析対象としたものには,いわゆる「いきなり型」といわれているものが多く含まれているにもかかわらず),社会適応上の問題や犯行に関するサインを多く発信しているが,少年の周りの

者，とくに家族はどのように対応していたであろうか。これら対象少年には単親家庭が多く，報告書では家庭の問題点として次のようなことを掲げている。「背景事象および前兆的行動に対して，対応が十分でないと思われる家庭が少なからずみられた。具体的には，問題行動に対して放任であったり，家庭において見られた少年の変化に対して関心が薄いことがあげられた。一般の家庭では少年に問題行動がみられた場合，解決に向けて何らかの対応を行なうところであるが，このような対応が出来ない要因として，子どもとの衝突を避けようとする親の態度がみられる。また，家庭が少年の問題を解決する存在となっておらず，家庭自体に問題を抱えていると思われる家庭も少なくない。触法少年で，児童相談所が施設収容が必要と判断した場合であっても，保護者が同意しなかったため施設収容が出来ず，深刻な非行に至ったケースも見られた」。このように，少年にもっとも多く接触し，日常，少年の行動を把握すべき家庭に問題点が種々みられる。子どもが成育上もっとも多く時間を費やす家庭が子どもに大きな影響を与えることに対して誰も異存があるまい。非行の説明要因として家庭は大きなウエイトを占めることもたびたび指摘されるところである。本章においても，非行少年の家庭に焦点を当てて論を進めるが，まず最初に，一般少年との比較から非行少年の特徴的な家庭背景についてみる。ここで扱う非行少年は警察に補導・検挙された少年である。つぎに，より非行が深化した累犯少年の家庭背景についてみてみる。

Ⅱ 非行少年と一般少年の家庭背景の比較

　ここでの資料には，総務庁（総理府）青少年対策本部が行なった「非行原因に関する総合的調査研究」（1979年版[2]，1990年版[3]，1999年版[4]）があり，初回の調査研究をベースに10年ごとに行なうことを基本にしているが，調査項目はすべて共通しているわけではない。筆者は1979年版の企画・集計・執筆に参画した），家庭基盤充実問題調査研究会の「非行要因としての家庭基盤の弱体化傾向とその充実

方策についての調査研究報告書」(1981年)[5]を用いている。

(1) 家族の状況

　家族の状況として，単親家庭，父母の欠損理由，核家族か3世代同居する拡大家族かという家族構成についてみる。

　① 単親家庭

　単親家庭とは，両親もしくは一方の親が死別もしくは生別によって欠けている家庭のことをさすが，非行との関連でみる場合，両親が実父母でない場合も含むことが多い。非行少年に単親家庭出身者が多いことはアメリカの多くの研究で指摘され，グリュック夫妻の調査でも，一般少年の単親家庭出身者34.2%に対し，非行少年では60.4%の多さを示している。日本でも，かつては非行少年中に占める単親家庭の割合は高く，昭和30年代では，実父母でない者の割合は5割を越し，非行の原因の一方の極とみなされていたが，40年代に入ると20%台に減少し，その後増減はあるがほぼ横ばい状況が続き，かつてほど非行の原因として重要視されていない。しかし，一般少年の欠損率は6%前後と推定され，それに比べると，最近の非行少年でも単親家庭の割合はまだかなり高いといえよう。このことは，総務庁青少年対策本部調査1999年版でも示されている。ここでは実母と実父の欠損率と欠損理由をそれぞれ独立して示しているが，いずれも非行少年の方に欠損率が高いことが示されている。また，欠損理由をみると，一般少年ではやむをえない死別が多いのに対して，非行少年の方に離別が多い。

　このように，単親家庭はかつてのように非行少年のうち半数を占めるという現象はみられないが，一般少年と比較した場合，まだ単親家庭に属する少年は非行少年の方に多く，非行と単親家庭の関連は無視できない。なお，ここで非行少年に単親家庭出身者が多いからといって，単親家庭を直接非行の原因とみるのは誤りであろう。親の欠損によって生じる家庭内の人間関係の葛藤や，子どもに対する教育や躾に対する不備といった家族機能の不全や崩壊が問題にな

るのであって，親が欠けた状態でも家庭内が落ち着き，情緒的に安定し，親の欠損によって生じる心理的・物理的欠陥が何らかの形で補償されれば問題とならないのである。このことの裏づけとして，先に示したように，一般少年では欠損理由としてやむをえない死別が多いのに対して，非行少年では離別が多い。離別のほとんどは離婚であることから，非行少年の家庭では夫婦間の葛藤が続き，不安に満ちた家庭内緊張をもたらし，子どもは愛情や安全感をえることができず，情緒的に不安定になり，それが離別によって一層強まり，非行にいたると考えられる。やむをえない死別に比べ，離婚の前後に生じる家庭内葛藤，不和，緊張が子どもに与える影響は大きく，離婚家庭における少年の育成にはとくに留意すべきであろう。

② 家族構成

総務庁青少年対策本部調査1990年版では，家族構成を親と子どもが同居する核家族と親と子どもに祖父母の3世代が同居する拡大家族に分け，その分布を示している。そこでは，中学生・高校生について1977年と1988年の調査結果が示されている。1977年に比べて1988年の方に核家族が多くなる傾向が一般群・非行群に共通してみられるが，一般群と非行群との比較では，両年次とも非行群の方が拡大家族は少なく，核家族の割合が多くなっている。

非行群の方に核家族が多く，拡大家族が少ないというのはどのような理由に基づくものであろうか。一昔前の拡大家族にあっては，嫁と姑の家庭での主導権争いや利害の対立，感情のもつれなどから，葛藤家庭の出現に焦点が当てられていた。もし，拡大家族にそのような家庭が多ければ，家庭内の不和・緊張をともなって子どもが情緒的に不安定になって，非行化しやすいと思われる。しかし，ここでみた結果ではそのような傾向は見出せない。逆に，非行を抑制する力は拡大家族の方に強い。単純な見方をすれば，拡大家族にあっては両親が不在になっても祖父母が家に残り，子どもに監督の目がよく行き届くということが考えられる。また，より大胆な見方をすれば，祖父母と同居可能な家庭は経済的な面や家庭内での精神的な面である程度余裕があるところが多いので

はないかと考えられる。祖父母との同居だけが直接の非行抑止力となるのではなく，もともとそれだけ余裕のある家庭なので，非行化と結びつきにくいという考えである。この点は推測の域を出ないが検討したいところである。

(2) **経済状態**

　昭和30年代に単親家庭とともに非行の原因としてあげられていたのが貧困家庭である。ちなみにその割合をみると，1955(昭和30)年では「貧困」，「要扶助」に属していた少年は69.4％もいたが，1965年では25.8％に減少し，「普通」が71.9％と増加し，その後「普通」以上の家庭が着実に増えている。かつて貧困家庭は単親家庭と並んで二大非行原因といわれたが，国民全体の所得が上がり，また所得格差も少なくなり，全体的に貧困家庭は少なくなってきた。それに並行して中流家庭出身の非行少年が多くなってきたといわれるが，国民の8，9割近くの人びとが中流と自己評価している昨今，当然の流れかもしれない。

　総理府青少年対策本部調査1979年版では，家庭の経済状態をみるために物品の所持数を調べている。ここで取り上げている物品は，当時の経済企画庁が示したわが国の家庭内施設や所有物品の普及度を参考にして選定している。平均所持数をみると，非行少年の方が一般少年に比べて若干少ない傾向がみられたが大差なく，経済レベルと非行との結びつきは当時においてもあまり強くないといえよう。しかし，同じ調査で行なった文化的物品の所持数調査では差がみられ，非行少年の家庭の方が所持数が少なく，文化的水準が低いことが示されている。

　青少年対策本部調査では，家庭の文化的水準と関連して，少年の学習用品の所持率を調査している。取り上げた学習用品は本箱，机，辞書4冊以上である。この調査は，3回とも行なわれているので，各年次の結果が一括して示されている(総務庁青少年対策本部調査1999年版)。中学生・高校生の男女とも，いずれの学習用品においても非行群の方が一般群よりその所持率は少ない。とくに差が大きかったのは辞書4冊以上である。これらの結果は，3回の調査に共通し

てみられる。

　以上のように，家庭の経済レベルでは一般群と非行群との間に際立った差異はみられなかったが，子どもの所持する学習用品には際立った差がみられた。このことは，非行少年の親は子どもの文化的・教育的環境についてあまり配慮しないこと，また，子ども自身が学習に対して熱心でなく，学習用品の所持に対して積極的でないことを示すものと思われる。いずれにしても，非行少年の家庭は学習用品を買う力はありながら，実際には教育的環境を整える方に金銭をまわすことが少ないといえよう。

(3) **家庭における人間関係**

　単親家庭や経済状態による非行の説明力が弱まっていく過程で，非行の発生の原因として親子関係などの家族間の心理的なつながりに焦点が置かれ，そこにおいて非行少年に特徴的な傾向がみられる。

① 家庭の雰囲気

　家庭全体の印象としての家庭の雰囲気を一般少年と非行少年に尋ねると，一般少年では「いつもなごやかで楽しい」，「まあ楽しい」と答えた者が8割以上を占めているのに対し，非行少年ではその割合は6割強にすぎず，逆に，「楽しいときもあるが楽しくないことの方が多い」，「なんとなく楽しくない」と答えた者が多くなる(家庭基盤充実問題調査研究会)。総務庁青少年対策本部調査1999年版でも「家庭の雰囲気は暖かいか」と尋ね，非行少年の方にその割合が少ないことが示されている。このように，非行少年の家庭は少年にとって心の休まる場所となっておらず，家庭のひとつの機能である情緒安定機能や安全感の欠けた家庭であることがうかがわれる。

② 親子関係

　子どもからみた親子関係についてみる(家庭基盤充実調査研究会)。父子関係，母子関係ともに非行少年も一般少年もうまくいっていると答えている者が多数であるが，一般少年と非行少年を比較すると，大きな異なりがみられる。父子

関係についてみると，男子一般少年ではうまくいっていないと答えた者は9.9％なのに，非行少年では24.1％と多くなる。女子ではこの差はさらに大きく，一般少年10.9％に対して，非行少年では43.4％と，30ポイント以上の差がある。母子関係では，うまくいっているという者の割合は父子関係の場合より多くなるが，一般と非行では差がみられ，非行少年の方がうまくいっていないと答える者が多く，それも女子の非行少年の方にいちじるしい。これらのことから，父子関係，母子関係は一般少年より非行少年の方にうまくいっていない者が多く，その傾向は，女子にいちじるしいといえよう。

　子どもの親に対する認知をみると（総務庁青少年対策本部調査1999年版），「父のような人でありたい」，「母のような人でありたい」とする者は，中学生・高校生の男女すべてで一般少年より非行少年の方が少なくなっている。非行少年は親に対する尊敬の念が少なく，親と同一化しようとする気持ちが少ないと思われる。言葉をかえれば，一般少年に比べ，非行少年は親を自分の成長のモデルとしてみていないことになる。「親から愛されていない」という愛情の拒否や，「両親が厳しすぎる」という躾の厳格さに関しては，中学・高校の男女すべての群において非行少年の方が多い。愛されていないと認知している人からいくら厳しく注意されても，効き目がないばかりか，逆に反発が起きるのみであろう。また，「親は私のことを信頼している」という者は，すべての群において非行少年の方が少ない。以上のように，非行少年は親を同一化もしくはモデルの対象としてはみておらず，親は自分を愛し信頼せずに，厳しいことばかりいっているととらえている。非行少年は親をかなり不信の眼でみており，親子の心理関係はかなり悪いといえよう。

　親のどういう点が立派であるかを尋ねると（家庭基盤充実問題調査研究会），「父として頼りがいがある」，「父は自分の仕事に誇りをもち人から信頼されている」，「父はいつも明るく健康でがんばっている」，「母として，子どもの世話をよくしてくれる」，「母は料理など家庭の仕事を上手にする」，「母はいつも明るく健康でがんばっている」という者は，一般少年に比べて非行少年の方に少

なく，逆に，非行少年の方に父や母にとくに立派な点はないと答えている者が多い。非行少年の父親や母親に対する評価はかなり低いといえる。

③ 親子間の対話

日常生活における親子間の対話の内容とその量についてみてみる（図表4－1）。一般群も非行群も子どもより親の方が親子間の対話が多いと認知している。また，親においても少年においても，非行群より一般群の方が親子間の対話が多いと認知しており，非行防止のために親子間の対話の果たす役割の重要性がうかがわれる。一般少年に比べて非行少年の方に少ないと認知された対話の内容は，まず，「学校のことや勉強，成績のこと」があげられ，以下，「趣味，遊び，スポーツのこと」，「世の中の出来事」，「お父さんやお母さんの生い立ち，先祖のこと」，「将来の進路のこと（進学，就職）」が続く。非行群に若干多くなるのが「異性の友達のこと」，「服装や生活態度のこと」で，これは非行少年が日常よく注意をうける事柄であるためと思われる。

親の方で差がみられるものは子どもの場合と異なり，差の大きいものからあげると，最初に「世の中の出来事」，「学校のことや勉強，成績のこと」，「趣味，

図表4－1 親子間の対話量についての子どもと親の認知

	少年		親	
	一般	非行	一般	非行
趣味，遊び，スポーツのこと	78.5	54.0	87.3	67.2
学校のことや勉強，成績のこと	90.0	60.6	93.3	69.9
服装や生活態度のこと	61.6	65.2	87.5	78.4
同性の友達のこと	71.0	60.2	80.4	71.0
異性の友達のこと	32.5	38.4	46.1	48.8
将来の進路のこと（進学，就職）	85.2	72.1	90.4	79.2
世の中の出来事	52.6	36.5	81.7	51.0
お父さんやお母さんの生い立ち，先祖のこと	46.1	29.8	60.9	49.4
人生の生き方	37.1	31.4	67.4	52.6
お父さんの仕事の内容	40.4	33.6	63.2	48.0

出所）家庭基盤充実問題調査研究会調査，1981年。1よく話し合う，2たまに話し合う，3ほとんど話し合わない，のうち，1もしくは2を答えた者の割合（％）

遊び，スポーツのこと」があげられ，子どもで差があまりみられなかった「お父さんの仕事の内容」，「人生の生き方」でも，非行少年の親の方が対話が少ない。「異性の友達のこと」に関しては子どもの場合と同じような傾向がみられた。

以上のように，非行少年では，かしこまった堅い話ばかりでなく，日常のささやかなありふれたことについても親子の対話が少ないことが示された。家庭内におけるコミュニケーションは人間関係を築く基本であることからして，この点，親子して改善するよう努力せねばなるまい。

Ⅲ 累犯少年の家庭背景

先に示したように，非行少年は一般少年に比べて家庭背景や家族との関係が良好でないことが示されたが，非行少年のうち非行歴のある者は非行歴のない少年に比べて，家庭背景，家族との関係がより一層悪いことが示される[6]。ここでの分析対象者は，7,294名である。

(1) **家族の状況**

ここでは，両親の状況，親の生活上の問題点，親の養育態度，保護者の監護能力，家庭や家庭環境の問題点について非行歴別にみる。

① 親の欠損状況

両親の状況を示したのが図表4-2である。実父母についてみると，男子では非行歴が増すにつれてその割合は減少し，非行歴なし群に比べ非行歴2回以上の群は約20ポイント両親が実父母である者が少なくなる。女子でも両親が実父母である割合は，非行歴なし群に比べ非行歴のある方に少なくなるが，非行歴なしから非行歴1回の間での差が大きく，非行歴が多くなるにつれてその割合が直線的に減少するという男子でみられたような傾向はみられない。しかし，いずれにしても，両親が実父母でないものを単親家庭とみた場合，非行歴2回

第4章 少年非行

図表4-2 両親の状況と非行歴
(%)

非行歴		両親あり			片親のみ			両親なし	計
		計	両親が実父母	両親とも又はいずれかが養継父母	計	父あり母なし	母あり父なし		
男子	なし	83.8	80.1	3.7	15.4	4.9	10.5	0.7	100
	1回	77.4	72.2	5.2	21.8	7.0	14.8	0.8	100
	2回以上	69.1	60.8	8.3	29.7	9.5	20.2	1.1	100
女子	なし	79.9	75.5	4.4	19.0	5.2	13.8	1.0	100
	1回	69.2	60.5	8.7	29.0	8.4	20.6	1.9	100
	2回以上	65.7	59.7	6.0	32.8	10.7	22.1	1.3	100

出所) 高橋良彰「累犯少年の家庭および家族関係」『科学警察研究報告(防犯少年編)』27-1, 1986年

以上の群では男女とも4割の多さを示す。「片親のみ」の割合は「両親あり」のほぼ裏返しの数となり，男女とも似た傾向を示す。すなわち，非行歴のない者より非行歴のある者の方に，そして非行歴の多い方に単親の割合が多くなる。「両親なし」の割合は少ないながらも，男女とも非行歴なし群よりも非行歴のある群の方に多い傾向がみられる。

このように，非行歴のある者や非行歴の多い方に単親家庭が多いといえる。単親家庭はもはや非行の原因とは考えられないといわれて久しいが，一般少年と比較した場合，今なお非行少年の方に多いし，非行深度の進んだ累犯少年にはさらに多くなり，単親家庭は非行化の背景要因として現在でも重要と考えられ，これを古典的な要因として一概に葬り去ることはできないであろう。

② 親の生活上の問題点

子どもの非行の背景として，日常生活の上での親の問題をみてみる。父親・母親について「問題なし」の割合をみると，男女とも非行歴なし群がもっとも多く，次に非行歴1回群，非行歴2回以上群の順に少なくなる。逆にいえば，非行歴があって非行歴の多い方に問題をもつ親が多くなる。

非行歴なしに比べて非行歴のある方に，とくに非行歴2回以上の方に多かった問題点についてみる。父親についてみると，男女とも共通して多かったのは，酒乱，前科あり，失業中，長期不在である。この他，男子では夜間の勤務が，女子では病弱があげられる。母親についてみると，男女ともに，夜間の勤務，病弱，異性関係の乱れがあげられる。

　このように，親がいても日常生活上子どもに悪い影響を与えたり，子どもの監護に支障をきたすような状態にあったりする親が，非行歴のある方，多い方に多く，このことも非行の促進化の背景と考えられる。

③　親の養育態度と監護能力

　まず，親の養育態度についてみる。父親・母親の養育態度が「普通」である者の割合をみると，男女とも共通して，非行歴なしから非行歴1回，非行歴2回以上に移るにつれてその割合は急減し，非行歴のある方や多い方に親の養育態度に問題のある者が多い。問題のある養育態度として「放任」があげられる。父親・母親ともに男女共通して，非行歴なしから非行歴1回，非行歴2回以上に移るにつれてその割合は急増し，非行歴なしと非行歴2回以上では，その割合の比は少なくても2.5倍（男子の父親），多いところでは4倍となっている（女子の母親）。この他若干目立つ点としては，「気まぐれ」が非行歴のある方に若干多くなることがあげられる。いずれにしても，非行歴がありかつ多い方の親の養育態度に問題が多く，その多くは「放任」だといえよう。

　親（保護者）の監護能力についてみると，監護能力が「完全にある」，「かなりある」と判定された者の割合は，非行歴なしで男女とも約65％を占めるが，非行歴1回，非行歴2回以上に移るにつれてその割合は急速に減少し，非行歴2回以上では男女とも10％台にとどまる。この監護能力が「完全にある」，「かなりある」以外は，「半分くらいある」，「全くない」，「少しある」であるが，「全くない」，「少しある」は非行歴なしから非行歴1回，非行歴2回以上に移るにつれて急速に増加する。このように，非行歴のある者や非行歴の多い者の親は子どもに対する監護能力が乏しいといえる。

④　家庭や家庭環境の問題点

　家庭内や家庭環境の問題点についてみると，これも「問題なし」の割合は非行歴なしから非行歴1回，非行歴2回以上に移るにつれて減少し，非行歴のある方に多くの問題点があることがわかる。問題点の内容としては，「家族間の不和」，「経済状態の低さ」，「兄弟に非行歴・補導歴あり」，「居住地に非行少年・非行グループが多い」があげられ，これらすべて非行歴のある方や非行歴の多い方に多くなる。

　以上，家庭の状況をまとめると，非行少年でも非行歴のある方や非行歴の多い方に，親が欠けていたり，両親が実父母でない単親家庭が多く，親がいても，酒乱，前科者，失業者，長期不在者，異性関係の乱れ，夜間の勤務などといった日常生活上問題を示す親が多く，親の養育態度も放任という者が多い。また，監護能力の乏しい親や家庭や家庭環境に問題をもつ者が，非行歴のある者や非行歴の多い方に多くなる。このように，累犯少年は親や家庭状況において劣悪な背景をもち，これらは非行を促進させる重要な背景要因と考えられる。すなわち，非行少年全体をみた場合，親の欠損は減少し，家庭の経済状況は一般少年と大きな差がみられず，このような要因は非行の主要な要因と考えられないといわれてきたが，累犯少年をみた場合，これらの要因は今なお大きな重みをもち，単親家庭，経済レベルの低さ，監護能力のない親，家族間の不和，非行に親和的な地域特性などといった古典的な背景要因は，現在なお累犯の促進要因として捨象できないことがうかがわれた。

(2)　**家族との関係**

　ここでは，親に対する知識の度合い，親子の心理的関係，親に対する共感性，家族関係での自己評価をとりあげる。

　①　親についての知識

　父母についての知識をみてみる。父の仕事の内容を知っている者の割合は，男子では，非行歴なしから非行歴1回，非行歴2回以上と移るにつれて，顕著

ではないが減少する傾向がみられる。女子では，非行歴のない者よりある者の方が知っている者の割合は少なくなるが，非行歴が多くなるとその割合が減少するという傾向はみられない。父の趣味を知っている者の割合は，男子では非行歴があり多い方にその割合は少なくなる。女子も非行歴のない者の方が非行歴のある者より知っている割合は高いが，非行歴の多少では差がみられない。父の誕生日については，男女とも共通して，非行歴なしがもっとも知っている者の割合が高く，非行歴1回，非行歴2回以上に移るにつれて，その割合は減少する。

　母についてみると，仕事の内容，趣味，誕生日のすべてにおいて，男女とも共通してその割合の差に異なりはあるが，非行歴なしがもっとも知っている者の割合は高く，非行歴1回，非行歴2回以上に移るにつれてその割合は減少する。

　以上，父母についての知識をまとめると，女子の父についての知識では一貫していないところもあったが，概して非行歴がない者より非行歴がある者や非行歴の多い者の方が父母についての知識が少ないといえよう。

　② 子どもからみた親子関係

　親の子に対する愛情，親の子に対する理解，モデルとしての親について，子どもの側からの評価をみる。

　父についてみると，男子では，「父は自分に対して暖かい」という愛情を感じている者，「父は自分のことをわかってくれている」という子に対する理解があると思う者，「父にみならう点がある」というモデルとして父親をみる者，これらすべてにおいて非行歴なし群がもっとも多く，非行歴1回，非行歴2回と移るにつれてその割合は減少する。女子では，これらすべての項目において，非行歴のある者に比べて非行歴のない者の方が格段と肯定する割合は高いが，非行歴のある者のなかでは，男子のように非行歴の多い者の方が肯定する者の割合が少なくなるという傾向はみられず，非行歴1回群と非行歴2回以上群はほぼ同じ割合を示す。

母についてみると，男女共通して，「母は自分に対して暖かい」，「母は自分のことをわかってくれている」という愛情と理解では，非行歴のある方や非行歴の多い方にその割合は少なくなる。「母にみならう点がある」というモデルとしての母では，非行歴のない者より非行歴のある方にその割合は少なくなるが，非行歴の多少ではその割合に差がみられない。これらの傾向は男女共通するが，男女で差異がみられた点は，男子に比べて女子では非行歴なし群と非行歴のある群との差が大きいことである。

以上，子どもからみた親子関係をまとめると，男子では非行歴のない者より非行歴のある方や非行歴の多い方が親子関係は悪いといえるが，女子では非行歴の多少よりも，非行歴が1回でもあれば，非行歴のない者よりかなり親子関係が悪いといえる。この傾向はとくに父親に対して強く表れる。

③ 父・母に対する共感性

父・母に対する共感性として，親の心配や悩みの理解と親を喜ばすことを行なうことについてみる。「父の心配事や悩みがわかる」，「母の心配事や悩みがわかる」という親の悩みの理解では，非行歴の有無，非行歴の多少で一貫した有意差はみられない。しかし，「父の喜びそうなことをしてあげたい」，「母の喜びそうなことをしてあげたい」では，男女とも共通して，非行歴のない者よりある者の方が，また，非行歴の少ない者より多い者の方が肯定する割合が少なくなる。親の心配や悩みの理解では差がみられなかったが，親を喜ばすことでは非行歴のある方，非行歴の多い方に肯定する者が少なくなることから，やはり父・母に対する共感性は，非行歴のない者より非行歴のある方や非行歴の多い方に乏しいといえよう。

④ 自己評価

主に家族関係での自己評価についてみてみる。家のなかで子どもとして「よく」あるいは「普通」にやっていると思う者，「父親は自分をまじめだとみている」と思う者，「母親は自分をまじめだとみている」と思う者，それに総合的な自己評価として「自分はまじめな方だ」と思う者，これらの割合は男女ほ

ぼ共通した傾向がみられ，非行歴なしから非行歴1回，非行歴2回以上に移るにつれて減少するが，その差異をみると，非行歴なしと非行歴1回との差がかなり大きい。すなわち，家族関係における自己評価は，非行歴の有無によって大きく左右され，非行歴が1回でもあると自己評価はかなり下がるといえる。「親や先生，近所の人からまじめだと思われたい」という良い自己評価の願望は，男女とも非行歴のある方や非行歴の多い方に少なくなる。このように，非行歴のある者は自己評価が低いにもかかわらず，自己評価を高めようという意欲もみられない。

　以上，家族との関係をまとめると，非行歴のない少年に比べて累犯少年は親についての知識は乏しく，親子関係も悪く，父や母を喜ばそうという共感性にも欠けている。また家族関係での自己評価は低く，自己評価をよくしようという意欲もみられない。

　以上のことは，非行を繰り返した結果として一層顕著になることが推察され，再非行の先行条件とは単純には考えられないが，いずれにしても，累犯少年の方が非行歴のない者に比べて家族との関係が悪く，非行の矯正に家族関係の改善が必要と考えられよう。

注）
1）警察庁生活安全局少年課・科学警察研究所防犯少年部『最近の少年による特異・凶悪事件の前兆等に関する緊急調査報告書』2000.
2）総理府青少年対策本部『非行原因に関する総合的調査研究』1979年版，1979.
3）総務庁青少年対策本部『非行原因に関する総合的調査研究（第2回）』1990年版，1990.
4）総務庁青少年対策本部『非行原因に関する総合的調査研究（第3回）』1999年版，1999.
5）家庭基盤充実問題調査研究会『非行要因としての家庭基盤の弱体化傾向とその充実方策についての調査研究報告書』1981.
6）高橋良彰「累犯少年の家庭および家族関係」『科学警察研究所報告（防犯少年編）』27-1，1986，pp.28-37.

第5章　少女売春

　本章では2つの課題を設定しようと思う。ひとつには「少女売春」について論じること，いまひとつは「少女売春について論じること」がどのようになされているのか，について論じることである。

I 「少女売春」とは

　さて，「少女売春」とは何だろうか。この概念は2つの概念が結合することによって成立していることは明らかである。「少女」と「売春」である。

(1) 「少女」とは誰か

　まず，前者について検討していこう。法的には「少女」というカテゴリーはない。法的に「少女売春」が問題になるときには，1999年11月から施行された「児童買春，児童ポルノに係る行為等の処罰及び児童の保護等に関する法律」（以下，「児童買春・児童ポルノ法」とする）における「児童」であったり，都道府県の青少年条例における「青少年」，あるいは児童福祉法における「児童」というカテゴリーが適用される。いずれも18歳に満たない者のことである。警察や検察，家庭裁判所といった公的機関は，「児童」「青少年」といった法的カテゴリーを適用することによって，「少女売春」という逸脱行動に対処しているのである。

　ここでは，「児童」も「青少年」も「18歳未満」という年齢で区切られた法的カテゴリーであるということに注目したい。満年齢で人間を分類し，ある種のふるまいを問題化したり許したりするこの社会のありようは，〈子ども〉という観念を前提として成り立っている。たとえば「非行」という概念もまった

くもって同様である。アリエスの『〈子供〉の誕生』[1]における議論を援用するならば，そうした社会のありようは必ずしも人類に普遍的なものとはいえない。このこと自体をデュルケムのいう社会的事実[2]として観察したいと思う。

そもそも「少女売春」について論じるという問題設定が成り立つということ自体，「少女」による売春と売春一般を区別することに，人びとが何らかの意味をみいだしているということである。「少女」＝〈子ども〉という資源がこの社会で利用可能であるために，そのことが可能になっているのである。

さて，法的に「少女」に該当すると思われる「児童」「青少年」とは，「18歳未満の者」と定義されていることを先に確認した。ここでごく単純な，人びとのカテゴリーと法的カテゴリーのずれを指摘しておきたい。18歳という年齢は，多くの場合，高校の第3学年の誕生日で迎えることになる。つまり，ある年のある時点において，高校3年生の女子の何割かは「児童」や「青少年」ではないのである。してみると，公的機関の対応には法的根拠が必要である以上，高校3年生時点において同様のふるまいをした場合，年齢の違いによって社会的反作用が異なることになる。18歳未満のある少女は「児童」「青少年」として保護の対象となり，18歳を迎えている少女はそうはならないのである。このことは多くの人びとの感覚とはずれるのではないだろうか。人びとはあまり満年齢では人間を区別しないであろう。むしろ重要なのは，中学生か高校生か，高校を卒業しているかいないか，大学生か社会人か，といった学歴段階であるはずだ。ブルセラショップで価値をもつのは「高校生であること」であって，「18歳未満であること」ではないであろう。

してみると，「少女売春」を社会学的な考察の対象とするにあたって，法的カテゴリーを援用することには躊躇せざるをえない。むしろ，人びとが「少女売春」や「援助交際」といった語彙で問題にするのは「高校生以下」の女子である。さらにいえば，法的カテゴリーの「児童」「青少年」は男女を区別していないが，もっぱら社会問題化したのは女子である。

(2) 「売春」とは何か

　「売春」は，1956年に公布され58年から完全施行された売春防止法では，次のように定義されている。「対償を受け，又は受ける約束で，不特定の相手方と性交すること」(第2条)，すなわち，① 対償を伴い，② 不特定の相手方と，③ 性交する，という3つの要件を満たすものが売春防止法上の「売春」である。であるがゆえに，第3の要件に合致しないファッションヘルス，イメクラ，ピンクサロンといった営業は，「売春」業でないことになり，公然と看板を掲げることができるのである。ここでは，「売春」という概念が厳密に定義されていることに留意しよう。

　他方，1999年に公布・施行された「児童買春・児童ポルノ法」では，「児童買春」という概念は次のように定義されている。「対償を供与し，又はその供与の約束をして，当該児童に対し，性交等(性交若しくは性交類似行為をし，又は自己の性的好奇心を満たす目的で，児童の性器等〔性器，肛門又は乳首をいう。以下同じ。〕を触り，若しくは児童に自己の性器等を触らせることをいう。以下同じ。)をすること」(第2条)。

　売春防止法がいう「売春」概念に対して，児童買春・児童ポルノ法のいう「買春」という概念はより広く設定されていることがわかる。

　この2つの法を対比させることで，いくつかの点を指摘することができる。第1に，売春防止法は「何人も，売春をし，又はその相手方となってはならない」(第3条)と定めてはいるが，買春する側をではなく，そして売春する女性をでもなく(第5条の勧誘の場合のみ刑事処分の対象となる)，売春させる側(勧誘，周旋，売春をさせる業，等)を取り締まる法である。対して，児童ポルノ・児童買春法では，買春する側を取り締まる法となっており，対照的である。第2に，前者の「売春」概念は狭く，厳密であるのに対し，後者の「買春」概念はより広く設定されていることがわかる。第3に，前者は条文において「女子」「婦人」という語彙が多々みられ，専ら売春の主体として女性が想定されているのに対し，後者では性別を示す語彙が用いられておらず，端的に「児童の保護」

が目的として掲げられている。

　こうした両者の違いに，それぞれの法が制定された時代背景や経緯，法制定をめざした議員や社会運動体の違いをみることができる。売春一般については膨大な議論の蓄積があり，とうてい本章で扱えるものではない。他方，「少女売春」という本章の問題設定に関していえば，なによりもまず，1990年代に社会問題化した「援助交際」を抜きには考えられない。そして第2に，日本人男性のアジア諸国における児童買春が，児童買春・児童ポルノ法制定の背景として指摘できる。

(3)　少女売春か少女買春か

　前項でみてきたように，「売春問題」に対応する際には，2つの側面から問題化することができる。一方では売る側，他方では買う側である。この問題をあらわす語彙として，従来は「売春」という表現が一般的であったように思われる。すなわち，買う側はえてして等閑視されていたのである。両者を同時に指し示す際には「売買春」という表記が用いられてきた。しかしながら，近年においては，むしろ買う側をこそ取り締まるべきとの問題化とともに，「買春」との表記がみられるようになった。児童買春・児童ポルノ法はまさにその語を法として前面に打ち出している。この「買春」という語が法令に用いられたのは，東京都青少年健全育成条例における，1997年の改正で追加された買春処罰規定が最初ではないかと思われる。同条例は第3章の2を「青少年に対する買春等の禁止」とし，「何人も，青少年に対し，金品，職務，役務その他財産上の利益を対償として供与し，又は供与することを約束して性交又は性交類似行為を行つてはならない」（第18条の2）としている。また，2001（平成13）年版の『警察白書』の索引では，「児童買春」という語は13回計上されている。すでにこの語は日本語として定着したといえよう。

　売春か買春か，はたまた売買春か，どの語を採用するかによって，執筆者の問題意識のあり方をみてとることができよう。社会学者や犯罪学者の従来の研

究は，概して「売春」する側にその焦点をあててきたように思える。

「買春」する側の調査は女性団体などの社会運動体によっていくつかなされている[3]が，残念ながら科学的な社会調査としては手続き上耐えられないものがほとんどである。数少ない例外としては，内山・月村らによる「売春にかかわる福祉犯加害者の特性」調査がある[4]。この調査は，1988年に行なわれており，少女が対価をうけて性交し，青少年条例などが適用され取り調べをうけた89人の「性交対象者」男性の特性が分析されている。ただ，いわゆる「援助交際」が社会問題化する以前の調査であり，現在の買春男性像にそのままあてはまるかどうかはわからない。

また，圓田浩二[5]は，援助交際する女性から相手方となる男性について聞き取りし，「援助交際における男性像」について論じ，3つの類型を提示している。すなわち，性欲充足型，擬似恋愛型，擬似家族型である。興味深い調査手法と知見である。

従来，「売春」する側が主たる研究対象とされており，「買春」する側を対象とする研究の蓄積が薄かったということは否めない。今後の研究が待たれるところである。

II 当事者に焦点をあてた「少女売春」研究

売る側を調査するにせよ，買う側を問題にするにせよ，もっとも中心となる問いは「なぜするのか」であろう。こうした問題設定は犯罪社会学などの逸脱行動研究においてはおなじみのものである。

一般的に，実証主義的な逸脱研究は「なぜ」という問いに対して直截な解答を出しはせず，その代わりに逸脱行動をする者としない者とでは「何が違うのか」を数量的に観察することによって，間接的に「なぜ」という問いに答えようとしてきた。そうした方針をとる研究例として，総務庁青少年対策本部[6]に

よる調査研究や,科学警察研究所の内山絢子[7]による調査研究をあげることができる。

　総務庁青少年対策本部による調査は,一般中高生2,196名に対して調査票を用いた調査を行なったもので,テレクラなどに電話をしたことがある者とない者との差異を明らかにしている。この調査では,男子中学生の10.2％,男子高校生の6.6％,女子中学生の17.0％,女子高校生の27.3％がテレクラなどに電話をした経験があるという結果が出ている。以下,女子に関してのみ紹介すると,テレクラなどへの電話経験者は非経験者より,家庭適応,学校適応状況が悪い傾向がややみられるが,明確な傾向とはいえないという分析結果となっている。とりわけ女子高校生では経験率が4分の1であり,かなり一般化しているため,明確な差異が出ないとされている。ただし自己概念においては,「電話経験者」は,「性格的に明るく,常に刺激を求めるセンセーショナル・シーキングの傾向があり,友人関係を重視していて,時には友人にひきずられてしまう傾向がある。すなわち外向的で他者志向のタイプである」[8]と分析されている。

　この調査研究はテレクラなどへの接触群と非接触群との比較分析であり,「少女売春」が「なぜ行われるか」という問題に直接解答できるようにそもそも調査が設計されてはいない。テレクラなどに電話をした後に「実際に会った」ことがあるという回答は,電話経験者のうち女子中学生2.5％(2人),女子高校生4.4％(8人)であり,統計的な分析に耐えられないサンプル数となってしまう。こうした限界を抱えつつも,この調査は「売春」するリスクが高いとみこまれるテレクラなどの経験群と非経験群を比較することで,全般的な中高生の状況を明らかにした意義が認められる。

　内山による調査研究は1995年7～12月に調査が実施されており,被害群として「売春防止法,児童福祉法,青少年保護育成条例等の福祉犯の被害者として,全国24の都道府県で保護された女子少年443名」と,一般群として「東京都及び大阪府にある公立中学・公立高校に在学する女子生徒584名」を比較し分析したものである。「少女売春をする側」を直接分析対象とした貴重な研究と

第5章　少女売春

位置づけられる。調査時点としては「援助交際」が社会問題化[9]してから若干のタイムラグがあり、また福祉犯被害者として保護された者が対象であるため、後述する藤井や宮台の調査対象とは若干異なる層が対象となっているように思える。

内山の調査研究も、前述した総務庁青少年対策本部と同様に、テレクラなどへの接触を分析の軸のひとつとしており、興味深い知見を析出している。すなわち、「テレクラへの電話を促進する要因は、セックスすることが恥ずかしくない、セックスしてお金をもらうことが恥ずかしいことではないという本人の商品化への積極的志向に加え、家庭での不満を強く持ち、学校生活での不満が多く学校不適応状態にある者が多いと考えられる」[10]とのことである。

以上みてきた2つの調査研究において採用されている枠組みは、いわばオーソドックスな実証主義的逸脱研究の枠組みである。すなわち、「売春をする者」あるいはそうする可能性が高い者（テレクラ接触群）に、促進要因の存在、そして抑止要因の欠如をみいだし、かつ有害環境への接触度合いの多さを指摘するという研究スタイルである。こうした研究スタイルは貴重な知見を産出しており、具体的な対策をたてる際に必要不可欠な基礎的データであることは間違いない。

上記の2つの調査研究報告が逸脱研究という枠組みで数量的な調査を行なっていたのに対し、宮台真司は「援助交際」という現象を必ずしも逸脱行動とはとらえず、テレクラやダイヤルQ2に接触する女子高校生を対象としたフィールドワークに基づいた議論を展開している[11]。社会問題として「援助交際」なる現象に世間の耳目を集めさせたのは、この宮台の著作と、ブルセラショップに出入りする女子高校生を主たる取材対象とした藤井良樹の著作[12]であった。両者の著作に共通する特徴として、援助交際に関わる高校生などの女子少年に直接会い、インタビューするという手法をとっていることがあげられる。両者の報告がマスメディアに取り上げられることによって、この問題を人口に膾炙させたといえよう。

両者ともに，逸脱行動として「援助交際」を記述するというよりも，どのような少女にも「ありえる」行動としてこの現象を報告した点に特徴があった。宮台は，「どこにでもいるブルセラ女子高生を，従来の『売春女子高生』報道にみられたようなあつかいで済ませられないことや，そのふるまいが『不幸な過去』や『抑圧された現在』を生きる子たちの『無軌道』や『抵抗』ではなさそうなことには，だれもが気づいているだろう。(中略)本当に問題なのは，パンツを売ったりエッチなビデオに出たりといった『逸脱的』なふるまい自体ではなく，そうしたふるまいを可能にするような最近の女子高生たちのコミュニケーションのあり方一般であり，そうしたコミュニケーション状況をもたらした歴史的な条件であるはずだ」[13]とし，「ブルセラ女子高生」をどこにでもありえる「凡庸な日本人」と位置づける。

　また藤井も，「(ブルセラ女子高生は)『不良少女』とか『劣等生』とかの規則や制度にたいする従順度・優劣度で区別されたり，『コギャル』や『ヤンキーねえちゃん』といった外見上の特徴で見分けられる女の子たちではない。(中略)非行生徒発見チェック，たとえば，スカートの裾が何センチ長くなったら注意とか，髪の毛の色がかわったら危険信号だとかいうマニュアルは全く通用しないだろう。ブルセラ女子高生を定義づけることはできても，ブルセラ女子高生の平均像を導き出すのは困難を極める」[14]と論じている。

　さらに，調査時点がより新しい圓田は，1997年から99年までの関西圏を中心としたフィールドワークをもとに，援助交際する女性の3つの類型を析出している。すなわち，「効率追求型〈バイト系〉／援助交際を効率のよいアルバイトとしてとらえるタイプ，欲望肯定型〈快楽系〉／援助交際を金品と性的快楽の獲得行為として位置づけるタイプ，内面希求型〈欠落系〉／自己の内面(mentality)の欠落を補完するために援助交際をするタイプ」の3つである。そして，「経済的要因に大きく偏っていた過去の売春分析とは大きく異なっている。現代日本社会における女性の援助交際は，生活苦という経済的な困窮や性欲が原因というよりも，〈欠落系〉にみられるように関係論的，性的自己の不

全を充足するためにされるケースが多い」と論じる[15]。

　総務庁青少年対策本部による調査と内山による調査，そして宮台や藤井，圓田のフィールドワークはそれぞれ対象を異にするが，前二者と後三者とで対照的な議論となっている点が興味深い。一般化していえば，前二者は逸脱者と非逸脱者の差異に焦点を合わせた議論をし，後三者は同質性に焦点を合わせた議論をしているといえようか。もちろん，こうした違いは量的調査と質的調査といった調査方法論の違いから導かれたものではない。調査者の問題関心の枠組みから導かれた違いであろう。インタビューなど質的な取材を通して，「援助交際」する少女を逸脱者として記述した著作の方がむしろ多いだろう。たとえば，黒沼[16]，澤田[17]，大治[18]などがあげられる。

　ひとつには，「援助交際」という現象が必ずしも「少女売春」のみを意味するわけではなく，下着の売買のみやデートのみといったさまざまなバリエーションを包括する語彙であったため，内山の調査対象者よりも広いということを指摘することができる。いまひとつ，内山の調査対象者はあくまでも警察に保護された女子少年であって，援助交際に関わる少女を代表するものとしてよいかどうかを問題にすることができる。すなわち，もともと非行性のある女子少年が調査対象者として設定されているのではないかということが考えられるのである。もっとも，代表性という点でいうならば，宮台や藤井，その他の調査者によるものも，そもそも取材に応じた対象者にしか取材できないという原理的な問題があるのであり，どちらかが優れているということではない。

III　少女売春を論じることを論じる

　この節では，少女売春を論じることを論じたい。さて，赤川学[19]は，「有害コミック」問題を論じるに際して，論者によって「おとな」と「子ども」の差異を最大限に見積もるか，最小限に見積もるか，といった背後仮説の違いを析出している。その指摘に依拠すれば，「少女売春」問題を論じる際に，議論の

枠組みとして2つの軸を指摘することができる。すなわち，第1に，「援助交際」する者としない者との差異を最大限に見積もるか最小限に見積もるかという軸がある。第2に，赤川の議論と重なるが，「おとなと子ども」の差異の見積もりである。本章の課題でいえば，「売春一般」を問題とするか，「少女売春」に特化した議論を組み立てるかという軸である。

第1の軸は，従来の売春をめぐる議論においては，何に帰責するかは別として，最大に見積もられていた。売春防止法施行以前の売春女性に関するさまざまな調査にもとづき，磯村はこう論じている。「何が彼女をそうさせたかという問に対して，幾多の識者は口を揃えて"生活の困難"をあげている。いろいろな実態調査によってみてもやはり家庭の貧困が過半数を占めている」[20]，「ひとつは生地が日本の貧困地帯であること，2つは生地に人身売買をあたりまえとするような社会意識の存在すること」[21]。すなわち，彼女を取り巻く社会状況に原因がみいだされているのであるが，この説明が可能なのは，通常であれば女性は売春しないものであるとの想定が前提となっているからである。

しかし，西村春夫・高橋良彰は1972～74年に売春防止法第5条違反で検挙された女性78名および売春助長事犯を取り締まるために参考人として呼び出された「トルコ(ママ)」の女性52名を対象とした調査票調査に基づき，こう論じる。「動機・理由の分析。街娼は『貧困』『家庭不和』『家出』『自暴自棄』のためと答える者が多かった。また『なんとなく』というのも街娼にはかなり多い。これに比べてトルコ(ママ)では，『将来のため，金をためるため』が断然多く，70パーセントのものはそう答えた」[22]とし，「職業としての売春」について論じている。「『余計金をとれるようになる』は資本主義社会のビジネスマンなら，心のなかでは誰しも思っていることであろう。……これらの点では売春といえども，通常の職業とおなじような価値実現を目ざしているのであってけっして特異ではない。売春が悪だとされながら，なくならない理由の一端はここにある」[23]。売春女性と「一般人」との差異を小さく見積もる方向での分析となっている。さらに，西村・高橋は，売春女性への「保障すべき，働く婦人」との見方を提

起し，この「視点を避けて通ろうとすることは，性意識，価値観が流動する社会において，結局，彼女らを社会の一隅に不当に閉じこめることになる」としている。1977年という時点でこの論点を提示しているのは驚くべきであろう。こうした「職業としての売春」について論じたものとしては，Jenness[24]によって研究されているCOYOTEの運動や松沢[25]を参照されたい。また，論争の構図は大庭[26]によって整理された見取り図がつくられている。

この2つの研究はいずれも職業的に売春に従事する女性を研究対象としていた。しかし，1990年代の「援助交際」に関わる少女たちは，高校生であるがゆえに売春一般とは異なる問題化がなされたのであり，職業的に売春をしていたわけではない。さらにいえば，先に紹介したように，宮台や藤井は援助交際する女子高生とそうしない女子高生との差異にさほど注目していない，というより，ほとんど最小に見積もっているといってよいだろう。両者以外にも，最小限の見積もりで論じている議論をみいだすことはできる。たとえば，村瀬幸浩はこういっている。「いままでは素人の女性たちや子どもたちは性を売る状況ではなかったわけです。例外はあったにせよ，売春婦と素人のあいだには『垣根』があった。つまり基本的には隔たった世界だったということです。ところが，いまは年齢にかかわりなく声をかけて誘えるような状況になっています[27]」。

いうまでもなく，こうした状況は，ダイヤルＱ２やテレクラ，そして最近ではインターネット上の「出会い系サイト」といった新しいテクノロジーによって可能になったものである。すなわち，従来であれば，相互に，出会うこと，話すことがほとんど考えられない相手と，匿名性を維持したまま出会えるという状況が出現したことにより，売春をめぐる議論は一変したといえよう。売春する者としない者との差異を最大限に見積もる議論の説得力はかつてほどなくなった。女であれば，ほんのちょっとしたはずみで，だれもがそうしえるという前提のもとに，売春は論じられるようになったのである。

ついで，第2の軸について検討しよう。「おとな」と「子ども」の差異を最

大限に見積もるか最小限に見積もるかという軸である。両者の差異を最小化したものにもいくつかのバリエーションがある。ひとつには，フェミニズムを理論的背景とし，男の買春を容認するこの社会のあり方を問題とする議論である。たとえば，いのうえの著作[28]をその例としてあげることができる。その際には，論じられる対象それ自体を異にしているため，援助交際の主体の一方が「子ども」であることは等閑視されることになる。「おとな」であれ「子ども」であれ，性を買うことそれ自体が問題なのであるから。

また，大阪府警は1997年1月に援助交際を求める少女に売春防止法を適用する方針を打ち出し，実際，同3月に2人の女子高生を同法違反で書類送検した（『朝日新聞』1997年3月28日）。おとなであれ「子ども」であれ，公然と売春の相手方を求める行為を犯罪として位置づけ，対処したわけである。この対応策においては，援助交際の一方の当事者が「子ども」であることは不問に付されている。すなわち，「おとな」と「子ども」の差異は最小限に見積もられている，というよりその差異はなきに等しい。

他方，先に紹介した児童買春・児童ポルノ法や，それに先立つ東京都青少年健全育成条例における買春処罰規定の制定（1997年12月施行）は，「子どもであるがゆえに援助交際の少女は被害者」なのであり，「子どもであるがゆえに保護が必要だ」という問題のフレームをとった。すなわち，「おとな」と「子ども」の差異を最大限に見積もった「少女売春」像といえよう。山本[29]は，そうしたフレームは，東京都議会における淫行処罰の是非をめぐる議論で，賛成派にも反対派にも共有されていたと分析している。たとえば，淫行処罰規定を制定すべきというある議員はこういう。

　……少女売春が2年で5倍になった。……少女売春の広がりが鮮明になっている。しかも，非行歴のないいわゆる普通の中高生が補導されるケースが目立っている。……専ら自己の性的欲望を満足させるために，いわゆる少女をもてあそぶ行為は，まさに青少年の福祉を阻害するおそれのある行為に該当するのではないか……（黒須議員（自民党），東京都議会『文教委員会速記録』第8号，1996年4月18日，p.15）。

第5章　少女売春

また，反対派の議員の状況把握と議論のフレームも，これと同様のものであった。

> ツーショットダイヤル，伝言ダイヤルなどの風俗産業が盛り場を中心に登場しまして，人に知られず，場所に拘束されず，そして時には女子青少年側の主導性により，中高生を中心として女子青少年の性非行を誘発するという問題も生じております。……少女の方から電話で声をかけて，おじさんと一緒にご飯を食べたり，映画をみたり，性行為をする。……自分の意志で電話をかけて売春に至るのです。これが，これまでの売春との大きな違いです。……性を売ることについても，性を売った対価として金銭を授受するという意識が必ずしもなく，援助交際という言葉のように，おつき合いして，そのなかでお小遣いをもらうという感覚なわけです(村松議員(共産党)，同 p.22)。

すなわち，少女売春が問題なのは，「少女」「女子青少年」とカテゴライズされている当事者が「子ども」であるからなのである。

さらにいえば，ここで紹介した都議会における論戦では，先に検討した第1の軸である，売春する者としない者との差異は最小限に見積もられている。少女であればだれもがその当事者になりえる，という想定のもとに論戦はなされていた。

Ⅳ　論じ方の4つの類型

前節で提示した2つの軸を組み合わせると，4つの類型を指摘することができる。第1の類型は，「おとな」と「子ども」の差異を最大に見積もり，かつ売春する者としない者との差異をも最大に見積もる枠組みである。これは，いうならば「非行研究」という文脈に適合的な枠組みである。すなわち，同時代状況において売春する少女に何らかの特性をみい出し，対策論への応用を志向する議論である。「実証主義」的な研究の王道といえよう。

第2の類型は，「おとな」と「子ども」の差異を最小に見積もり，かつ売春する者としない者との差異を最大に見積もる枠組みである。古典的な「娼婦」像であろうか。「おとな」か「子ども」かにかかわらず，売買春それ自体を

あってはならないこととする議論はこの類型に位置づけられる。大阪府警の打ち出した方針もここに含みえる。

　第3の類型は，「おとな」と「子ども」の差異を最小に見積もり，かつ売春する者としない者との差異を最小に見積もる枠組みである。フェミニズムを背景とし，売買春一般を問題にする議論はここに位置づけられよう。この場合は，この社会における「女性」の置かれた状況一般が最大の問題とされ，当該の女性が子どもであるかどうかは相対的に後景に退くことになる。従軍慰安婦問題やアジア買春と，1990年代以降の日本における援助交際を同列にならべる議論を典型例としてあげることができる。

　第4の類型は，「おとな」と「子ども」の差異を最大に見積もり，かつ売春する者としない者との差異を最小に見積もる枠組みである。東京都議会における論戦はこれの典型例であろう。また，宮台の著作もおおむねこの枠組みに位置づけられるように思える。両者ともに，同時代状況において，援助交際少女を「特異」な存在とはみなしておらず，むしろ社会の変化による適応の一形態と位置づけているようにみ受けられるからである。

　1990年代後半，もっとも支配的だった議論の枠組みはこの第4の類型だったように思える。援助交際がかくも社会問題化したのは，社会が「子ども」と措定していたはずの高校生女子が，「売春」という逸脱行動に容易にアクセスできる状況が出現し，それをかつてのように「貧困」に帰責することもできず，どう理解してよいか分からない状況に陥ったからであろう。宮台の報告を主要なリソースのひとつとし，積極的・能動的に活動する女子高生像がメディアによって流布していたが，他方，議会における議論の多くはベストのいう「脅かされる子ども」[30]像そのものであり，「被害者としての少女」を守らなければならないというスタンスのものだった。被害者というラベルを貼り付けることによる社会統制の一形態とも指摘できよう。それが可能だったのは，「子ども」という「社会的事実」が，売春問題への対処の上で有用な資源として用いられたからである[31]。

第 5 章　少女売春

注）
1) アリエス，P.(杉山光信他訳)『〈子供〉の誕生』みすず書房，1984.
2) デュルケム，E.(宮島喬訳)『社会学的方法の規準』岩波書店，1978.
3) たとえば，男性と買春を考える会『「買春に対する男性意識調査」報告書』1998，など．
4) 内山絢子・月村祥子・戸崎義文・清永賢二「少女売春の実体　2．売春にかかわる福祉犯加害者の特性」『科学警察研究所報告防犯少年編』30-1，1989，pp. 124-129.
5) 圓田浩二『誰が誰に何を売るのか？　援助交際にみる性・愛・コミュニケーション』関西大学出版会，2001，pp.94-126.
6) 総務庁青少年対策本部『青少年と電話などに関する調査研究報告書』1996.
7) 内山絢子「性の商品化についての少女の意識に関する研究」『科学警察研究所報告防犯少年編』37-2，1996，pp.1-13. 同「テレクラに接触する少女の社会的背景」『科学警察研究所報告防犯少年編』38-2，1997，pp.38-46.
8) 総務庁青少年対策本部，前掲書，p.13.
9) 苫米地の大宅壮一文庫を利用した知見を参照されたい．苫米地伸「"女子高生"問題の語られ方」上智大学『社会学論集』24号，2000，pp.133-151.
10) 内山絢子，前掲論文(1997)，p.46.
11) 宮台真司『制服少女たちの選択』講談社，1994.
12) 藤井良樹『女子高生はなぜ下着を売ったのか？』宝島社，1994.
13) 宮台真司，前掲書，p.46.
14) 藤井良樹，前掲書，p.5.
15) 圓田浩二，前掲書，p.91.
16) 黒沼克史『援助交際』文藝春秋，1996.
17) 澤田寛徳『楽園の堕天使たち』現代書林，1997.
18) 大治朋子『少女売春供述調書』リヨン社，1998.
19) 赤川学「差異をめぐる闘争：近代・子ども・ポルノグラフィー」中河伸俊・永井良和編『子どもというレトリック：無垢の誘惑』青弓社，1993，pp.163-200.
20) 磯村英一『性の社会病理　日本の売春にみるもの』大日本雄弁会講談社，1958，p.80.
21) 同上書，p.89.
22) 西村春夫・高橋良彰「売春の社会心理学的研究」『現代のエスプリ』114，至文堂，1977，p.114，p.183.
23) 同上書，p.187.
24) Jenness, V., 1990, "From Sex as Sin to Sex as Work: COYOTE and the Reor-

ganization of Prostitution as a Social Problem," *Social Problems* 37, pp.403-420. (大庭絵里訳「罪としてのセックスから労働としてのセックスへ―COYOTEと社会問題としての売春の再構築」平英美・中河伸俊編『構築主義の社会学―論争と議論のエスノグラフィー』世界思想社, 2000, pp.233-270.), Jenness, V, 1993, *Making It Work: The Prostitutes' Rights Movement in Perspective,* Hawthorne, Aldine de Gruyter.

25) 松沢呉一編『売る売らないはワタシが決める』ポット出版, 2000.
26) 大庭絵里「単純ではなくなった〈売買春〉の論議」『法学セミナー』473, 日本評論社, 1994, pp.42-45.
27) 庄子晶子・島村ありか・谷川地雪・村瀬幸浩『"援助交際"の少女たち』東研出版, 1997, p.42.
28) いのうえせつこ『買春する男たち』新評論, 1996.
29) 山本功 "Legislation on Sexual Misconduct in Tokyo and the Rhetoric of Victimization,"『犯罪社会学研究』25, 2001, pp.49-66.
30) Best, J., 1990, *Threatened Children: Rhetoric and Concern about Child-Victims,* The University of Chicago Press.
31) 本稿脱稿後, 2003年9月13日から「インターネット異性紹介事業を利用して児童を誘引する行為の規制等に関する法律」, いわゆる「出会い系サイト規制法」が施行されている. 本稿では同法を取り上げることはできなかったが, 少女の側が買い手を求める書き込みをした際にも刑事罪を予定していることから, 売る側と買う側の差異,「大人」と「子ども」の差異を最少に見積もった法と位置づけることができる.

第2部

濃密化・歪む関係性の病理

第6章　子ども虐待──情緒的虐待を中心にして──

I　テーマの限定

　最近のマスメディアの報道によると，2001年の子ども虐待の相談件数は全国で2万3,274件に達した。前年の2000年には1万7,725件であり，5,549件の増加である。10年前の1991年の1,171件と比べると，約20倍の増加である。相談件数イコール発生件数ではないが，このように増加した原因は何であろうか(図表6－1参照)，検討する必要がある。

　子ども虐待の種類には，1. 身体的暴行と過剰体罰(身体的虐待)，2. 身体的放置と不十分な保護(ネグレクト)，3. 性的暴行と性的嫌がらせ(性的虐待)，4. 情緒的侮辱行為と暴言，5. 情緒的無視と情緒的剥奪がある。本章では4と5の「情緒的虐待」（心理的虐待)に焦点をしぼって論述したい。現在の日本では，身体的暴行，身体的放置，性的暴行がマスメディアによってセンセーショナルに報道され，社会的関心をよんでいるが，情緒的虐待は実態把握がむずかしく，生命に関わるものではないと考えられているために関心も低く，あまり重要視されていないように思われる。だが，情緒的虐待は子ども虐待の核心をなすものであり，その実態を明らかにする必要がある。

図表6－1　児童相談所における子ども虐待に関する相談処理件数の推移

1990年	1991	1992	1993	1994	1995	1996	1997	1998	1999	2000	2001
〈1〉	〈1.06〉	〈1.25〉	〈1.46〉	〈1.78〉	〈2.47〉	〈3.73〉	〈4.86〉	〈6.3〉	〈10.56〉	〈16.1〉	〈21.13〉
1,101件	1,171	1,372	1,611	1,961	2,722	4,102	5,352	6,932	11,631	17,725	23,274

注)　上段〈　〉は，1990年度を1とした指数（伸び率）である。
出所)　厚生労働省のホームページ

Ⅱ 情緒的虐待の定義

　情緒的虐待と無視は子どもの自己評価を傷つけ，自分が努力してえられた達成感を低下させ，家族への帰属感を減少させる。そして，明るく健康で幸福な発達や成長を阻害する親の敵対的で冷淡な行動を意味している。情緒的虐待は，一方で養育者の積極的な暴言やあからさまな拒絶的な行動として，他方で消極的な無視や無関心として記述できる。

　前者の「情緒的侮辱行為」(emotional cruelty)は，親や養育者が子どもの行動にけっして満足しないで，執拗に非難し，とがめ，脅し，嘲笑し，恥をかかせ，やりこめ，不安と恐怖をひき起こし，情緒的に虐待する冷酷な行為である。また，後者の「情緒的無視」(emotional neglect)は，苦痛や苦悩の訴え，援助・愛情・優しさ・同調・安心・励まし・受容などの懇願を無視し，意識的に拒絶する行為であり，子どもから距離をおく人たちは情緒的に虐待をしており，無責任である。

　情緒的に虐待している親の認定は，子どもの基本的ニーズのうち，「情緒的・心理的ニーズ」の充足を無視しているかどうかによって判断される。子どもが基本的に充足しなければならないニーズには2種類ある。その最初は，栄養のある食べ物，暑さ寒さから身体を守る住宅，適当な身体的ケアの提供などの「生存的機能」である。2つめは，愛情・安全・関心・受容・励まし・認知・ガイダンス・新しい体験・帰属感などの子どもの要求に応える「心理的・情緒的機能」である。

Ⅲ 情緒的虐待の原因

　情緒的虐待と無視の原因となる要素は複合的で多様であり，それぞれの社会や家族によって異なっている。虐待と無視の因果関係は特定の理論的思考と視

点によって理解され，差異的に説明される。たとえば，ケンプ(Kempe, C.H.)は心理学的病因論の視点から親のパーソナリティの構造的な欠陥を指摘している。それに対して，ギル(Gill, D.G.)は相対的剥奪論にもとづいて，貧困・失業・低所得・低学歴などの社会・経済的環境要因による機会の剥奪が存在しなければ，子ども虐待は起こらないと述べている。

　最近の研究では，子ども虐待を調査研究する時，個人と社会を含んだ広範な生態学的視点を適用する必要性が強調されている。情緒的虐待と無視は，子どもと親の社会的背景と生活的背景における発生要因の複合的な社会的構成の産物である。そして，個人的要因，家族的要因，地域社会的要因，包括社会的要因において，それぞれのリスク要因とそれを軽減したり除去する要因を検討し，虐待の発生を防止することが考えられている。たとえば，包括社会・地域社会・家族において，非常に良い望ましい子どもの養育の体制が準備され，ケア・資源・サービス・情報などが提供されるなら虐待は防止できる。逆に，非常に悪い粗末な準備しかなされておらず，もし家族と社会システムが望ましい養育を促進する上で欠陥をもっているなら，長期的な視点からみて子どもは被害に遭遇する。このことは，子どもの幸福と福祉についての責任が，親や家族ばかりでなく，子どもが生活している地域社会とより大きな包括社会にもあることを意味している。生態学的視点は現在の日本の「児童福祉法」や「児童虐待防止法」にも反映される必要がある。子どものニーズと困難に対して，親と共に協力するパートナーシップを強く提言することが要請される。

　子ども虐待を発生させる複合的なリスク要因としては，親の個人的要因としては，親の病気，衝動的性格，精神病，アルコール依存，薬物乱用，経済的浪費，社会的な問題解決能力の欠如，社会的なコミュニケーションの困難，子どもの発達段階や年齢にふさわしいニーズの知識の欠如，親の子ども時代の虐待的で放置的な背景などがある。また，子どもの個人的要因としては，気むずかしい気質，問題行動，育児困難，障害児，望まれない妊娠と出産，未熟児，多動性などが考えられる。さらに，家族的要因としては，夫婦関係の破綻，無秩

序な乱れた生活様式，家庭内暴力，生活資源の欠如，母性的養育の剥奪，母親と子どもの愛着の未成立，親子の絆の欠如などが指摘できる。そして，地域社会的要因としては，社会的孤立，近隣住民との共存・共生のための相互依存関係の未確立，社会的資源の不備，支援システムの欠如などがあり，包括社会的要因としては，社会・経済的変動の影響，失業，貧困などがあげられる。これらの要因が相互作用的に関連して虐待は発生している。

　親子間の不調和と暖かさの欠如は，一般に情緒的虐待と無視がみられる家族を特徴づけている。それらの家族は，家族全体としてよりも個人を単位として機能している傾向が強く，家族成員の情緒的ニーズにはほとんど関心が示されず，ニーズの充足に対応できていない。子どもに無関心で拒否的な親の多くは，子どもに対する責任をとる意思がなく，いつでもだれか他人の権威と責任に依存する可能性が強い。

　多くの場合，親同士の不仲で暴力をともなう関係は一般的な特徴である。すなわち，日常的な喧嘩，残酷な身体的暴力をともなう配偶者虐待，それを惹き起こす持続的な不安や恐怖に満ちた環境が，子どもを危機におとし入れる家族環境を特徴づけている[1]。そのような環境における親子の相互作用は，暴力的で沈黙的である。そして，親子間のコミュニケーションは質的に貧弱であり，また，そのコミュニケーションの限界は命令的で懲戒的なことである。日常的に親の暴力や虐待にさらされると，子どもは同じ行動をモデルとして学習して実行するようになり，兄弟や仲間と一緒にいる時も攻撃的な反応を示すようになる。長い間暴力にさらされると，夫婦関係が破綻した後も，対立や暴力が役割をめぐって続くことがある。夫婦が別れた後も，子どもに会いに来た父親が深刻な身体的虐待と情緒的虐待を続け，子どもの多くが虐待があったことを証言し，また，この期間に適当なケアをうけていなかったりして，子どもと母親はたびたび脅迫され，恐怖のために家出をくり返していたケースがある。

　アルコール依存は，暴力と家族の深刻な経済的問題である貧困に密接に関連している。サバゲ(Savage, M.J., 1993)の研究では，サンプルの75％の母親がアル

コールを常飲していた。子どもは虐待から自分の身を護るために家出をくり返していた。これらの子どもは食物・衣服などの生活必需品を十分に提供されていなかった。子どもと母親の間にはほとんど相互作用が存在していなかった。子どもは親から面倒をみてもらえず、身体も着ている衣服も汚なく、大切にされておらず、情緒的にも無視されているようにみえた。これらの子どもへの優しい心づかいもなく、スーパービジョンやガイダンスも受けていなかった。

　イワニエク(Iwaniec, D.)の研究では、たとえ同じ地理的空間に生活していたとしても、情緒的に虐待している母親と無視されている子どもは、自分の家族からの支援も少なく、社会的に孤立して孤独であった。近隣の住民はサポートしてくれるわけでもないのに、子どもの扱いや生活のスタイルについて不愉快な非難や干渉をするので、近隣の人びとから距離をおく傾向があった。出生家族との非支援的で冷たい関係は、乳幼児期からの継続性を示していた。これらの母親は自分が子どもの時に親の愛に飢え、親の無視に苦しんだこと、また、自分の親や兄弟ともほとんど接触がなかったことを告白した。これらの親の多くは家庭での侮辱と重苦しい空気から脱出するために、学校の放課後なかなか帰宅しなかった[2]。

　また、これらの母親は非常に低い自己評価に苦しみ、自分は無能力で存在価値がなく、日常の生活課題を処理できない者として自分を認識していた。そして、孤立無援感と目的・動機づけ・気力の喪失がみられた。うつ病と無感動の症状がたびたび起こり、自分の子どもを身体的にも情緒的にも励ますことができなかった。

　子どもを情緒的に無視している親のなかには未婚の母が多い。つけ加えるなら、直面する責任に対して、未婚の母は若すぎて未熟で、親になる十分な準備ができていない。支援の欠如、社会的孤立、不十分な金銭的準備が、さらに子どもの状態を複雑にしていた。ポランスキー(Polansky, N.)は、情緒的に無視している親は、子どもの利益を第1に考えておらず、子どもに対する献身の感情をほとんどもっていないことを発見した。彼女らは自分が愛されることや望ま

れることに恐しいほどの飢餓を感じていた。そのために，子どもの世話をするよりも，同棲のパートナーに対する世話の方を優先させていた[3]。これらの家族における親子の相互作用は，子どものニーズの無視とスーパービジョンに対する関心の欠如によって特徴づけられる。親は日常生活において最低限しなければならない責任や目的から逃避し，離反する傾向がある[4]。

　情緒的に虐待している親のなかには，自分の子ども時代にだれからも愛されず，優しさや励ましをうけた体験をもっていない者が多い。親は自分の子どもを特別に好きになれず，むしろ子どもをつくるべきではなかったと思っている。こうした親は，自分の養育者との対立，社会生活の破綻，子どもが生れたことによる自分の利益や楽しみの喪失のため，子どもに恨みの感情をもつ傾向がある。親は孤立して満たされない感情をもっている。そのため，もし育児困難が発生するなら，子どもは情緒的に虐待され無視される危険性が非常に大きくなる。

　情緒的に虐待している親の行動を調べる時，以下のような状況が確認されるであろう。すなわち，子どもは，
1. 家族の輪のなかに包含されていない，2. 無視され，注意を払われない，3. 家族の活動や意志決定において積極的な役割をはたすことが許されない，4. うちとけた様子ではめったにしゃべらない，5. 人権と正当な扱いが継続的に剥奪されている，6. 大して重要とは思われない過失行動で常に罰せられている，7. いつも嘲笑され非難されている，8. けっして誉められない，9. どんな良い行動や積極的な行動をとっても無視されて報酬が与えられない，10. 仲間や兄弟，他の人たちの前で恥をかかされ侮辱されている，11. 関心や愛をえるための試みは無視され落胆させられる，12. 養育者を喜ばせようとして行なったどんな試みも評価されず，軽視される，13. 同じ年頃の友達と遊ぶことや交際することが許されない，14. 社会的に孤立させられている，15. 嫌いとか愛していないといわれている，16. 家族において物事がうまくいかない時に責められる，17. 適当なスーパービジョンやガイダンスが行なわれていない，

18. 薬物・売春・盗みなどの手段で，養育者によって堕落させられている，19. 宗教・民族・文化，その他の憎悪を生み出すような不適当な偏見や差別によって洗脳されている，20. 喜怒哀楽の感情を表出することが許されない。

Ⅳ 情緒的虐待のケースにおける愛着と絆

(1) 母性の剥奪

　家族は，安定した社会の根幹を構成する要素として尊重される必要性がある。家族そのものの安定性は，親と子どもの相互の愛着と絆によって根本的に形成される。母親と乳幼児の愛を検討する時に使われる「愛着」(attachment)と，おとなと子どもの愛を説明する時に用いられる「絆」(bonding)は，最近40年間に大きな関心をもたれるようになった。

　それには，ボウルビィー(Bowlby, J.)が「母性的養育と精神衛生」のレポートにおいて，1940年代のスピッツ(Spitz, R. A.)やウルフ(Wolfe, D. A.)などの偉大なパイオニア的な働きを紹介したことが大きかった。そのレポートの大衆向きの翻訳が，1953年にペリカンのオリジナル本「子どもの養育と愛による成長」のタイトルで出版された[5]。そして，「母性の剥奪」(maternal deprivation)の概念が知られるようになった。そのため，依託うつ病(anaclitic depression)やホスピタリズム(hospitalism)のように一般的な概念となった。自己の欲望追求において，適当な代替のケアなしに母性を剥奪され，拒絶された子どもの多くの事例をこの本は掲載していた。また，母親から分離され，愛情対象者を喪失した乳児への劇的な影響について調査していた。そして，母親との関係回復が良い結果をもたらしていた。この影響は，誕生の時より体重が減少し，危篤の状態におちいった4ヵ月の年齢の男の子によって例証された。それは分離開始後2ヵ月のことであった。

　現在では，親密で信頼できる好ましい親との愛情に満ちた身体的接触(コンタクト)と情緒的触れ合い(コンタクト)が，乳児の良い成長と健全な発達のために不可欠である，というの

は常識となっている。

(2) **母性的な絆**

　親子の絆は，親に対する子どもの愛着の土台を形成する子どもへの愛情・優しさ・信頼関係によっている。この非常に特殊な関係は，他の人びととの次の関係を形成する能力とその質を決定するのに影響を与える。また，親との絆は子どもが周囲の外界について安心して落着いて学習するための基礎的な依り所となる。

　母性的な絆は，優しくする，声をかける，微笑みかける，抱き上げる，愛撫する，キスをする，優しいまなざしでみつめる，子どもの苦痛の訴えに応えるなどのような，乳児に対する愛情のこもった母親の行為によって典型的に表現される。もし母親が子どもに注意を払い，思いやりのある熟慮された愛情を注ぎ，子どもの身体的・情緒的ニーズにすすんで関心を示し，ニーズを充足させる行為から多くの喜びを得ていたとするなら，母親は自分の子どもと絆を結ぶことを最優先させているとみなされる。絆とは，時間を共有する独特の長続きする2人の人間の非常に特殊な情緒的関係を意味している。それは，自由意思で喜んで行なわれる人的献身とハイレベルの許容の愛によって育児を実施する態度を意味している。母性的な絆と母子関係はそれ自身複合性があり，多くの側面をもった発達の様相と広がりをもっている。

　また，母性的な絆が確立されているかどうかを考える時，子どもの出産直後の2，3ヵ月間不可欠とされる支援体制がどうであったかを思い出して話してもらうことも重要である。援助と同じように，育児のアドバイスやガイダンスの欠如は，過度の疲労や産後抑うつ感をもたらし，こわれやすい母子関係をますます混乱におとし入れ，関係の歪みに導くことがある。もし新生児に授乳の困難と睡眠障害が起こるなら，子どもが泣き叫ぶ時間が多くなり，ストレスと疲労のために母親と子どもの絆は弱くなる。さらに，それらの育児困難は，子どもに対して情緒的にも身体的にも虐待に導く危険性を大きくする。

良い絆を形成するには，出産直後に新生児と母親のコンタクトが少しでも多く実行される必要がある。そして，その後の母親と子どもの相互作用は，質的にも量的にも増やしていかなければならない。母親に対する子どものリアクションは，子どもに対する愛情を深め，母親としての自覚を強化して，子どもの幸福と健全な成長に大きな効果をもたらす。そのリアクションとは，母親と顔を合わせた時の喜びの表現，母親のケアと愛情への反応であり，その結果，安全への信頼と疑いのない母親の愛による絆が形成される。

(3)　**情緒的虐待と無視のケースにおける母性的な絆の歪み**
　子どもの出産直後の早期の段階における母親と乳児の絆の不足と歪みは，子どもの「不当な扱い」(maltreatment)のさまざまな形態の主な病因と考えられている。情緒的侮辱行為と無視は，一般に貧弱な親子関係から結果すると仮説化されていて，とくに，子どもとの愛情のこもった有意義な接触をせず，それを維持することの無能力からひき起こされる。情緒的な無視は，質的にも量的にも非常に限られた親子の相互作用によって証明される。親の怒りから生じた，子どもの存在を否定するような非理性的な育児の実施は，子どもの身体的成長と心理的発達に重大な悪影響を及ぼすことを考慮しなければならない。
　情緒的に虐待されて無視された子どもは，親に愛着を感じていない。そして，親は子どもから距離をおいている。このような子どもの親への不十分な愛着は，知らない人たちと一緒に放置されても，子どもが不安を感じていないことから確認される。子どもはだれにでも一緒についていく傾向があり，親から分離されても苦悩のサインを示さない。親は情緒的に必要な役割をはたしていないだけでなく，いつも子どもを情け容赦なく公然と意図的に無視している。通常，家族のなかでただひとりの子どもだけが嫌われ，徹底した方法で拒絶されているといわれていることは真実である。さらに，これらの否定的な態度によって傷つけられた感情は，子どもが乳児の時から始まっている。親との愛による絆が確立されていなかった時，親に対する子どもの愛着は弱まり，不安定なもの

になる。

V 非器質的発育障害

　発育障害とは何か。それは健康で幸福に成長・発達することの失敗として定義できる。主に小児科医によって使われるこの概念は、体重・身長・その他の一般的発育が明らかに望ましい基準以下の乳児や幼児を説明するための用語である。「非器質的発育障害」(non-organic failure-to-thrive)は、結果的に、母親と子どもの相互作用と母子関係の特殊な障害、愛着の欠如、家族の機能不全と関連して発生するいちじるしい成長遅滞、骨格の形成不良、精神的影響に基づく運動の発達障害、などの包括的な「変異性症候群」として出現する。

　器質的発育障害は、主要な組織の先天的異常性、それに基づく栄養摂取能力と消化・吸収作用の不良、内分泌と同化作用の欠如、慢性の感染病、などによる発育障害を含んでいる。しかしながら、以上の先天的な病因が明らかに影響していない発育障害の乳児や幼児がいる。したがって、発育障害の原因を考える時、器質的な先天的異常性による原因と、子どもの環境が養育を行なうのにふさわしくない非器質的な心理社会的要因を区別することがもっとも重要である。また、器質的要因と非器質的要因が結びつき複合する時に、さらに重篤の発育障害を発生させる恐れがある。実際、この結合は考えられているより多く一般的に発生している。

　非器質的要因による発育障害(図表6-2を参照)は、とくにその原因が身体的放置による不充分な栄養とカロリーの摂取によるものか、あるいは、冷淡な情緒的無視によって成長ホルモンの作用を阻害するようなメカニズムが働いて、心理社会的要因が直接に作用したものであるのか、さらに、身体的放置と情緒的無視が複合的に作用したものかなど、わからない点があり、今後の生産的な論議が期待される。最近の研究はさらに進んで、器質的発育障害と非器質的発育障害の分類から、これまで以上に「心理社会的発育不全症」(心理社会的小

図表6－2　非器質的な発育障害のプロフィール

成長障害
子どもの体重の減少，時には身長の伸びが停止し，逆に1～2cm縮小することがある。

⇩

身体の特徴
①衰弱した体，やせた細い手足
②肥大化した下腹部
③赤く腫れて冷たく湿った手足
④細くまばらで，薄く抜け落ちた髪の毛
⑤目の回りの黒いくま

⇩

身体の症候
①拒食
②嘔吐
③下痢
④いつも体が冷え，病気に感染しやすい体

発達障害
①運動の発達障害
②言語の発達障害
③社会的発達障害
④知的発達障害
⑤情緒の発達障害
⑥認識の発達障害

⇩

心理的特徴と行動
①悲嘆，引っ込み思案，離反
②表情の乏しい顔
③無気力，無感動
④涙ぐんだ表情
⑤哀れな声
⑥ほとんど，あるいは全然笑わない
⑦言葉による表現が少ない
⑧人や物を見つめる虚ろな目
⑨抱擁の経験がない
⑩無反応
⑪愛着の欠如
⑫消極的な態度

病因：身体的放置と情緒的ネグレクト，栄養・カロリーの不十分な摂取，子どもの身体的・情緒的ニーズへの無理解と無関心

注：3歳以下の子ども

出所）Iwaniec, Dorata, 1995, The Emotionally Abused and Neglected Child, John Wiley & Sons, p.19.

人症）が明確化されてきている。

Ⅵ 心理社会的発育不全症

　子どもへの愛情が剥奪され，2年以上の長期間情緒的虐待が続くと，「非器質的発育障害」は「心理社会的発育不全症」(psychosocial dwarfism)に進行するが，心理社会的発育不全症として認定された子どもは例外なく乳幼児期に身長が低く，体がやせて小さい。そして，発育不全の症状が残っている。けれども，発育不全に関して明らかに器質的原因はみられない。体重は期待された標準より軽く，そのなかには体重が身長に対して適当にバランスがとれている者もいる。さらに，一見して子どもは良い栄養状態にあるようにみえるが，その外観はみせかけのものである。なぜなら，体重も身長も同じ年頃の子どもと比べると，生育年齢に対してノーマルではないからである[6]。

　長期間の激しい情緒的侮辱行為と無視は，成長の速度と成長ホルモンの分泌機能に悪影響を与えると信じられている。成長ホルモンの作用を阻止する正確なメカニズムはまだ明らかではないが，情緒的要因が重要な役割をはたしていることが推測できる。なぜなら，情緒的虐待をうけている家庭から子どもを保護し移動させると，その成長と発達は急速に早まるが，元の家庭に戻すと，成長と発達が停滞し，再び悪化した証拠があり，問題行動も多く発生するようになるからである。その引き金となる要因は激しい拒絶などの情緒的虐待である。この情緒的虐待はほとんど出産直後から始まっている。

　情緒的虐待をうけた子どもの情緒的な不安や動揺は，異様な摂食パターン，排泄行為の不始末，破壊行為，反抗，不従順，自傷行為などのなかにその傾向が示されている。なぜなら，その子どもは，望まれない，祝福されない，愛されない，価値のない存在であるからである。そのような子どもはある種の情緒的剥奪と情緒的空虚さのなかで育てられ，彼らの認識的・言語的・情緒的・社会的発達は非常に遅れている。そのようなケースにおいて，深刻な愛着の欠如

図表6−3 心理社会的発育不全症の主要な問題のプロフィール

成長障害
○子どもの体重・身長・頭部の周囲が期待された標準以下

⇩

身体の特徴
○小さく・細く・やせた短い手足
　肥大化した下腹部，不釣り合いな体格

⇩

性格の特徴
○異様な摂食パターン
　①過食
　②強迫観念的な食物の先取り
　③知らない人に食物を乞う
　④異食（食べられないものを食べる）
　⑤夜や真夜中に食物を求めて徘徊する
　⑥屑物入れから食物をあさる
　⑦食物をがつがつむさぼり食べる
　⑧食物を口の中一杯に詰め込み，
　　そして嘔吐する

⇩

愛着の欠如
①相互に敵対的な関係
②積極的な拒絶
③敵対的で冷淡な母と子の相互作用
④他人行儀に母親に話しかける
　（母親と話すことを拒絶）
⑤見知らぬ人への不安の欠如
⑥不十分な愛着

注：3歳以上の子ども

発達障害
①運動の発達障害
②言語の発達障害
③社会的発達障害
④知的発達障害
⑤情緒の発達障害
⑥認識の発達障害
⑦トイレの訓練の遅れ

⇩

行動と心理
○異様な行動
　①排泄物の不始末
　②反抗・過度の要求
　③破壊行為
　④哀れな声・悲鳴・攻撃性
　⑤無関心と集中力の無さ
　⑥睡眠障害
　⑦自傷行為

○心理的特徴
　①引っ込み思案・離反・憂うつ
　②無表情の顔
　③悲嘆・ほとんど笑わないか全く笑わない顔
　④人や物を虚ろな目でみつめる
　⑤無反応
　⑥抱擁の経験がない
　⑦拒絶
　⑧緘黙症（無言癖）

出所）Iwaniec, Dorata, 1995, 前掲書，p.37.

が目立ち、関係は相互に敵対的であり、身体的接触や言葉による意思疎通も実質的にほとんど存在せず、あったとしても、その時間は敵意に満ちて冷淡である。「心理社会的発育不全症」の主要な問題のいくつかのプロフィールが図表4-3で示されている。

Ⅶ 心理社会的発育不全症の子どもとその問題行動

親の心の平安をかき乱して不安にさせる子どもの問題行動にはいくつかの形態があるが、もっとも一般的でもっとも苦悩させられる行動には以下のようなものがある。

(1) 自傷行為

これは通常、壁や家具などに激しく頭部を打ちつけ、すり傷やこぶをつくる行為をさしている。この行為は、一般に子どもが苦悩し、怒っている時に発生する。これらの行為は大人の行動へのリアクションで、たとえば、罰として食べ物が引っ込められた時に誘発される。

また、子どもが家族成員から拘束されたり孤立させられた時に起きている。さらに、大したことのない過失行動の処理を拒絶された時や、不当に罰せられた時に発生する。これらの子どもの何人かは自分自身の体を出血するまで噛んだり、引っかいたりする。それは、通常、子どもが欲求不満になったり、冷たく非難されたり、やりたいことができなかったり、欲しい物が手に入らなかった時に起きている。なぜなら、自分の誤った行動でみんなを不快にした自分を罰し、極端に低い自己評価に苦しんでいるからである。そして、自分の苦悩や苦痛に関心を払ってもらいたいと思っているので、そのような行動をとっている。

(2) 異様な摂食行動

　食べ物の強迫的な先取と独占は，小さいよちよち歩きの段階に出現する傾向がある。けれども，幼児の食べ物の摂取はごく少量である。食べ物獲得の歪められた行動は，寝室の机の下，ベッドの下，食器棚のなか，いろいろなタンスの引出しのなか，居間のソファーの下，家具の後などへの食べ物の貯蔵などによって示される。

　知らない人に食べ物の施しを乞う行為は普通の子どもにはみられない。すなわち，発育不全症の身体的にネグレクトされている子どもは，門の側，街路の通り，公園のなかで，人を呼び止めて，お菓子・果物・飲物を欲しがる。また，保育所や病院では，食事の時間を保育士や看護師にたずね，食事の時間になると，食べるのを止めるようにいわれるまで止めようとしないで，口のなかに一杯につめ込む。また，その子どもは，紙片，布切れ，土のような異物や犬・猫の食べ物を食べる傾向がある。さらに，食べ物をさがして夜中に徘徊するのは非常に一般的であり，そのような子どもはまず食器棚と冷蔵庫を物色する傾向がある。そして，過多であってもみつけた物は何でも食べてしまう。

　これらの子どもの何人かはごみ箱から食べ物をあさり，非常に早くがつがつ食べる傾向がある。これらの子どもは家族の残り物を食べることも許されず，その代わりにテーブルから床に落ちた物を与えられ，食事の時間の会話などのノーマルな家族の相互作用から締め出されている。

(3) 排泄行為

　あらゆる物の上にあらゆる場所で所かまわず故意に排泄行為を行なうことは，人びとを不安にさせる。たとえば，下着やズボンのなか以外に，おもちゃ，着物，ベッド，家具などのすべての物の上と，部屋の隅，テーブルの下，公共の場などのあらゆる場所で排泄するのは，これらの子どもに共通の特徴である。それらは精神的不安と苦悩がハイレベルにあることを示している。また，それは日常生活の上で苦痛を与える人たちに対する攻撃性を意味している。

(4) **破壊行為**

　思慮を欠いた破壊性は，おもちゃ，絵本，着物，その他の大切な物を破壊する行為によって表現される。破壊行為を行なう子どもは，ベッドクロスを細く裂き，壁紙をはがし，壁やふすまの上にいたずら書きをしたり，絵具をはね飛ばしたり，カーテンや衣服に火をつけ，あるいは部屋に放火する傾向がある。彼らの自己評価は極端に低く，自己の所有している物にも価値があるものはないとして，破壊して自分を懲らしめている。

Ⅷ　授食行為を通した母親と子どもの相互作用

　最近の研究は，養育者の性格的な欠点よりも，むしろ子どもの育児困難や親子の逸脱的な相互作用に問題があることを指摘している。すなわち，子どもの個人的な特徴と問題行動が親との相互作用の仕方や子どもの扱い方に影響を与え，虐待の発生に一定の役割をはたしていることを研究者は指摘している。授乳困難，睡眠障害，長時間続く泣き声のような早期の育児困難は，身体の成長，心理的な親密さ，暖かい親子関係の形成を阻害する。親子の相互作用の失敗は相互の回避を導き，それが子どもの発達と幸福にとって重大な危機をもたらすことになる。育児や社会化の課題を遂行する上で，何日も続いて子どもの抵抗に直面したなら，孤立無援の若い母親は子どもに対して憤るようにならないか，また，身体的にも情緒的にも育児から離反するようにならないかという疑問が生じる。これらの問題はとくに授乳や授食の時間に頂点に達することが，多くの研究者や実務家によって指摘されている。

　食べ物の授食と摂取の困難が養育に従事している人たちの不満のなかでもっとも多いことが，多少の不一致はあっても確認されている。イワニエク (1983) が指摘した生育史における授食問題の事例研究によると，乳幼児期の子どもの生活は驚くほど類似のパターンを示していた。すなわち，母乳やミルクの飲み込みの困難（哺乳ビン半分のミルクを飲むのに1時間以上かかる），飲むことの

拒絶，子どもの不本意な行為，たとえば，飲ませようとすると瞬間に寝込んでしまい，授乳の間泣き叫び，嘔吐し，手足を伸ばして暴れ，すぐにお腹をこわして下痢をする。この行動パターンは流動食の期間中の摂食障害児のすべてのケースにみられるが，さらに激しい授食困難が離乳食が与えられた時から始まる。すなわち，摂食困難のすべての子どもが離乳食を摂ることを常に拒絶し，嘔吐や下痢をする傾向が増加したのである。

　また，授食の間に悲鳴を上げて泣き叫ぶのは，時間的長さと強烈さで共通であった。食べ物を吐き戻したり投棄することが度々あり，子どもの口のなかにはいつも食べ物が残っており，それは飲み込む能力や噛み砕く能力がないことを示していた。授食と摂食の時間は戦場となり，親子の双方にストレスが高まった。母親に無力感・欲求不満・怒りが体験され，そして，子どもは緊張・不安・恐怖を味わった。

　母親が強制的に食べさせ，子どもが悲鳴を上げて泣き叫び，興奮した親が大声を出して子どもの体を揺すり，子どもの頬をぴしゃりと打って，激しい恐怖をもたらすような否定的な相互作用は，親子にとって負担となり，望ましい成長と発達を促進する母親と子どもの間の暖かい安全な関係を壊してしまう。

　悲しいことに，授食の状況においてあまりにも多くの処置を誤っていた。すなわち，子どもの摂食行動は身体的な試行錯誤をくり返すうちにまもなく改善されるだろうという，親の役割上の非現実的な期待があった。授食過程において子どもが恐怖を学習する可能性を見逃していた。それは，付加的なストレスや恐怖が親の強制的な怒りによって子どもに植えつけられるということである。サンプルによると，母親は子どもの口のなかに食物を強制的に押し込み，体を揺すり，頬をぴしゃりと打つ傾向があった。そしてノーマルな食欲とノーマルな摂食行動を要求した。もちろん，母親はもはやどんな理由でも子どもが抵抗して拒食をしたりしないように常に願っていた。

　これらの親は過去に，親が役割をはたす上で何を期待されているかを話してもらったことはないし，あるいは，出産を終えて病院を退院する時に，どうし

たら子どもの食欲が回復するのか，その授食方法を教えてもらっていなかった。もし，そのようなガイダンスと説明が敏速になされていたなら，意義のある範囲で親の認識を変えることができたと思われる。

　これらの緊張関係の意味する本質は何であろうか。授食行為の意義や重要性が，基本的なケアや愛情を子どもに提供することと同様に社会に浸透している時に，子どもが拒食をすることは，圧倒的で否定的な失格者としてのラベルを親に賦与することを意味している。健康優良児の体重妄想文化と子どもの虐待に敏感になった社会において，発育障害の子どもの存在とネグレクトされたと考えられた子どもの出現は，母親の自尊心を大きく傷つけることになる。すなわち，そのような自尊心を傷つけられた母親は広く一般的に存在している。そして，ベストをつくそうとしている母親にとって，そのような否定的ラベルは非常に屈辱的な非難を意味している。だが，そのラベルを除去する努力はうまくいかないことが多い。そのため親は汚名が晴らせない。このことは深刻な親子関係の歪みを導き，そして，その後の多くの出来事との連鎖によって子どもの拒絶につながっていく。

　このような母親は子どものために希望を打ち砕かれ，社会によって拒絶されたという感情をもっている。そこで，体重を増やすためにどんな代価を払っても，時には強迫観念にとりつかれたように，子どもに食べさせようと熱中するようになる。そして，その努力がむだだと知ると，あきらめて消極的な身体的放置や情緒的無視などの緩慢な行為に撤退する。それに対して，他の母親は積極的な敵対行為や拒絶などの行動を選択する。

　また，ある親は，保健所や児童相談所ばかりでなく，自分の両親，家族，友達，近隣の住民，時にはまったく知らない人からもたびたび非難され，責任が問われる。そのため，母親は子どもの状態について不公平に非難されていると感じ，ある時には，自分を非常にみじめな状況におとし入れた子どもに怒りを向ける。換言するなら，子どもはその結果，引っ込み思案，無気力，無感動，無反応になり，不安と恐怖を感じ，情緒的にも社会的にも孤立し，そのため親

図表6－4 養育者と子どもの相互作用のスタイルと特徴的な行動

養育者	養育者のアクション	子どものリアクション
強制的で短気で怒りっぽい	常に強制的に食物を食べさせる。金切り声をあげ，体を掴んで強く揺る。興奮してぴしゃりと打つ。食べているときに急ぐようにせかせる。欲求不満になり怒る。	不安・恐怖・悲鳴・うめき声と嘔吐食物の投棄・拒食
無関心で怠慢な	栄養やカロリーを考えないで与える。不適当な食物を与える。空腹の訴えの無視と無理解。	体重の減少・動きが緩慢で引っ込み思案・悲嘆・発達の遅延・消極性
忍耐力が無く消極的な	感情によって左右されやすい。不安，落胆，自己の低評価，孤立無援感，絶望。	劣悪な身体的成長と発達障害（特に言語の発達障害と社会的行動の発達障害）
判断力があり子どもを適正に扱うことができる	機知に富み，柔軟性があり，困難を処理する時の我慢強さ，子どもの抵抗を克服するためいろいろな方法を試みる。	子どもの行動の改善子どもはもっと食べるようになり，体重が増え，成長が促進される。

出所）Iwaniec, Dorata, 1995, 前掲書，p.29

子関係は悪循環に陥ることになる。多くの場合，問題発生について，子どもは無関係な者として除かれ，見落とされる。そして，イワニエクらいくつかの研究は，母親と子どもの相互作用の質が，子どもの気むずかしい性格や反抗的な気質と子どもに対する養育者や親の態度によって影響されることを強調している。

　イワニエクは養育者と発育障害のある子どもの間には4つのタイプの相互作用があることを認定した（図表6－4参照）。発育障害児と親との相互作用には下

位グループがあって，積極的な怒りのスタイルの相互作用に対して，消極的な養育放棄という怠慢なスタイルの相互作用と，忍耐力がなく効果の上がらないスタイルの相互作用に分類されている。その他に，子どもにうまく対処できる親のスタイルの相互作用が存在している。これらの相互作用のタイプは養育と育児の活動のなかで観察された[7]。

IX　子どもの特性と親子の相互作用（むすびにかえて）

　親子の相互作用は，お互いに関係をもち，お互いに認識し，お互いの行動に影響を与える親子関係の様式に強力に作用する二者間の過程である。共同の相互作用の質と量は，子どもに対する親の行動によって決定されるだけでなく，肯定的であれ否定的であれ，子どもの行動の影響力によって決定される。多くの研究成果は，子どもの身体的特性や心理的特性が形成されることによって，親との相互作用や感情にさまざまな影響を及ぼすことを明らかにしている。

　子どもの特性である先天的要因や器質的要因が，育児を楽しむことを困難にさせるような親との不適当な組み合わせをうみ出すことがある。それは，子どもの問題行動，不適応，神経過敏性，新しい環境の刺激に対する回避的な反応，非常に激しい気質などである。また，子どもの日常生活における生態的な人間行動の循環サイクルの不規則性，たとえば，睡眠と覚醒の就寝時間のサイクル，空腹と満腹の食事時間のサイクルの不規則性があげられる。そのような行動のサイクルの不規則性は結果的に親を疲労させるので，親子にとって嫌悪なムードをもたらし，養育と育児においてとくに困難な関係をうみ出すことがある。

　子どもの特性と子どものリアクションは親のプライドを傷つけ，その代償として，親の子に対する恨み，敵意，罪悪感，無力感を表面化させる。そして，子どもを育てる親の喜びと良い動機づけから出発したものが，苦悩，敵意，虐待に変わり，関係のある者（とくに子ども）に対して危害を加えるようになる。たとえば，ケアの問題を表出させる未熟児，身体障害児，精神障害児，興奮し

やすい気質をもった子，多動性の子などがいるが，育児困難で手間がかかるので，親の忍耐力の差もあるが，どうしても魅力のある存在になることができないことがある。もちろん，そのことを理由にして子どもを非難することはできない。なぜなら，これらのことは子どもの失敗によって結果したものではないからである。だが，子どもの世話と育児の厳しい問題をかかえている親も非難することはできない。それにもかかわらず，そのような子どもは親の間違った処遇に抵抗できず，親の不適切な扱いの被害をうけやすい。

　もし，私たちが「不当な扱い」(maltreatment)を防止し，子どもの幸福を促進したいなら，育児困難な状況にある親と子どもを理解した上で，助言・援助・支援するシステムを政策的につくる必要がある。長期的な視点からみて，たびたび不幸な結果が導かれるなら，それは初期の介入の失敗である。育児困難に遭遇した時，親の歎願はたびたび却下され，あるいは粗雑な仕方で処理されることがあるので，育児に苦闘している親は孤立無援に陥り，さらに緊張と混乱がもたらされる。親の満たされなかった夢は完全に失望にかわり，怒りが子どもに向けられる。螺旋状に下落する破壊的な相互作用は，親と子の弱い関係をさらに崩壊へ導く。子どもと親の間に起こっているいくつかの相互作用の困難を理解し，暖かい愛情のある養育関係を発展させるために，育児や社会化過程に悪影響を与えているとみなされるリスク要因を調査し，除去したり緩和する努力は価値のあることだと思われる。

　なお，本章は「親子の逸脱的な相互作用」の視点から書かれたことを付言しておきたい。

注）

1) O'Hagan, K., 1993, *Emotional and Psychological Abuse of Children*, Open University Press.
2) Iwaniec, D., 1983, *Social and psychological factors in the aetiology and management of children who fail-to-thrive*, Unpublished Ph.D. Thesis, University of Leicester: Dpepartment of Psychology.

3) Polansky, N., 1992, Family radicals, *Children and Youth Services Review*, 14, (1/2), pp.19-26.
4) Crittenden, P., 1988, "Family and dyadic patterns of functioning in maltreating families," Browne, K., Davies, C. & Stratton, P. (eds), *Early Prediction and Prevention of Child Abuse*, John Wiley & Sons.
5) Bowlby, J., 1953, *Child Care and the Growth of Love*, Penguin.
6) Skuse, D., 1989, Emotional abuse and delay in growth, Meadow, R. (ed.), *ABC of Child Abuse*, British Medical Association.
7) Iwaniec, D., 1991, Treatment of children who fail to grow in the light of the new Children Act, *Newsletter of the Association for Child Psychology and Psychiatry*, 13 (3), pp.21-27.

第7章　過　労　死

I　過労死の社会問題化

　「過労死」は，もともとその労災認定運動のなかで用いられるようになった造語である。それ以前には，「在職死亡」「突然死」「急性死」が用いられていた。これらに代わる日常的な日本語として一般化した過労死は，すぐに karoshi と表記される国際語としても定着した。これは，過労死が広く知られ社会問題化するとともに，過労死をめぐる行為主体の対応が変化する過程でもあった。まず，この過程について確認しよう。

　過労死ということばによって示される死や疾病は，少なくとも1960年代の初めにはその存在が認識されていたとみられる。というのも，民間労働者の中枢神経および循環器系疾患が，労働者災害補償保険の対象となる業務上の死亡・疾病であるかどうかを判断する基準(1961年2月13日付け基発116号)が，1961年に通達されているされているからである。

　現在，最初期の過労死としてよく知られているのは，1969年12月にくも膜下出血で死亡し，労働組合によって労災認定獲得の運動が担われた，新聞社発送部員(29歳・男性)の事例である。日本新聞労働組合連合によれば，「73年以降になると，在職中の死亡者が続発し」，31の事例で「一般疾病による在職中急死に関して労災認定，あるいは企業補償を獲得した」[1]という。従来，マスコミ・報道出版関係の職場は，自動車運転労働，夜勤労働とともに，「過労死が多い職場」[2]といわれてきた。ところが1970年代の後半になると，医師や弁護士に寄せられる相談が増加しただけでなく，ホワイトカラーを含む多様な職種にわたって発症していることに気づかれるようになった[3]。1980年代にはいる

と，医師・弁護士・労働組合関係者などによって，大阪で「大阪急性死等労災認定連絡会」(1981年，のちに「大阪過労死問題連絡会」と改称)が，東京では「ストレス疾患(脳・心疾患・精神障害等)労災研究会」(1985年)が結成され，組織的な対応が試みられた。また，「過労死」を初めて書名に用いた『過労死』[4]が1982年に出版された。

　これらの活動にもかかわらず，この時点では過労死の存在はまだ広く知られてはいなかった。「過労死」が「1980年代後半から一般化した語」(『広辞苑』第4版・第5版，岩波書店，1991・1998)とされるように，このことばが現在のように一般的に使われ，社会的に大きな注目を集めるようになるのは，さらにあとのことである。『朝日新聞』の記事データベースで「過労死」ということばを本文・見出しに含む記事(東京本社・本紙のみ)で検索すると，1984年0件，1985年3件，1986年2件，1987年3件である。これが，1988年には前年の6倍の18件を数える。さらに翌年には35件，1990年66件，1991年109件と急増し，1992年には145件にのぼる。このことからもうかがえるように，過労死が社会問題化する契機となったのは，弁護士・医師らによって1988年に開設された「過労死110番」であったとみられる。この窓口には多くの相談が寄せられ，これを契機に過労死が国内のみならず，$Chicago\ Tribune$ (Nov. 13, 1988), $Time$ (Jan. 30, 1989), $The\ New\ York\ Times$ (Mar. 19, 1990) など海外でも取りあげられた。

　過労死110番に寄せられた多くの相談に応ずるために，弁護士たちは各地で過労死弁護団を結成し，1988年秋にはその全国連絡会議を発足させた。また，家族らは1989年以降都道府県単位で「過労死を考える家族の会」を結成し，1991年には全国組織をつくるとともに，手記集『日本は幸福か』[5]を出版した。こうして，過労死をめぐって全国規模の組織的な対応がなされるようになった。

　過労死に関する報道や過労死への全国規模での組織的対応が，過労死の労災補償請求を増加させたことはまちがいないだろう。手記などをみると，新聞・テレビなどの過労死110番に関する報道が請求のきっかけになった例は少なくない。弁護士たちは，1988年11月の全国労災一斉申請をはじめとして，労災申

請を積極的に支援してきた。とくに，業務外の決定の取り消しを求めた行政訴訟の提訴とその国側敗訴判決は，認定基準を「緩和」させるなど旧労働省・厚生省(以下，厚生労働省)の対応を変えさせてきた。

　1961年の基準は，「発病直前又は発病当日」に発生した「災害」を認定要件とする災害主義に立っていたが，1987年(1987年10月26日付け基発第620号)には，「発病前1週間以内」に従事した労働が「日常業務に比較して，特に加重」であれば，業務との関連が認められるとする過重負荷主義への転換がなされた。1995年には一部運用基準が改められ(1995年2月1日付け基発第38号)，翌年には「不整脈による突然死等」が対象疾病に追加された(1996年1月22日付け基発第30号)。さらに，2001年には，発症前6ヵ月にわたって「著しい疲労の蓄積」をもたらす，とくに過重な業務に就労したことを認定要件に加える改訂が行なわれた(2001年12月12日付け基発第1063号)。また，1999年には，自殺を含めた精神障害の労災認定基準(1999年9月14日付け基発第544号・第545号)も新たに策定された。

　こうした認定基準の改訂などのほかに，2001年4月には，労災保険における過労死などの予防を目的とした「二次健康診断等給付」の創設，過重な長時間労働およびサービス残業の防止を図ることを目的とした「労働時間の適正な把握のために使用者が講ずべき措置に関する基準」の策定も行なわれた。

　このような厚生労働省の対応の変化はまた，倒れた本人や家族の労災補償請求の条件となったはずである。厚生労働省の発表によれば，民間労働者の過労死の労災補償請求件数と認定件数は，図表7－1のとおりである。請求件数は，1989年をピークに1993年まで減少したあと再び増加している。9号の認定件数は，1994年までは毎年度30件程度，その後2000年度までは80件ほどであったものが，2001年度・2002年度はそれぞれ前年の2倍ほどに増加している。いうまでもなく，これらの件数はどちらも過労死の発症件数を示しているのではない。本人・家族や支援者，マスメディア，厚生労働省，裁判所などの相互行為のなかで行なわれた請求と認定の変化を示している。

図表7－1 脳血管疾患及び虚血性心疾患等の労災補償状況の推移

(件)

年度		1987	1988	1989	1990	1991	1992	1993	1994	1995	1996	1997	1998	1999	2000	2001	2002
請求件数		499	676	777	597	555	458	380	405	558	578	594	521	568	685		
	9号											539	466	493	617	690	819
認定件数		49	81	110	92	93	74	72	92	140	116	119	134	132	137	143	317
	1号	28	52	80	59	59	56	41	60	64	38	46	44	51	52		
	9号	21	29	30	33	34	18	31	32	76	78	73	90	81	85	143	317

原注1）「1号」とは，労働基準法施行規則別表第1の2第1号の「業務上の負傷に起因する疾病」であり，「9号」とは，同表第9号の「業務に起因することの明らかな疾病」に係る脳血管疾患及び虚血性心疾患等（「過労死」）事案である。
　　2）認定件数は当該年度に請求されたものとは限らない。
注）「請求件数」の上段は1号と9号の合計，下段は9号のみの件数である。2000年度までは，「請求件数」は1号と9号の合計が，「認定件数」は1号と9号の合計と内訳が公表されていた。2001年度データ公表時（2002年5月）に初めて1997～2000年度の9号の「請求件数」とともに，9号の「請求件数」「認定件数」が公表された。したがって，上記の原注1）は2001年5月以降の発表時のものではない。
出所）厚生労働省資料

II　過労死問題の2側面

　現在では日常語として定着している過労死は，もともと社会医学的な疾病概念として用いられたものである。過労死とは何か，また，それはどのような観点から問題視されてきたかを確認しておこう。

　過労死問題にもっとも積極的に取り組んできた医学者の1人である上畑鉄之丞らは，過労死をつぎのように定義している。「過重な労働負担が誘因となり，高血圧や動脈硬化などの基礎疾患が悪化，脳血管疾患や心疾患などの急性循環器障害を発症，死亡や永久的労働不能におちいる状態」[6]。ここで，「永久的労働不能」とされているように，過労死は死のみを意味するのではない。また，循環器疾患以外の死亡なども排除せず，さらには近年になって過労自殺とよばれるようになった自殺をも含むものととらえられてきた。

　上畑らによれば，過労死は，「労災認定」問題と「『長時間労働』を中心とした過大な労働負担」の問題という2つの問題として特徴づけられる[7]。社会科

学では，この2つの側面のうち第1の労災認定問題は，法律学において主に労災認定基準とのかかわりで活発に論じられてきた。他方，過大な労働負担の問題は，主に政治学・経済学で「働きすぎ」の問題として取りあげられてきた。

後者の側面を取りあげた経済学者に，森岡孝二がいる。彼は，「『働きすぎ社会』とも『過労死社会』ともいわれる企業中心社会」[8]の形成を，労働時間構造の変容の観点から明らかにしている。それによれば，第1次オイルショック後の不況から脱出するために押し進められた減量経営のもとで，生産技術と情報処理技術のME化がすすめられ，JIT（ジャスト・イン・タイム）システムの全産業的波及をともないつつ，正社員・本工などの正規労働者を削減して少数精鋭主義を徹底させ，パートタイム労働者・派遣社員・臨時雇用などの非正規労働者を増やして労働コストを削減するという戦略が，ほぼ一貫して追求されてきた。その結果として，この時期に進行したのが，性別分化をともなった労働時間の二極分化である。男性では「過労死予備軍ともいえる週60時間以上の超長時間労働者」[9]が増加したのに対して，女性では週35時間未満の短時間労働者が増加するという形で，労働時間が大きく二極分化した。

III 労災認定問題としての過労死

労災認定問題としての過労死には，法律学が焦点を当ててきた。しかし，単にそうした認定基準の妥当性という観点からだけではなく，むしろ労災認定が本人や家族にとってどのようなものとして問題化したのかを検討しておくことは重要である。過労死問題のひとつの特徴が労災認定問題であるとすれば，この視点は，過労死が社会問題化した実相を明らかにする前提をなすと考えられるからである。

(1) **家族の生活上の切実さ**

まず，労災認定は，家族の生活にとってもっとも切実かつ緊急の問題である。

この点について，上畑はつぎのように書いている。「過労死」は，「一家の大黒柱を失い，明日の生活の不安に直面した家族の労働災害補償を求める悲痛な叫びの中から生まれた用語」である。被災者の「多くが仕事一途のまじめな労働者」であり，「長時間労働や過酷なノルマなど，さまざまなストレスに悩む中で突然倒れ」，「仕事以外に突然の発病の原因が考えられないとする家族の声を象徴したものである」[10]。

　労災保険の目的のひとつに，「当該労働者及びその遺族の援護」（労働者災害補償保険法　第1条）がうたわれている。過労死に倒れた労働者は，性別を問わず，また広い年齢層にわたっているとはいえ，「一家の大黒柱」に当たる中高年男性労働者を中心としているといってよい。「一家の大黒柱」を失った家族にとって，まず「明日の生活」が現実の問題となることは想像にかたくない。もちろん，たとえば被災者が民間労働者であれば，遺族厚生年金・遺族基礎年金が給付される。もし，過労死が労働災害つまり業務上の死・疾病と認められれば，これに加えて家族は労災保険の遺族補償年金などを受けられる。労災補償を受けられるか否かによって，支給される金額には大きな開きがある。ある遺された妻は「これからの生活，子どもを育てる責任，私の肩にかかる責任の重さに，おし潰されそうです。……／せめて労災と認めてくだされば，こんな肩の重さが少しは軽くなるのに」[11]と書いている。このように，労災認定は家族の生活にとってもっとも切実かつ緊急の課題である。

(2)　労災認定の厚い壁

　労働災害補償が家族にとって切実な要求だとしても，上畑がそれを「悲痛な叫び」とするのにはさらに別の要因がある。それが，労災補償請求にともなうさまざまな困難と労災認定の厚い壁の存在である。

　請求にともなう困難は，労災の立証責任が請求者にあることに由来する。労働状況を直接知らないことが多い家族にとって，立証はけっして容易ではない。そればかりか，会社が発症前の勤務状況に関する資料を提供しないなど，申請

第7章　過労死

に協力しない，労働組合の協力を得られない，勤務時間の実状が記録されていないといった場合が少なくない。

　そして，たとえ請求できたとしても，家族は労災認定の厚い壁に直面する。厚生労働省は，過労死の労災認定に長く否定的であった。それは，「過労死」の用語やその存在自体を長いあいだ認めてこなかったことに端的にあらわれている。『労働白書』において「脳血管疾患や心疾患」が「仕事が有力な原因で発症する場合も」あると記されるのが1995年，「過労死」の用語を用いてそれが「大きな社会問題」[13]になっていると記述されるのは1997年のことである。

　先に，過労死の労災補償請求件数と認定件数の推移を図表7－1に掲げた。しかし，これらの件数から正確な認定率を知ることはできない。原注にあるように，各年度の認定件数はその年度に請求されたものにかぎられない。そればかりか，請求件数には過労死以外のものも含まれていた。川人博は，1994年度までのデータに基づいて，過労死の認定率を「約5％前後」[14]と推定している。同様の方法で計算すると，1995～2001年度は10％台の半ばから20％前後，2002年度は4割弱の認定率になる。このような認定率の推移をどのようにとらえるべきだろうか。たしかに，適切な認定がなされてきたかどうかについては，請求者と厚生労働省とでは意見が分かれるところだろう。しかし，後述のように，過労死の兆候に気づいており，「仕事以外に突然の発病の原因が考えられない」と確信する家族にとって，これらの数字はあまりにも低く，認定の壁は厚いというのが実感だろう。

　それだけでなく，過労死の労災認定においては，請求から決定までに長期間を要することが常態となっている。平均で，労働基準監督署長の決定までに1年9ヵ月，その決定に不服がある場合は各都道府県労働基準監督局の労働者災害補償保険審査官に審査請求ができるが，その決定に1年8ヵ月，さらに不服がある場合には労働保険審査会に再審査請求ができるが，その決定には3年2ヵ月かかっている（『朝日新聞』1996年1月9日朝刊）。

　このようなさまざまな困難をともなう過労死の労災認定について，上畑らは

127

「よほどの覚悟がなければ」[15]できないとし、望月浩一郎は「『迅速かつ公正な保護』を目的とする労災補償制度が機能していない」[16]と指摘している。労災認定のこのような実情にこそ、労災補償を求める家族の声が「悲痛な叫び」とされる理由があるといってよいだろう。

(3) 「生」の正当な承認

　生活上の切実さと認定の困難さゆえに、家族にとって労災認定が問題化してきたことをみた。しかし、家族にとっての労災認定の意味がこの2つだけだとしたら、事態を大きく見誤ることになるだろう。というのも、家族の手記からは、「業務上」の死・疾病として労災認定されることが、家族にとって単なる補償以上の意味をもつことが読み取れるからである。それが、家族を長く困難な労災補償請求へと突き動かしているようにみえる。

　たとえば、化学工場の工場長だった35歳の夫を亡くした妻は、次のように書いている。「私は、夫は仕事に殺されたと思っていましたから、社長から、ひとことお詫びが欲しかったのです」。しかし、「遺族に対する優しさとか、いたわりはまったく」なかった〔30〕。労災の手続きの依頼に対してもいっさいの協力は得られず、かえって社内に緘口令がしかれた。そうしたなかで行なった労働基準監督署長への請求も、労働者災害補償保険審査官に対する審査請求も業務外と決定された。当時、再審査申請中だった彼女は、手記をこう結んでいる。

　　でも、明らかに仕事によって殺された夫の死が、労災と認められなかったら、夫のしてきたことって、いったいなんだったのでしょうか。命を削りながら一生懸命に働いた人間に対し、なんの補償も得られない日本という国の制度はおかしいと思います。／私は、最後までたたかおうと思います。それが、せめて、夫を仕事から、私たち家族のもとへとり戻す、ただひとつの方法だと思うから。〔31〕

第7章 過労死

　この手記の執筆者は夫の死の原因が「仕事」であると確信し、社長はその責任を認めて遺族に「詫び」るべきものととらえている。また、補償請求、審査請求ともに業務外とされたことに対して、その不当性が訴えられている。しかし、そこに記されているのは、夫が亡くなった原因は仕事であるという〈事実〉だけではない。それと同時に、夫が熱心に仕事をしてきたことが強調されている。そして、「命を削りながら一生懸命に働いた」夫に対して「なんの補償も得られない日本という国の制度はおかしい」と断じられている。この憤りを伴った主張は、文字どおりに過重な労働実態が記されたこの手記を読む者に容易に理解されるだろう。

　だが、上記の引用を労災補償の一般的な文脈に置くと、労災認定を求める家族たちの別の主張があらわになる。労災保険制度は本来、当該労働者の熱心さとは無関係に運用されるものである。それは、この手記の執筆者も当然知っているにちがいない。それにもかかわらず、「一生懸命」に働いたことが強調されているとすれば、これは単に労災の証拠としてのみ提示されているのではない。「明らかに仕事によって殺された夫の死が、労災と認められなかったら、夫のしてきたことって、いったいなんだったのでしょうか」という反語的表現は、当然労災であると主張しているだけではない。それは同時に、労災と認められなかったら、夫が「命を削りながら一生懸命に働いた」こと、つまり夫の「生」が無に帰してしまうではないかと訴えているのである。業務上の死と認められることは、夫の生の意味が正当に認められることでもある。それによって初めて、十全に正当な姿で「夫を仕事から、私たち家族のもとへとり戻す」ことができるというのである。

　企業や労働組合、同僚の協力が得られないことや、労災と認定されないことは、家族にとって補償を得られないことだけを意味するのではない。これらのことは、「一生懸命」に働いた家族（夫）の生を正当に認めないことでもある。労災認定を求めつづける家族が獲得しようとしているのは、補償であると同時

に，過労死に倒れた家族(夫)の生の正当な承認である。いやむしろ，後者こそが家族を労災認定の厚い壁に立ち向かわせているといった方が適切かもしれない。夫の労災補償請求に対して「認定はみとめられず」という決定通知を受け取ったある遺族は，次のように書いている。「その何文字かによって，夫の苦労が，生きてきた証が泡と消えてしまうのは，やはり耐えられません。気を取り直し，奮起し，再度の審査を請求いたしました」〔164〕。

　以上のように，家族にとって労災と認定されることは，生活のうえで切実なだけでなく，過労死に倒れた家族の生の正当な承認という点においてもきわめて切実な課題である。しかも，仕事が原因だという確信に照らせば，認定されることは当然のことである。それにもかかわらず，本人や家族のまえには認定の厚い壁が立ちはだかっている。労災認定は，それが二重の意味で切実な要求であるにもかかわらず，容易に認定されないために，家族にとって大きく問題化したのである。

Ⅳ　「働きすぎ」と過労死

　過労死問題の「働きすぎ」の側面を中心的に取りあげてきたのは，経済学や政治学であった。だが，社会学においても，いくつかの重要な指摘がある。たとえば間宏は，「働き過ぎ」によって個人が失ったもっとも大きなものとして「健康破壊すなわち過労死と家庭破壊すなわち単身赴任」[17]を指摘し，田島博実は「働きすぎ」がもたらした「病理現象と生活障害」のひとつとして過労死をあげている[18]。過労死の社会医学的定義によれば，その誘因は「過重な労働負担」である。この点からすれば，過労死は「働きすぎ」によるもの以外の何ものでもない。しかし，「働きすぎ」とは何か。それは，過労死に倒れた労働者自身やその家族にとって，どのように問題化していたのだろうか。このように論点を転じさせるのは，過労死の発症過程にこそ，より基底的な問題がかかわっているからである。

かつて過労死は，突然死，急性死などとよばれていた。こうした呼称にもかかわらず，それは，何の予兆もなく突然に被災者を襲うのではない。1～数ヵ月前から作業の量と質，責任などが本人にとって耐えがたいものになって過労状態に陥っており，本人の「疲労が激しい」などの訴えや，家族や同僚からみて生気や落ち着きのない状態のあとに発症している[19]。

家族の手記には，「疲れた」と頻繁にいうようになったり，頭痛を訴えるようになったりしたこと，食事や入浴もできないほどぐったりと疲れたようす，大声の寝言などが具体的に記されている。そうした徴候が書かれていない手記の方が例外といっていい。それが死の徴候とは思いもしなかったとしても，本人や家族の多くは——後者の場合はたとえ事後的に「思い当たる」というしかたであれ——，過労死の徴候には気づいていたというべきだろう。そしてこのことが家族に，「仕事以外に突然の発病の原因が考えられない」という確信をもたらし，一時的ではなく長期間にわたって困難な労災認定を求める「よほどの覚悟」を持続させているにちがいない。

このようなただならぬ予兆があったときに，過労死した人たちは，休養をとる，診察を受ける，あるいはその仕事を辞めるといった対処をしないまま働きつづけた。この点に注目すれば，過労死の予兆段階において，自らの働き方は，こうした対応をとるほどには大きく問題化しなかったとみてよいだろう。では，彼らはどのようにして過労死に直面するまで働きつづけたのだろうか。

渡辺治や熊沢誠によれば，それはある種の「自発性」による。渡辺は，「『過労死』のレポートを読むと，死んだ労働者の多くは責任感とか仲間への配慮によって，働き続けているものが多い。いわば『働きすぎ』は労働者の外見的『自発性』に依拠しているようにみえる」[20]と述べている。また，熊沢は，「働きすぎ」が心身の健康などに及ぼすインパクトが強く指摘されているにもかかわらず「依然として『会社員たち』が『ゆとり』に向けて歩み出さない」理由について，「強制と自発がないまぜになった心情」に言及する。彼は，こう述べる。「とくに男子中核従業員は，それほど割りきれた心情からではないにせ

よ，ある自発性につきうごかされて『働きすぎ』ているのだ。きびしいノルマも，配転や単身赴任も，新しい設備の操作や細部の工夫への取組みも，見方を変えれば会社から期待され試されているところからくるしんどさであり，そこに挑戦の機会もある。そこでやりとげれば能力を発揮するよろこびが本当に湧いてこないでもない……」[21]。

　家族の手記などの記述に，過労死に倒れた人たちが，渡辺らの指摘する責任感や仲間への配慮，挑戦や能力発揮の機会から働きつづけたことを読み取ることはむずかしくない。しかし，彼らが働きつづけたことを，「自発」対「強制」という二分法に立って何らかの「自発性」によるとすることは，事態を適切にとらえているのだろうか。別の選択肢と比較考量したうえで働きつづけたのなら，「自発性」によるといえる。しかし，彼らにとって別の行動をとる余地は，果たしてあったのだろうか。

　手記集『日本は幸福か』をみてみよう。そこに収録された妻の手記のいくつかには，彼女たちが，仕事を休むようにあるいは診察を受けるように夫に訴えた際の応答が記されている（勤務先・職種は原文記載のとおり）。たとえば，夫たちは，「忙しくて，とても休むわけにはいかないよ」（製本会社裁断工，54歳）〔34〕，「仕事がたくさんたまっているからダメだ」（建設会社現場監督，30歳）〔91〕，「花博の2ヵ月間は，ぜったいに会社を休めない。病院へ行く時間もない。1人でも休むとほかの人がしんどくなる。会社からも怒られてしまう」（電気工事士，46歳）〔136〕などと応えて勤務をつづけた。また，出勤前に心臓の不調を訴えた夫（菓子製造業包装技術者，34歳）は，「病院へ行こう」という妻に，「会社に遅れるから駄目だ」と応え，「休んで」というのを振り切って出社した。遅番勤務の翌朝にようやく行った病院では不整脈が確認された。妻が「休んで」と引き止めたものの，「大事な会議があるから休めない」と出勤していった〔261〕。

　このほか，ある広告代理店の制作部副部長は，手帳につぎのように書き残していた。「連日，連夜，ハードワークが続いている。これを乗り切ることができるか。過剰なストレスに，身体も精神もボロボロになってすりきれるか，そ

第7章　過労死

れとも，ひと回りタフに度胸も座るか。／アタマとカラダとウデと，ことここに至ったらやらねばなるまい。光恵と3人の子供たちのために。そして，オイラ自身のために」[22]。

　ここで注目したいのは，夫たちが自らの現実規定[23]を語っていることである。たとえば，上記の裁断工が「忙しくて，とても休むわけにはいかない」というとき，彼は，仕事（業務）が「忙しい」ことと，そのために仕事（勤務）を「休むわけにはいかない」こととを連結させ，それを信憑性をもつひとまとまりの現実ととらえている。包装技術者の夫が「大事な会議があるから休めない」というときにも，「大事な会議がある」ことと同時に，それゆえに「休めない」ことが信憑性をもつ現実として語られている。彼らにとって，これが〈仕事〉の現実であり，忙しい仕事や大事な会議を休むことは，自らの行動の選択肢とはならない非現実的なこととみなされているのである。

　それだけでなく，「1人でも休むとほかの人がしんどくなる」ということや，ハードワークを乗り切って「ひと回りタフに度胸も座る」こと，妻と子どもたちのために挑戦するのだということも，信憑性をもつ〈仕事〉の現実であった。彼らは，このような〈仕事〉の信憑のもとで働きつづけたのである。

　しかも，この〈仕事〉の信憑は，過労死に倒れた本人だけでなく，その妻たちによっても多かれ少なかれ共有されていたとみることができる。「健康管理は個人の責任と言うけど，それは休日が確実に休め，辛いときに病院に行けるときに言うことであって，有給どころか振り替え休日さえ取れない状態で個人の責任に帰すことがあっていいものだろうか。気をつけなかったのではなく，気をつけても気をつけても気をつけきれない仕事量のなかでおしつぶされたのだ」〔265〕。このように書く上記の包装技術者の妻にとっても，葛藤があったとはいえ，やはり「有給どころか振り替え休日さえ取れない」のが夫の〈仕事〉の現実であり，「辛いときに病院に行く」ことは非現実的なことであった。そして，夫と〈仕事〉の信憑を共有するがゆえに，妻にとって労災と認められることは，こうした〈仕事〉の現実のなかで働きつづけた夫の生そのものが正

133

当に認められることと等価なのである。

以上のように，過労死に倒れるまで夫はその〈仕事〉の信憑のもとで働きつづけた。妻も夫と共有する〈仕事〉の信憑のもとで，本人の働き方を「働きすぎ」として大きく問題化させることはなかった。このようにして，過労死に至る働き方は，本人や家族にとって「働きすぎ」として大きく問題化されることなく，悲劇的な結末へといたったとみられる。

V 「働きすぎ」と〈仕事〉の信憑

本稿では，家族にとって過労死の労災認定がどのように問題化したか，そして，過労死に倒れた人たちが，その働き方を変えることなく，どのようにして働きつづけたのかをみてきた。こうした検討は，「働きすぎの日本的な基準」は「死」であるという森岡の指摘を確認したことになるのかもしれない。彼のいうように，「働きすぎを自覚させ，働きすぎにブレーキをかける基準」が「極限的な健康障害としての死そのものである」[24]とすれば，日本の社会には「働きすぎ」の実質的な基準はないことになる。

このようにいうと，日本人の「働きすぎ」が大きく問題化してきたことを根拠にした反論があるかもしれない。たしかに，1980年代後半以降，労働時間の短縮は，「政府全体で取り組むべき課題として位置付け」[25]られてきた。1987年には，本則に週40時間労働制を明記した労働基準法の改正(1988年施行)が行なわれ，計画期間中(1988年度から1992年度まで)の週40時間労働制の実現，年間総実労働時間の1,800時間程度への短縮を目標として掲げた「世界とともに生きる日本──経済運営5ヵ年計画──」が閣議決定された。また，「働きすぎ」のさまざまな弊害の認識とそれからの脱却の必要性は，1990年代にはいると，より広範な立場から指摘された。政府，労働組合ばかりでなく，経営者団体も「働きすぎ」の弊害を指摘し，「働きすぎ」を生み出す構造を「企業中心主義」「企業中心社会」などととらえ，その変革の必要性を説く提言が次々と示され

第7章　過労死

た。

　しかし周知のように，労働基準法の改定をはじめとする労働時間短縮政策は，国際的な経済摩擦にともなう「働きすぎ」批判を背景に行なわれたものであった。日本の人びとの日常生活で「働きすぎ」が問題化したからではない。労働者1人平均の年間総実労働時間は，1987年の2,120時間から減少し，1990年代末には1,850時間前後になった(厚生労働省「毎月勤労統計調査」，事業所規模30人以上)。だが，総実労働時間が減少した上記の期間にも，有給休暇の取得率に大きな変化がみられないことからすれば，人びとが「働きすぎ」の弊害を認識して「ゆとり」へ向けて歩み出したとはいいがたい。また，この間のいくつかの意識調査の結果を参照して，「働きすぎ」意識の浸透を指摘することが可能かもしれない。しかし，質問紙調査の回答は，回答者が質問にそのように答えたというにとどまるだろう。つまり，その結果と，職場や家庭の相互行為場面において，そうした認識が確認されていることとは別問題である。このように，人びとの日常生活において「働きすぎ」が問題化しているかどうかは，改めて検討されるべき課題のまま残されている。

　日本人の「働きすぎ」が声高にいわれたその最中に，三隅二不二は次のように問うた。「確かに欧米諸国に比べて，労働時間は長いが，果たして本当に働きすぎなのであろうか。働くことの標準は一体誰が定めたのか」[26]。また，広瀬清吾は，日本の労働者が長い休暇，短い労働時間を求めていることを「大前提にして議論してもいいのだろうか」と疑問を呈した。この「なにかふりだしにもどってしまうような疑問」[27]に，私たちは未だ十分に答えられていない。

　「働きすぎ」の基準は，人びとの〈仕事〉の信憑にこそ見い出せるものである。私たちの課題は，「働きすぎ」を前提とするのではなく，人びとの〈仕事〉の信憑に，その形成と変容をも視野におさめつつ遡及することである。

注)

1）日本新聞労働組合連合編『新聞労働運動の歴史』大月書店，1980，pp.

302-303.
2）鈴木武夫・桑原昌宏・上柳敏郎・熊谷謙一・斎藤驍「座談会　今日の職業病を考える」『季刊 労働法』166号，1993，p.21.
3）田尻俊一郎・松本久・中塚比呂志・三浦力『過労死への挑戦』労働経済社，1991, pp.4-5. 上畑鉄之丞『過労死の研究』日本プランニングセンター，1993, pp.18-19.
4）上畑鉄之丞・田尻俊一郎編著『過労死』労働経済社，1982.
5）全国過労死を考える家族の会編『日本は幸福か』教育史料出版会，1991.
6）上畑鉄之丞・何頻・関谷栄子「社会医学からみた過労死」「ストレスと過労死」『現代のエスプリ』290，至文堂，1991, p.87.
7）同上書，p.88.
8）森岡孝二『企業中心社会の時間構造』青木書店，1995, p.46.
9）同上書，p.80.
10）上畑鉄之丞，前掲書，p.177.
11）全国過労死を考える家族の会編，前掲書，p.96. 以下，同書からの引用は，ページ数のみを本文〔　〕中に記す。
12）労働省編『労働白書』平成7年版，日本労働研究機構，1995, p.72.
13）労働省編『労働白書』平成9年版，日本労働研究機構，1997, p.65.
14）川人博『過労死と企業の責任』社会思想社(現代教養文庫)，1996, p.63.
15）上畑・何・関谷，前掲書，p.88.
16）望月浩一郎「過労死と安全配慮義務の履行請求」『日本労働法学会誌』90号，1997, p.173.
17）間宏『経済大国を作り上げた思想』文眞堂，1996, p.203.
18）田島博実「『働きすぎ』社会の病理」米川茂信・矢島正見編著『成熟社会の病理』改訂版，学文社，2003, p.100.
19）細川汀「過労死」『労働法律旬報』1253号，1990, p.6.
20）渡辺治「企業社会日本の構造と労働者の生活」基礎経済科学研究所編『日本型企業社会の構造』労働旬報社，1992, p.54.
21）熊沢誠『日本的経営の明暗』筑摩書房，1989, pp.75-76.
22）八木光恵『さよならも言わないで』双葉社，1991, p.46.
23）バーガー，P.L.・ケルナー，H.(森下伸也訳)『社会学再考』新曜社，1987, p.87.
24）森岡孝二，前掲書，p.21.
25）労働省労働基準局賃金時間部労働時間課編著『労働時間白書』日本労働研究機構，1991, p.100.
26）三隅二不二編著『働くことの意味』有斐閣，1987, p.99.
27）広渡清吾『二つの戦後社会と法の間』大蔵省印刷局，1990, p.206.

付記：本稿は，拙稿「過労死と〈仕事〉の信憑」（『大正大学研究論叢』第7号，1999，pp.19-56)をもとに，論旨の明確化に留意して大幅に圧縮するとともに，加筆・修正を加えたものである。

第8章　夫婦間コンフリクト

I　夫婦関係のコンフリクト・アプローチ

(1) **近年の離婚と夫婦間コンフリクト**

　1990年代に入って，離婚件数が年々漸増しているが，この傾向は，夫婦間コンフリクトの増加を反映したものといえるかもしれない。というのは，離婚した夫婦は離婚前に大なり小なりの夫婦間コンフリクトを経験したはずであり，離婚件数は離婚という形で夫婦間コンフリクトを終結させた夫婦の数ともみなせるからである。もちろん，夫婦間コンフリクトを経験した夫婦のなかには，仲直りをした夫婦，離婚に踏み切れないで夫婦関係を継続させている夫婦，家庭内離婚の形態をとっている夫婦，あるいは，別居している夫婦も存在するだろうから，実際には，離婚件数よりもはるかに多くの夫婦が夫婦間コンフリクトを経験した(経験している)ものと推測される。

　家庭裁判所への離婚調停では，妻からの申し立てが圧倒的に多いが，このことは，離婚を望みながらも，夫より権力関係において劣位にあるために，夫と対等な協議離婚は困難と判断した妻たちが，いわば家裁の力を借りて離婚を勝ち取ろうと行動を起こした結果である，と解釈できる。とはいえ，離婚件数の約9割は形式的には協議離婚であるために，離婚という終結が夫婦双方にとって納得できる「合意離婚」や「代償離婚」であったのか，あるいは，協議とは名ばかりの「被遺棄的離婚」や「生活破壊的離婚」であったのかはわからない[1]。

　他方，近年総理府などで実施されたドメスティック・バイオレンス(略して，DV)に関する実態調査は，夫婦間の暴力がけっして珍しくない現状を明らかに

したが[2]，夫婦間暴力は夫婦間コンフリクトと密接な関連があり，暴力はコンフリクトの勃発のきっかけとなったり，激化段階で多発したり，あるいは，終結段階へのきっかけとしても使われることが少なくないのである[3]。DV防止の観点からも，今日の夫婦間コンフリクトの実態を明らかにする必要がありそうだ。

かつて，スプレイ(Sprey, J.)は，ジンメルらの闘争研究に依拠した家族論を展開し[4]，「家族とは，調和と安定の均衡状態ではなく，共通目的のもとで対立した利害を闘わせているシステムであり」[5]，「家族の存続を可能にするのは，態度の類似や価値の一致ではなく，相互理解され共有された一連のルールに基づく協力過程である」[6]ととらえた上で，「家族の問題状況というのは，家族にコンフリクトがあることではなく，紛争が解決されないことである」[7]として，家族コンフリクトの機能，対処法，さらにマネジメントについても考察している[8]。

このようなコンフリクト・アプローチは，夫婦間コンフリクトの発生を夫婦関係の常態とみなしたうえで，夫婦がいかに協力できるかを問い，そして，夫婦間コンフリクトへのさまざまな対処法について検討しており，わが国の家族臨床にとっても有力なアプローチといえるだろう。とはいえ，夫婦間コンフリクトが悲惨な結末をもたらすことも無視できないから，夫婦間コンフリクトが家族病理となりうる要因を明らかにするとともに，夫婦間コンフリクトを家族病理に至らせないための施策を講じることも重要課題である。

(2) 夫婦間コンフリクトとは？

夫婦間の対立過程に対して，従来，夫婦間葛藤，夫婦間紛争，夫婦間緊張など，日常用語としての夫婦喧嘩も含めていくつかの呼称が用いられており，定義についても統一されているわけではない。私はこれまで夫婦間の潜在的な対立状況に対して「夫婦間緊張」という呼称を用いてきたが[9]，潜在的な対立関係と顕在的な対立関係を包括する概念として，コンフリクト・アプローチに依

拠するという意味も込めて,「夫婦間コンフリクト」という呼称を用いることにする。

　夫婦間コンフリクトとは,「夫婦間において,双方の期待が両立困難となり,夫婦の一方または双方が,自己の期待充足を妨げる相手(および相手の何らかの属性)を拒否・否定しようとする潜在的・顕在的な対立過程」と暫定的にとらえておく。また,夫婦間コンフリクトの過程において,「双方ともに自己の期待を妨げる相手(および相手の何らかの属性)を拒否・否定しようとするにもかかわらず,相手を拒否・否定しうる諸条件が具現しない潜在的な対立状況」を「夫婦間緊張」と呼び,「双方ともに相手(および相手の何らかの属性)を拒否・否定するための具体的な対立行動」を「夫婦間紛争」とよぶことにしたい。

　夫婦間コンフリクトの定義要件は,「夫婦関係」,「夫婦間における期待の両立困難」,「相手の拒否・否定志向」であり,以下では,これらの定義要件に焦点をあてて検討する。

Ⅱ　夫婦間コンフリクトの分析視角

(1) 夫婦関係のとらえ方

　夫婦関係を,「カップルとしての夫婦関係」,「家族メンバーとしての夫婦関係」および「生活主体としての夫婦関係」と分析的に区分する[10]。このように区分するのは,それぞれの夫婦関係レベルにおいて,夫婦間コンフリクトの発生要因や発生状況が異なるからである。たとえば,「カップルとしての夫婦関係」では,夫婦間における性愛ベクトルの不一致が夫婦間コンフリクトの契機となる。「家族メンバーとしての夫婦関係」では,家族システム内での資源配分,家族目標の選択,役割期待,価値選択における両立困難な事態が,家族メンバーとしての夫と家族メンバーとしての妻との夫婦間コンフリクトの契機となるだろう。そして,「生活主体としての夫婦関係」におけるコンフリクトは,個々に生活システムを組み立てている生活主体としての夫と生活主体としての

妻が,"夫婦であること"の意味をめぐって期待の両立困難な事態に直面することから発生する。

しかも,生活主体としての夫婦関係レベルでは,夫と妻における"夫婦であること"の意味づけ方の組み合わせによって夫婦関係の位相が異なり,それぞれの位相における夫婦間コンフリクトの様相も異なるのである。すなわち,① 夫と妻の双方が,夫婦関係の存続を必要と評価する〈夫婦関係の存続必要一致の位相〉のもとで,夫婦関係の存続に向けた期待の両立困難な事態が夫婦間コンフリクトの契機となる場合,② 夫と妻の一方は夫婦関係の存続を必要とみなし,他方は夫婦関係の解消を必要とみなす〈夫婦関係の存続・解消不一致の位相〉において,その位相自体が夫婦間コンフリクトの契機となる場合,そして,③ 夫と妻の双方が,夫婦関係の解消を必要とみなしている〈夫婦関係の解消必要一致の位相〉のもとで,夫婦関係の解消条件をめぐる期待の両立困難な事態が夫婦間コンフリクトの契機となる場合である。

(2) **カップル関係における夫婦間コンフリクト**

夫婦双方が,他者排他的で相互拘束的なカップルとして,双方の期待を充足し合っている間は,期待の両立困難な事態など想像もつかないかもしれない。しかし,カップルをつないでいるものは"性愛"という不安定な絆にすぎないのである。パートナーへの性愛ベクトルが小さくなっても不思議ではないし,性愛ベクトルがパートナー以外に向いても不思議ではなく,せいぜいのところ,婚姻制度という縛りが歯止めの役割を果たしているだけである。夫に自分の気持ちをわかってほしい妻とそれを無視する夫,性関係を強要する夫と拒否できない妻,夫との性関係を求める妻と性愛欲求のない夫,婚外恋愛をしている夫とやめさせることのできない妻など,カップル関係において期待の両立困難となるさまざま事態を列挙することができるが,いずれも特異な例ではない。

しかし,このような事態において,たとえば,妻が夫婦間コンフリクトを顕在化させたところで自分に勝ち目がなければ,我慢するか諦めるか,自らに生

じたストレスに何らかの対処をするしかない場合も少なくないだろう。自分の方を向いてくれない夫への性愛ベクトルを小さくすることによってストレス対処をするような場合，それまで愛情表現として遂行してきた家事・育児に変化をきたすことも十分にありうることである[11]。

そして，カップル関係のような親密な関係にコンフリクトが生じると，ジンメルが明記しているように，「その対立は他人との間での対立よりも激しくなり……当事者相互間の緊密性は不和を激情的に拡大し，全人格的な闘争に至らせる」[12]。このような夫婦間コンフリクトが発生した場合，双方が夫婦関係の存続を期待していれば，関係の存続を脅かさない範囲にコンフリクトを手加減したり，一方が折れて相手の欲求を充足させたり，あるいは和解したりといった，コンフリクトを減退・終結させるプロセスをたどるだろう。しかし，カップルの性愛関係が不一致になると，夫婦間に発生したコンフリクトは殲滅的な結果をもたらすまで続くこともある。まさに，DVの激化しやすい一局面である。

暴力によるコンフリクトの終結はコンフリクトの"解決"とはいえないが，実際のところ，力の弱い方が逃げるか，あるいは，第三者が調停しなければ，当事者のみで"円満な"解決をはかることは容易でないことを指摘しておく。

(3) 家族メンバーとしての夫婦間コンフリクト

家族メンバーとしての夫婦間コンフリクトの分析については，従来から組織論における企業内での労使対立に関する考察や集団内での二者間の闘争に関する考察などの蓄積があり，それらを援用することができる[13]。

ただし，今日では，夫にせよ妻にせよ，それぞれが家族メンバーとして家族を維持存続させることが絶対的な役割とはみなせなくなった。それゆえ，夫と妻の双方が，一生活者として自分の生活にとって夫婦関係を維持存続することに意味があると評価する限りにおいて，家族メンバーとしての夫婦間コンフリクトが展開されるという点を押さえておく。すなわち，夫婦間コンフリクトが

激化して関係破壊的な事態になると、次に述べる生活主体としての夫婦間利害をめぐるコンフリクトへ移行するのである。

家族メンバーとしての夫と妻との間で期待が両立困難になる状況として、① 一方が家族メンバーとして自らの期待を充足させようとすれば、他方の期待を充足するのに必要な資源が不足する場合(たとえば、夫が生活費を浪費するために、家計が"火の車"になるような場合)、② 家族メンバーとしての役割分担をめぐって、双方の期待が両立困難となる場合(たとえば、妻が家事・育児に専念することを期待する夫と、夫婦で仕事も家事・育児も分担することを期待する妻)、③ 一方の相手に対する期待が、相手によって拒否・否定される場合(たとえば、自分の親との同居を期待する夫と別居を期待する妻)、④ 夫婦の価値観が正反対で相容れないために、両者の期待が両立困難となる場合(たとえば、子どもをのびのび育てたい夫と子どもの早期教育に熱心な妻)などである。

しかし、夫婦双方の期待が両立困難となるような事態が発生しても、常に、一方または双方に相手を拒否・否定する志向が高まるとは限らない。コンフリクトが発生する確率が高くなるのは、つぎのような条件が揃った時である。すなわち、① 双方とも欲求充足への期待を低減できない場合、② 双方にとって、夫婦関係における他の期待が充足されなくなっても、当の期待の充足が重要である場合、③ 双方ともに、自らの期待が充足されるためには、相手の期待を拒否・否定する以外に手段がないと認知する場合、④ 夫婦間コンフリクトに勝つためのコストが大きくない場合、⑤ 夫婦間コンフリクトに負けても損失を引き受けることができる場合、などである。

家族メンバーとして、夫婦間の期待が両立困難となる関係領域があっても、他方で、家族メンバーとして協力を必要とする緊要性の高い関係領域があれば、夫婦間の当面のコンフリクトを留保したり停戦したりすることもあるだろう。

たとえ夫婦間コンフリクトが顕在化するような事態になっても、夫婦関係を維持しようという思いが両者に強ければ、① コンフリクトの激化を制限した

り，② 家族生活におけるダメージの許容範囲内に紛争をとどめたり，③ コンフリクトへの心的エネルギーが持続する間だけにとどめたり，④ 妥協点を模索する交渉をしたりと，コンフリクトの低減・終結が図られることになりやすい。また，コンフリクトに勝てる見込みはあっても関係維持を望む場合には，攻撃を手控えたり，和解の手だてを講じることにもなる。

　関係維持という条件のもとで，コーザー(Coser, L. A.)は「闘争の諸機能」について考察したのである[14]。

(4) 生活主体としての夫婦間コンフリクト

a 〈存続必要一致の位相〉コンフリクト

　家族メンバーとしての夫婦間コンフリクトは，家族メンバーとしての夫と家族メンバーとしての妻の二者間のコンフリクトにみえるけれども，実際には，家族メンバーとしての夫婦間コンフリクトには，夫の場合も妻の場合も，それぞれの生活システムにおける他の諸要素が影響しているのである。そのため，生活主体としての夫婦関係において，〈存続必要一致の位相〉であっても，夫と妻それぞれの生活主体にとって，夫婦であることの意味づけや優先順位をめぐって両立困難な事態が生じることになる。仕事が生きがいの夫と家庭重視の妻。休日は自分の趣味を大事にしたい夫と夫に父親としての関わりを期待する妻などのように，夫も妻も夫婦関係の存続志向が高くても，家族メンバーとしての夫婦関係という視点ではとらえきれない事態として，夫婦間コンフリクトは発生するのである。

b 〈存続・解消不一致の位相〉コンフリクト

　さらに，家族メンバーとして夫婦関係を存続させることは可能であっても，生活主体としては夫婦関係を存続するよりも解消する必要があると判断する事態も生じる。たとえば，① 夫婦関係を存続させるよりも解消することによって不利益を少なくする必要が生じた場合，② 夫婦関係を存続することの魅力が低減し，解消する方がましと評価できる場合，③ 夫婦関係を存続させるこ

との損失に耐えがたくなった場合，④　夫婦関係を存続させるための生活コストを夫婦関係以外に転嫁する必要が生じた場合，などである。

　生活主体としての夫婦関係において，一方が夫婦関係の存続を志向しているにもかかわらず，他方が夫婦関係の解消を志向するようになると，夫婦関係は〈存続・解消の不一致〉という期待の両立困難な位相に移行する。二者間コンフリクトのなかで，〈存続・解消不一致の位相〉については，従来の闘争論ではカバーされていなかったが，生活主体としての夫婦関係レベルに着目することによって，夫婦間コンフリクトとしての位置づけが可能となったのである。

　とはいえ，〈存続・解消不一致の位相〉になっても，一方または双方が相手を拒否・否定するようなコンフリクトを顕在化させるとは限らず，相手の志向の変更を期して，取引きや交渉がなされることもある。取引きに用いることのできる資源があって，“穏便”にコンフリクトの解決を求める場合である。

　夫婦関係が〈存続・解消の不一致の位相〉になった場合，夫婦関係を存続させるにせよ，夫婦関係を解消させるにせよ，十分に協議する必要があるが，現実には，夫婦間コンフリクトがしばしば力の優劣によって終結する場合が少なくない。

　すなわち，力の優位な方が存続を期待する場合には，力で夫婦関係の存続を強要することになりやすく，夫婦関係の病理といえるDVが激化しやすいのである。力の劣位な方としては，“逃げる”ことがほとんど唯一採りうる手段であるが，“逃げる”ことが夫婦間コンフリクトの最終的な終結ではないことはいうまでもないだろう。逆に，力の優位な方が解消を期待する場合には，何の補償もなしに一方的な“遺棄的離婚”が行使されることもある。劣位の方に抵抗できる対処法は乏しい。

c　〈解消必要一致の位相〉コンフリクト

　生活主体としての夫と妻の双方が夫婦関係の解消を期待する〈解消必要一致の位相〉になると，夫婦間コンフリクトの様相も異なる。ちなみに，従来の闘争研究においては，このような社会関係の解消をめぐるコンフリクト状況につ

いても考察の射程外に置かれてきた。

　夫婦関係の〈解消必要一致の位相〉では，夫と妻の双方が夫婦関係の解消を志向しているという期待は一致しているから，夫婦間コンフリクトは発生しないかというと，そうではない。双方ともに夫婦関係の解消を志向するということは，次節で述べるように，相手との関係において自分本位の価値観が共同態的な価値観よりも重要視されるということである。それゆえ，関係解消をめぐって，双方ともに関係解消による利益を最大にし，損失を最小化しようと固執するようになると，関係解消の条件について両立困難な事態が発生する可能性が高くなるのである。そして，このような事態が発生した場合に，当事者のみで決着をつけようとすると，協議とは名ばかりで，力の優劣によって不平等な条件での決着がつけられかねないのである。生活主体としての夫婦関係の病理とは，このような事態に対処できない状況である。

Ⅲ 現代の夫婦関係と夫婦間コンフリクト

　今日の夫婦関係の特徴をふまえると，夫婦間にコンフリクトが発生する事態を常態とみなすコンフリクト・アプローチの意義がますます理解されるだろう。

(1) 家族にとっての自分から，私にとっての家族へ

　まず，家族を形成・存続するために家族成員の役割が問われた家族中心の家族観から，1980年代以降，個々の生活者にとっての家族の意味を問う生活者中心の家族観へ変容したことを指摘できる[15]。

　生活者中心の家族観が一般化するにつれて，第1に，自分中心志向の男性と自分中心志向の女性が夫婦になる傾向が当たり前になってきたことである。ここでいう自分中心志向とは，自分の欲求が充足されるか否かを判断基準として自分の生活を組み立てたいという志向性のことである。結婚生活に「互換性」と「相互補足性」というメリットを期待するにせよ，「生活水準」と「親密

性」を期待するにせよ[16]，いずれも自分中心志向の結婚観ととらえることができる。「家」のために結婚するのでもないし，パートナーへの「愛他的」な献身願望でもない。しかも，シングル・ライフでの生活諸欲求の充足水準が結構高いから，それだけ結婚生活に対する生活諸欲求の期待水準も高くなり，それゆえに，実際の結婚生活において期待した生活諸欲求の充足水準が許容水準よりも低下する可能性が高くなるということである。自分中心志向の結婚では，生活諸欲求の不充足が結婚生活への不満となるが，その不満が相手に向けられると，夫婦間コンフリクトの契機となる。また，自分中心志向では，自分の生活諸欲求が充足されるだけではなく，充足水準よりも負担が大きいことも不満になることを付け加えておく。

第2に，生活者中心の結婚観とも関連するが，型にはまった生き方を強いられたり，不本意な生き方を我慢するのではなく，自分らしく生きることが望ましいという価値観の広がりを指摘できるだろう。自分らしく生きることはそれ自体何ら問題はないのだけれど，結婚生活において夫も妻もそれぞれに自分らしい生き方を求めるとしたら，価値観の両立困難な状況が起こりやすくなることは確かである。それだけに，むしろ前向きに，夫婦双方で自分中心志向の結婚観を認めることから出発して，夫婦関係のルールをつくることを提案したい。

(2) 夫婦間平等志向とコンフリクト

戦後，建前としては男女平等の価値観が一般化したが，多くの夫婦間で妻たちは実質的には劣位におかれてきた。夫婦間コンフリクトの増加は，劣位におかれてきた妻たちの自由・平等志向の高まりや夫婦関係の自由・平等な問題解決志向によるものと解釈できる。社会的劣位におかれてきた人びとの自由・平等志向については，市民革命や独立運動の契機となった数かずの歴史的事実を引くまでもないだろう。

戦前のように夫優位の支配関係が制度化されていれば，たとえ妻が夫婦関係に不満をいだくことがあっても，その不満を表明することは許されなかったの

である。また，戦後になって，建前としては夫婦平等になっても，実質的に夫婦間権力の優劣が明白である場合には，たとえ潜在的な夫婦間コンフリクトが発生しても，それを顕在化させることは少なかったはずである。妻にとって，勝敗が歴然としている夫婦間コンフリクトを顕在化させることは，あまりにもリスクが大きいからである。それゆえに，夫婦間コンフリクトの増加を夫婦間平等志向の具体化と解釈できる。

夫婦間の平等原則に基づくと，夫妻間の対等な協力関係に価値がおかれると同時に，夫婦生活における生活諸欲求についても夫婦間で平等に（できれば自分の欲求の方がより以上に）充足されたいと双方が期待することから，欲求充足のバランスをめぐって夫婦間の対立が生じる可能性も増加する。

(3) 夫婦協働化とコンフリクト

1980年代以降に展開されたフェミニズム運動は，女性たちの平等志向を高めたのみならず，ジェンダー・イクイティ（平等）を是とする"男女共同参画"という社会的合意を作り上げてきた。"男女共同参画"の推進は男女平等の協同関係を押し進めようという行政主導の政策であるが，男女共同参画が進むほど，行政の意図とは別に，男女間の競争・闘争の可能性が増加することも押さえておく必要があるし，対処法を講じておくことも必要だろう。夫婦間では，まだまだ性別役割分業が根強く残っているものの，役割分担・協力の同質化と代替可能性が増大するにつれ，夫婦間の役割分担の"格差"が夫婦双方にみえやすくなり，"格差"に対して不公平感がつのることになりやすいだろう。上述した，結婚のメリットとみなされる夫婦間の「互換性」と「相互補足性」は，双方に合意が成り立っている限りにおいてメリットとなるのであって，合意が崩れると，「互換性」と「相互補足性」の"格差"をめぐって夫婦間のコンフリクトが生じることにもなるのである。ちなみに，夫婦双方の役割の同質化と代替可能性の増大は，役割を分担・協力する相手をも変更しやすくするし，無理をすればひとりでも役割を遂行できるということにもなる。夫婦関係を解消す

る可能性もそれだけ高くなるということである。

　とはいえ，夫婦間コンフリクトの発生自体が問題なのではなく，夫婦間コンフリクトに対処できない状況の方が問題だとみなすならば，夫婦間コンフリクトに対して夫婦双方が納得できるような解決策を，第三者も交えて検討できる社会的な条件整備がなによりも重要なのである。

(4)　**離婚への後押し**

　夫婦間コンフリクトの増加要因として，女性にとっても男性にとっても，離婚のハードルが低くなってきたことをあげることができる。

　離婚が容易でなかったり，離婚を逸脱視するような社会では，離婚への引き金になりかねないコンフリクトの発生を押さえるような夫婦関係が築かれることになるだろう。たとえば，第1に，「夫が主，妻が従」となる夫婦関係を制度として作り上げることである。妻は夫に逆らうことが許されないから，夫婦間コンフリクトは発生しにくい。仮に夫婦間コンフリクトが発生しても，夫が妻を力で押さえてコンフリクトを終結させることになりやすい。妻の方は，夫婦関係においてどんなに期待の不充足が続いても，離婚ができなければ現状に我慢するという選択肢しか取れないのである。ただ，離婚の抑制は，夫たちが一方的に妻を離婚することに対しても，一定の歯止めの役割を果たすことにはなる。第2に，性別役割分業をはじめとして，夫の生活領域と妻の生活領域に関する相互に自律的で干渉しない関係を作り上げることによって，期待が両立困難となる事態の発生を回避することである。夫婦間の親密な関係をさほど期待しなければ夫婦関係を維持できると同時に，夫婦間の愛情が希薄になっても距離をおいたまま夫婦関係を維持できるという"メリット"はある。そして，第3に，とりわけ女性にとっては，離婚後の生活の目処が立たないばかりか，離婚や離婚した当事者に対する差別や偏見の強さなど，離婚の不利益が大きいことである。

　わが国の協議離婚制度は，夫婦の合意さえあれば離婚が成立するというきわ

めて簡便な離婚形態ではあるが，戦後も長い間，上述のような夫婦関係を特徴としてきたために先進諸国の中では，低い離婚率を維持してきた。しかし，近年の離婚件数の増加は離婚へのハードルが低くなってきたことを伺わせる。

その要因のひとつは社会全体の離婚観の変化である。たとえば，「結婚しても，相手に満足できない時は，いつでも離婚すればよい」という離婚観が男女ともに半数を超えるようになってきたことである[17]。もちろん，社会全体の離婚観の変化だけで，離婚のハードルが低くなったといえるほど離婚の実態はけっして楽観できるようなものではないが，夫婦間コンフリクトが発生した場合，夫婦関係を修復させることができなければ離婚もやむをえないと考えることができれば，夫婦間コンフリクトを顕在化させやすくなり，結果的に離婚という終結も増加することになる。

夫婦間コンフリクトが発生した場合，夫が権力関係において優位に立っていても，夫が夫婦関係の存続を期待する限り，妻が夫婦関係の解消を選択しないように，夫は譲歩して和解の手だてを講じなければならない。反対に，離婚のハードルが低くなったことで，妻に逃げられることを恐れて暴力をふるう夫が増加するかもしれない。

もう一点，離婚のハードルは夫にとっても低くなったということを付け加えておく。権力関係において優位にある夫が離婚を期待する場合，夫婦間コンフリクトは夫の意のままに決着がつけられることになりかねないのである。

Ⅳ 夫婦間コンフリクトと夫婦間の病理への対処法

今日の夫婦関係を夫婦間コンフリクトという視点でとらえると，
① 夫婦間コンフリクトが発生しやすい状況にあること，
② 夫婦間コンフリクトを，夫婦のみで，夫婦双方が解決できる方策を採ることは容易ではないこと，
③ プライベートな空間のなかで，夫婦だけであれば，力関係によって決着

がつけられかねないこと,
④ 経済力と暴力においては"格差"のある夫婦が少なくないこと,
⑤ 夫婦間の愛情を重視するほど,愛情が冷めたら夫婦生活を続ける意味は低下すること,そして,
⑥ 愛情が低下すると夫婦間の利害関係が露呈しやすいこと,などの特徴を列記できる。

にもかかわらず,夫婦間コンフリクトの発生に対して,当事者のみならず社会的にもまだまだ"無防備"である。すなわち,
① 愛情が冷める可能性に対して無防備であること,
② 今日の夫婦関係は建前としては平等であるが,実質的な平等になっているとはいいがたい。夫婦間の不平等性は夫婦関係が良好である間は問題になりにくいが,夫婦関係に歪みが生じてくると,夫婦間の利害関係において不平等性が露呈しやすくなる。にもかかわらず,夫婦間の不平等がもたらす損失や不利益に対して無防備であること,
③ 夫婦間の平等志向は夫婦間コンフリクトが発生する可能性を高めるが,夫婦間コンフリクトの発生に対して無防備であること,
④ 夫婦ともに離婚の可能性に対して無防備であること,
⑤ 夫婦間コンフリクトを当時者のみで解決することが容易でないということに対する社会的認識が低いために,夫婦間コンフリクトの解決を支援する相談・仲裁・調停などの社会的機能の不十分さに対して無防備であること,

などを指摘できる。

生活者の視点から,「家族病理とは,家族の形成・存続・解消がいずれかの生活主体の欲求不充足を引き起こし,放置すれば深刻な結果を招きかねないにもかかわらず,対処の手立てがみいだせない状況」ととらえた場合,夫婦間コンフリクトによる家族病理とは,「夫婦間にコンフリクトが発生するたびに,暴力など力関係によって収拾が図られるという悪循環を断ち切ることができな

い夫婦関係の内在的・外在的問題と，そのような夫婦の問題解決を支援する公的機関が不十分という社会制度上の問題との相補的関係」といえるだろう。

今日的な夫婦関係については，夫婦間コンフリクトの発生を避けることはできないという前提で，しかも，夫婦間コンフリクトを当事者である夫婦のみで解決できる可能性は低く，限界は大きいことをふまえて，夫婦には夫婦喧嘩の仕方を身につけることが期待されると同時に，社会には相談・保護・仲裁・調停機関の充実が期待されるのである。最後に，つぎの命題を提示しておきたい。

"夫婦間コンフリクトの良い終結は，一方で良い夫婦関係を約束し，他方で，良い離婚を約束する。"

"良い離婚は，離婚後の良い生活を約束する。"

注）

1) 神原文子「ひとり親家族」四方寿雄編著『崩壊する現代家族』学文社，1992, pp.108-110.
2) 総理府男女共同参画室『男女間における暴力に関する調査』2000.「夫（恋人）からの暴力」調査研究会『「夫（恋人）からの暴力」調査研究報告書』1995, など.「夫（恋人）からの暴力」調査研究会『ドメスティック・バイオレンス［新版］』有斐閣, 2002.
3) 闘争の位相については，以下の論文を参照願いたい。神原文子「ジンメルの闘争理論再考」日本社会学史学会『社会学史研究』4号, 1982, pp.50-69.
4) Simmel, G., 1908, *Der Streit: Soziologie*, Duncker & Humblot.（堀喜望・居安正訳『闘争の社会学』法律文化社, 1966）
5) Sprey, J., 1969, "The Family as a System in Conflict," *Journal of Marriage and the Family*, 31: p.702.
6) Sprey, J., 同上書, p.703.
7) Sprey, J., 同上書, p.700.
8) Sprey, J., 1971, "On the Management of Conflict in Families," *Journal of Marriage and the Family*, 33: pp.722-731.
9) 神原文子「夫婦間緊張のメカニズム」日本社会病理学会編『現代の社会病理Ⅳ』垣内出版, 1989, pp.198-230.
10) 神原文子『現代の結婚と夫婦関係』培風館, 1991.
11) 山田昌弘『近代家族のゆくえ—家族と愛情のパラドックス』新曜社, 1994. 大

和礼子「性別役割分業の2つの次元—『性による役割振り分け』と『愛による再生産役割』」『ソシオロジ』40-1, 1995, pp.109-126.
12) ジンメル, G. (堀喜望・居安正訳), 前掲訳書, pp.42-49.
13) 富永健一「葛藤および葛藤解決の社会学理論」土屋守章・富永健一『企業行動とコンフリクト』日本経済新聞社, 1972, pp.27-51.
14) Coser, L.A., 1956, *The Functions of Social Conflict,* Free Press. (新睦人訳『社会闘争の機能』新曜社, 1978)
15) 神原文子, 前掲書, 1991.
16) 山田昌弘「結婚の現代的意味」善積京子編『結婚とパートナー関係』ミネルヴァ書房, 2000, pp.56-80.
17) 岩井紀子「幸せでなければ離婚した方がよいか」岩井紀子・佐藤博樹編『日本人の姿　JGSSにみる意識と行動』有斐閣, 2002, pp.65-71.

第9章　ドメスティック・バイオレンス

I　ドメスティック・バイオレンス
──言葉のポリティクス──

　家庭内暴力という言葉は子どもが親に対してふるう暴力，つまり思春期青年期暴力を意味するものとして定着した経緯がある。のちに，親が子どもに対してふるう暴力は虐待として，配偶者間の暴力はドメスティック・バイオレンス（以下，DVと表記）として，それぞれ別の言葉が用いられてきた。同じ殺人でも，親を殺せば重く罰せられた刑法の尊属殺規定が生きていた社会(1995年，刑法の新規定により，殺人などで被害者が尊属である事例への刑の加重が削除された)は，恩をあだで返すような子どもからの暴力をまず問題視したということである（報恩思想の反映）。家庭内暴力の問題化過程に，家族関係に表象された定義のポリティクス（社会の意味づけ順位）が投影される[1]。

　社会は，虐待，DV，ストーキングなどの言葉をとおして，ようやく家庭内や親密さに宿る暴力を表す言葉を獲得したことになる。しかし，家庭内暴力，虐待，DVという言葉を使わずとも，認知された殺人事件の半数近くが家族や親族同士の間でおこっていること自体をみれば，殺人が家庭内暴力の要素を含んでいるということになる。遅きに失したという側面もないわけではない。

　こうした言葉のポリティクスを，研究，政策，法律，報道などに内在して詳細に跡づける作業は，DVがどのようにして社会的に構築されてきたのかを考える視点となり，現状把握や克服策を検討する不可欠な基礎作業となるが，紙幅の都合上割愛し，主に本章ではDVの社会病理学的な検討を行ない，臨床社会学的な介入の必要性を考える格好の対象であることをみてみたい。DVもすでに定着した言葉となっているので，本章でもDVとして配偶者間暴力を

意味するものとして用いることとする。加えて，ここでは，その加害者が男性であることを想定して議論を進めることとする(以下, DV加害者, バタラーなどと文脈に合わせて使用するが，同じ意味である。時には子どもへの暴力の場合に虐待者と表現している)。

II 親密な関係への法的介入の過程
――新しい領域の法化――

　私的自治領域としての家族の問題には不介入が原則だった。事件として法に触れることがないかぎり，いや，法に触れる行為があったとしても表面化されにくい。家族をはじめとする親密な関係は「法の外部」，つまり「非法領域」として存在している。しかし，複数の悲惨な事件を契機として，世紀がかわる数年の間に，急速に「法化対象としての家族」へと変貌を遂げてきた。

　たとえば，「児童虐待の防止等に関する法律」(2000年，以下，児童虐待防止法)は，親子関係を対象にして，「身体的暴力，わいせつ行為，ネグレクト，心理的外傷」という行為群へ介入することとした。関連して，「児童買春，児童ポルノに係る行為等の処罰及び児童の保護等に関する法律」(1999年)は，「児童に対し，性交等(性交若しくは性交類似行為)をし，又は自己の性的好奇心を満たす目的で，児童の性器等を触り，若しくは児童に自己の性器等を触らせること」を処罰の対象にしたが，そのなかには「児童の保護者(親権を行う者，後見人その他の者で，児童を現に監護するもの)」が含まれており，性的虐待にも対応可能となっている。「ストーカー行為等の規制等に関する法律」(2000年，以下，ストーカー規制法)は，つきまとい等の行為を「特定の者に対する恋愛感情その他の好意の感情またはそれが満たされなかったことに対する怨恨の感情」によるものとして定義し，具体的な「八つの行為類型」を対象化した。それは，「つきまとい，待ち伏せ，行動の監視，汚物，動物の死体その他の著しく不快又は嫌悪の情を催させるような物の送付，名誉を害する行為など」である。「配偶者からの暴力及び被害者の保護に関する法律」(2001年，以下，DV法)は，

事実婚を含む配偶者間での「身体に対する不法な攻撃で身体又は生命に危害ある行為」を対象にした。さらに，労働法制におけるセクシャル・ハラスメント規制(使用者に防止の努力を課す)，民法改正などで創設された成年後見制度(老人虐待や障害者虐待にも対応)などを含めて子細に検討すると，夫婦関係，男女関係，親子関係などの親密圏での問題が法化されている共通点がある。夫婦喧嘩だと思っていたDV，躾や体罰だと思っていた虐待，恋愛感情だと思っていた病的な嫉妬心がここでは問題となっている。監護，介護，育児，看護などの家族の私事が劈開される。総じて，新しい領域の法化現象である。社会システムは親密圏での暴力を無視できなくなった[2]。

III 不作為命令の創設

　これらの法律では，新しい制度が創設されている。それは不作為命令制度である。DVについては，地方裁判所からバタラーに対して接近禁止命令が出される(保護命令と退去命令制度，後者は作為命令)。子ども虐待については，児童相談所による一時保護あるいは親子分離(家庭裁判所の審判に基づく)がなされる。ストーキング行為については，禁止命令(接近禁止の行政処分としての命令，ならびにその仮の命令も含む)が公安委員会から出される。これらは，被害者の安全を速やかに確保するため，被害と加害の関係にある者を分離する措置である。DVの場合，命令に違反した場合に，命令違反として犯罪化(criminalization)される(1年以下の懲役もしくは100万円以下の罰金)。

　しかし，本来は，加害者・虐待者への積極的な作為命令が必要なところである。つまり，暴力や虐待をせずに，親密な関係を営む能力の形成を援助しなければならない人たちが多いからである。とはいえ，道徳の領域に属する私的で親密な関係性に対して，そのあり方を指示し，命令し，教導するような公的な介入，つまり作為命令はむずかしい。罰はあくまで過去の行為に対して発動されるべきものであり，将来にわたって成人を「おそれ犯」のように扱い，躾の

仕方やコミュニケーションの仕方を対象とした公的な介入はなじまない。よき親であること，よき夫であること，よき介護者であることを法が命じるわけにはいかない。とはいえ，養育力の欠如した親，暴力的な配偶者や親はいるので，これらの制度は苦肉の策として接近を禁止し，女性や子どもを保護するための，当面の片面的な措置を講じたということである。

しかし，問題は近寄ることを禁止された加害者・虐待者への何らかの援助や介入のアプローチにあることは明白である。不作為命令をうけた当の本人はひたすら我慢するしかない。彼は孤立感を深め，社会や被害者への憎悪感を高める危険性がある。この時にストーキングが発生するかもしれない。保護命令や禁止命令も最長で6ヵ月でしかなく，被害者の不安はなお続く。

DVの加害者は，もともと，セルフコントロール，対人関係とコミュニケーションが苦手な行為者たちである。愛着や親密さについて主観的な世界を構築し，それにしたがって行動する。だからよけいに憤りに満ちていく。妻に近寄るなという命令を出された加害男性，暴力を主因にした離婚調停や別居中の男性も同じで，悶々としてその期間を耐えなければならない。早々に虐待者・加害者へのアプローチがなされなければ，家庭内暴力対策は完結しないどころか，社会的な憎しみを高めることになりかねない。

こうして，ある隘路が浮かび上がる。法化された領域で問題行動を繰り返す対象者は，一方では，コミュニケーションや対人関係の問題をかかえ，心理的行動的な援助が必要な層であるという意味において，接近禁止命令とその違反への罰という刑事処分だけでは行動の自己修正ができにくいという特性をもつ（もちろん抑止効果はある）。そして他方では，心理的な問題を抱え，孤立感を深めていく層ではあるが，自ら来談して相談するという伝統的な心理臨床になじむ層でもない。積極的な介入が必要だが，法律や制度や他者に命じられて，どのように内面が変化するのか疑問でもある。つまり，こうした新しい制度は，既存の援助や介入の枠組みから外れる対象者を創造しているということになる。親密な関係を法化した社会は，新しい類型の加害者や虐待者を発見していると

いうことである。しかも，国家が作為命令を出すわけにもいかないということもある。ここに隘路ができあがる。

　刑事罰でも心理臨床でもない何らかの介入や援助が必要な行為者に対して，いかなる脱犯罪化，非暴力化の方策がありうるだろうか。罰はもちろんのことだが，その罰をとおして，贖罪へと加害者を更生させる方策がないと，傷ついた社会や関係性が回復しない。アルコールや薬物依存からの回復に先駆例があるが，しかし，DVからの回復にはまた別のアプローチが必要である。まだその術や方策は十全ではない。大きくいえば，近代法の枠内で，可能なこと不可能なことの境界域にこれらの課題は入り込んでいるし，法は家庭にどのようにして入ることができるのかという問題を提起している。

Ⅳ　DV 生成の背景としての家族の特質

　すでに社会構築主義の洗礼をうけた社会病理学からすると，DVをはじめとした家庭内暴力を論じる際には次のような諸点を看過できない。第1に，家族をめぐる問題の定義のなかに恣意的言説が入り込む。先の言葉のポリティクスが典型例である。その他，必要以上に強調される「虐待の世代間連鎖」がある。多くの連鎖しなかった家族の事例が無視される。連鎖しなかった家族に解決の糸口があるにもかかわらずである。また，虐待における継父継母の関係もよく指摘される。実父実母以上に危険だということでもなく，そして，うまくいっている継父継母関係には無関心である。片親家族も「欠損家族」としてみられることもある。親のない子は不憫だという意識も払拭できていない(社会的養護が進まない，里親制度が虐待事例で活用できないなど)。これらはバイアスとして定義の恣意性を構築する。第2に，個体病理化する言説がある。これは犯人探しの言説であり，因果関係を探ろうとするものである。その結果，治療という言葉で家族の問題を語ることが多くなる。医療的援助モデルが構築されていく。貧困，失業，差別，孤立，コミュニティの崩壊による相互無関心など

のマクロ要因が後景に退く。虐待の早期発見，不登校の早期治療などの言説も含めて，医療モデルで家族関係を語り，臨床家族化が進行する。

　こうして流通していく「問題のある家族」という支配的なストーリーは，現状の家族規範を強化するものでしかない。あるいは，家族規範を象徴化するものとして効果をもつ。ひきこもり，不登校，思春期青年期暴力，非行なども，同じような家族規範との関わりのなかで構築されてきた。

　したがって，DVのある家族を，異常な，特別な，治療の必要な家族としてことさらに描くことはできない。問題のある家族と健康に機能している家族との間には，社会文化現象として家族の関係性にまつわる問題行動のグラデーションあるいはスペクトラムがあるだけで，異常や正常が明確に線引きできるわけではない。日常的な家族をめぐるトラブルの延長線上のグラデーションやスペクトラムにDVを位置づけて考えてみることが必要である。そのために，家族という関係性の特質をみてみよう。

　DVをはじめとした家庭内暴力は，家族という関係性に根ざして生成する。筆者はその特性を4つに分けて整理したことがある。第1に，家族は親密な関係性，情緒的な関係性という特質を有している。感情的な応答，あるいは見返り報酬の期待が高いという関係である。親子関係・夫婦関係の双方において，こうした情緒的な満ち足りを期待する。夫婦関係においては性的な期待値も高くなる。第2に，家族は退行現象としての暴力とそれを受容する場として観念されることが多い。家庭外で自己の欲求を満たすために暴力を用いると，それは犯罪となる，つまり，社会的制裁が加えられることとなる。しかし，家庭内ではそうではないことの方が多い。暴力を受容することが愛情として受け取られがちである。第3に，家族は相補的で非対称な関係から成り立っている。夫婦関係・親子関係という二重に非対称な関係性である。親密な領域における他者との相補的な関係は，他者をとおして自己実現しようとする行動なのである。ここには容易に他者をコントロールする志向が生まれる。第4に，家族はシステムとして生きている。構成員の総和以上のものとして，独自の関係維持のメ

カニズムが作動している。この4点である[3]。

　そして，この家族関係の特質をふまえてDVの特徴を把握するためには，第1に，ケアリングという機能あるいは相互行為がさらに検討されるべきである。家族におけるケアという相互行為に随伴して展開されている実践行為は，感情労働(emotional work)である。それはDVが生成する場の相互作用の特質を成していると考えている。第2に，DVが社会問題化されてくるにはジェンダーの視点が必要だったことも看過できない。ジェンダーの視点は社会構造と暴力の関わりを男性と女性の間に見出し，その典型としてDVを位置づけた。シェルターを創設し，被害者の援助制度を組み立て，回復のモデルを構築し，保護命令などの創設に貢献した。こうしたジェンダー論の内実は権力論として意味づけられるものである。第1の点と第2の点，つまり相互作用行為としてのケアリングと権力作用としてのジェンダーが結びつくところに，DVの社会病理学的な特質が浮き彫りにされる。この視点から，ケアリングと暴力の関連，DVの特質である家族という関係に根ざした心理的暴力の特徴を検討してみよう。

V　ケアリングと暴力

　家庭内暴力を語る際に，身体的暴力，性的暴力，情緒的心理的暴力，ネグレクト(介護や養育の必要な人を放置し，遺棄すること)という4つのパターンを指摘する「暴力類型論」が頻繁にみられる。児童虐待防止法の定義はこの4つを包含している。DV防止法の対象は身体的暴力に限定されている。しかし，いずれにしても，この分類では正確さを欠く。なぜなら，家庭内暴力だけではなく，常に暴力はこの類型のどれかにあてはまるからである。したがって，家庭内暴力の固有性がみえてこない。類型論だけでは不充分である。家庭内での暴力が生成するケアを媒介にした相互作用の過程に内在して，暴力行動を把握することが必要である。

筆者は仲間のカウンセラーらと共に「メンズサポートルーム」を主宰し，DV加害男性へのグループワークやピアサポートグループ（非暴力を語る会）を運営している。暴力をふるう男性の語りには，「家族は他人ではないのだから」という言葉がよく登場する。「家族は他人ではない」と思うその時点から，人権という言葉が遠のいていく。

　バタラーは暴力を含んで「やじろべえ」のようにして成り立つ自己を維持・形成している。そこで，暴力と虐待に代わる均衡維持の仕組みを再形成する必要がある。彼らは問題解決行動として暴力を用いることを学習してきた。それが慢性化している。彼らにとって，暴力は一種の愛情表現のためのコミュニケーションとして機能している。加害者は「殴るほどお前を愛している」という。暴力や虐待も愛情表現だという信念と認知の体系をもち，自他融合的な感覚や境界侵犯が発生している。

　バタラーの認知体系においては，感情共同体としての特性をもつ，相互に依存しあった家族という関係性が観念されている。その関係性には，復讐，退行，依存，愛情などが入り混じる。親密さという関係が裏腹にもつ「葛藤，混乱，歪み」である。親密な関係には虐待や暴力を許してしまう意識や態度が存在しているともいえる。家族以外の他人よりもプライバシーを共有し，互いに侵入しあう。感情共同体として連れ添う家族のメンバーは，自他の境界が明確でなく，互いの距離感を失うことがある。家族の内側に問題があれば，それが外部にもれないように壁ができる。家庭内暴力は家族の恥となる。それは外部の他者に秘密と化す。

　日本社会が家族に期待した相互のケア機能は，構成員の一体感をもたらす。障害者，要介護老人，子どもなどのケアを社会的に分けもつという社会の仕組みづくりが遅くなった日本社会では，なおさら家族ケア機能に期待がかかっていたので，ケアの自己責任のような意識も強い。充分なケアを実施してやれなかったという悔いの気持ちも残るし，どうして私ばかりがケアの仕事を押し付けられるのかと憤る。ケアの両義性である[4]。

つまり，DV生成の磁場は家族が有するケアの機能にある。家族以外の第三者に対して向けられる暴力であれば，それはただちに犯罪の対象となる。しかし，私的自治領域としての家族内部での暴力はそうならない。犯罪性が滅却されていくのだ。ケアリングというきずな維持行動に内在して，暴力を甘受したり，内部に留めておいたり，許容したりすることになるからだ。プライバシーに触れ，他者との深い交わりが親密さの保証でもあることから，家族同士では他者としての関係性が生成しにくい。

　その背景には「非対称性」がある。一方では，非対称性は相補的な相互規定性をもつ(相互補償的関係)。しかし，他方ではコントロール行動へと変化しやすい，されやすい。この両方の特質を含んで，保護と愛情と優しさ，つまりインティマシー(親密さ)が生まれる。そして，そうであるがゆえに，支配と統制，つまりコントロールの対象となる。インティマシーとコントロールは家族という場をとおして相互に反転しあうメビウスの輪のようなものとなる。このメビウスの輪は，ケアするケアされるという家族同士の特性に入り込む。こうして，ケアという相互作用のなかに，家庭内暴力が発生する要素が含まれていく。ケアする者とケアされる者が相互に依存しあっているとも言いかえることができる。

　ケアの相互行為は「他者による自己の意味形成」である。他者と関わることで自己存在の意味が生成する。他者依存的，他者志向的な実践活動である。援助専門職が介在するケアだけではなくて，家族によるケアが機能している。専門職によるケアも家族のようなケアが目指されることもある。長期にわたり相互に支えあう家族という関係におけるアイデンティティの相互補強はかなり強い。親と子，妻と夫は相互補強という関わりをとおして家族のリアリティを獲得する。ケアをとおして家族を実感するのだ。これを情動家族という。家族におけるケアの相互行為はプライバシーに触れ，身体接触を伴い，相手に依存し，愛着を引き出す情緒的な行為であり，対象者の快楽や安心を確保する実践である。

こうして，バタラーはケアを介した相互作用をとおして暴力と虐待に依存していく。暴力も愛情やコミュニケーションの手段だと思い込み，自他融合的な感覚が支配し，女性という他者の深奥へのコントロール行動がみられると，第三者の介入が必要となる。

VI 心理的暴力と家族関係

人間を再生産していく場である家族に不可欠なのは，「ケアの与え手 care-giver」の存在である。それは「母親業の再生産」，つまりマザリングをとおして保障される。親子関係をとおして人間の再生産過程の場として家族が連綿と続くことが可能となる。ケアリングの仕事は母親業の再生産ということがなければ実現しない。マザリングをとおして女性がケアする役割を担わされていく。ケア役割が母親業の再生産過程をとおして世代間伝達され，ジェンダー秩序が再生産されていく構造がある[5]。

ケアの担い手への暴力がDVであり，ケアの受け手への暴力が子どもや老人や障害者への虐待となる。家族という密室でおこる暴力には，こうしたケアを介した相互作用という関係性がつきまとう。マザリングと結びついたケアをうけることをとおして，男性は女性に心理的に依存していく。ここにDVに独特な心理的問題がある。DVなどの親密な関係における暴力の特性である心理的な依存としての暴力という側面である。

DVの特質である心理的暴力の現実はつぎのようなものである。第1に，心理的暴力は「配偶者の自己像や自己評価を傷つける行為」である。たとえば，わめきたてる(冒涜する，軽蔑する，品位を下げる)，呼び捨てにする，外見や行動をこきおろす，友人や家族の前で辱める，当惑させる，子どもを疎外する，強く批判的になる，否定的な態度をとる，嘲笑する，気持ちを無視する，非難して個人のせいにするなどである。第2に，「感情的なサポートや養育が消極的あるいは攻撃的な場合」である。すねる，沈黙した接触，執念深い怠惰，ネ

グレクト，感情的な放棄などである。第3に，「脅迫的な行動（明示的あるいは暗示的に）」である。たとえば，殺すとか離婚すると脅す，子どもを連れ去る，うそをついたり背信的行為をする，むちゃくちゃな運転をする車に乗せるなどである。第4に，「個人の領域や自由を侵す行為」である。友人や家族から遠ざける，どこで何をしていたのかと問い詰める，日記や電話記録を盗みみる，自己決定の自由を奪う（外出，仕事や学校に行かせない，関係をつくることを制限し支配する，相手のお金を支配する，車を使えないようにする）などである[6]。

　こうした心理的暴力を把握するためのいくつかの研究を紹介しておこう。まず，第1に多様に記述される心理的暴力は4つの核をもつとした研究がある。ひとつは，「制限と巻き込み Restrictive engulfment」である。これは，相手の行動を追跡・監視・統制する行動，関係をこわしてしまうなどと脅迫する行動である。この行動の背景には，不安，愛着不全，ケアへの強迫的な要求，対人依存，関係依存，嫉妬などがある。2つは，「敵意のある引き込み Hostile withdrawal」である。葛藤あるいは感情的な関わりを回避し，冷淡かつ応報的に対応する。冷淡，恨み，傲慢さと結びつく行動類型である。愛着不安，とりわけ分離抵抗と不可分に結びついている。この行動は身体的な暴力にはなりにくい。感情的な関わりを回避している間，暴力として爆発することを避けることができるという面もある。仲の悪い関係にあっても殴らない男性の特質でもある。3つは，「中傷 Denigration」である。相手の自己評価を下げる，辱めるような行動を特徴とする。身体への暴力と強く結びついている。背景には愛着不全，分離抵抗，強迫的ケア欲求がある。4つは，「支配・脅迫 Dominance/intimidation」である。器物損壊，激しい言葉の暴力があり，身体への暴力と結びつく[7]。

　第2の研究事例として，虐待者と被虐待者の関係がしばしば持続し，虐待者の元へと舞い戻るという考え方がある。これは，「ストックホルム・シンドローム」[8]や「トラウマティック・ボンディング traumatic bonding」と指摘され

165

ている。別の言葉では,「パラドキシカルなきずな」とも呼ばれている。これは被害者が虐待者の基準で思考し行動してしまうという同一化を伴う現象である。虐待的な環境を何とか生き残ろうとする戦略の結果でもある。逃れることができないという無力化作用の結果,加害者の意のままになると,監禁が長引くなどの事例も同じ原理である。「トラウマティック・ボンディング」が成立するのは,虐待的環境のつぎの2つの側面が結びつく時である。1つは,一方が他方に対して権力をもっていること,2つは周期的に暴力が起こるということである。権力とは夫婦や親子という非対称な関係そのもののことである。周期的に起こる暴力とはウォーカー(walker, L.E.A.)のいう「暴力のサイクル」のことである。暴力のあとに続く謝罪と反省の時期,平穏化する時期,爆発する時期という3つの時期が交互に訪れる結果,謝罪と反省の時期に示す人格が彼の本当の人格だと思ってしまう。こうした歪められたきずなは,人をその関係に舞い戻らせる強力な動機となる[9]。この歪んだ関係は共依存ともいわれているが,その関係性は,「共」という言葉では表現できない複雑な歪み・愛着・孤独などを秘めている。

　第3の研究事例として,バタードウーマン・シンドローム(ウォーカー)やトラウマ理論がある。心的外傷を歴史的社会的文脈において把握したハーマンは,「家庭内監禁」として家庭内暴力が生成する様子を把握している。「家庭内虐待においては根底に加害者と被害者との間の独自の愛着関係がある」,「大多数の女性は人間関係を維持する自分の度量の広さに自尊心と自己評価とを置いている」から,歪んだ絆が形成されていくという。これを「心理学的支配」とよんだ[10]。

　ウォーカーは,さらに,殴られている女性が示す共通の行動的心理的特徴をまとめて「被殴打女性症候群 battered woman syndrome」と特徴づけて,DV被害を個人病理から解放した。それは,過敏な反応,自罰など,のちにPTSD(心的外傷ストレス障害)として特徴づけられる内容であった[11]。

　また,ウォーカーはバタラーの特性を指摘している。「問題を外在化する,

第9章　ドメスティック・バイオレンス

嫉妬心をあらわす，攻撃的な言葉と行動を示す暴力を過小評価し，否認し，しばしばうそをつく，衝動的である，自己卑下的でもある，自殺するとほのめかす，抑うつなど感情障害と診断される，持続的に他者と親密な関係を維持するのが困難，支配する行動がめだつ，問題解決が暴力的である，他者への共感ができない，実現できない要求をおしつける，アルコールと薬物を強迫的に用いる，対人関係スキルや問題解決力が弱い，操作的である，社会恐怖的な症状がある，公然と女性を侮辱する，規制を無視する，暴力の歴史をもっている，ストレスに弱い」という特徴である[12]。

　DVだけではなくて，家庭内暴力全般にこの心理的暴力という特質が見出せる。DV法は身体的暴力だけに対象を限定したが，身体的暴力だけが単独であるわけではない。しかし，心理的暴力だけを単独に取り出し，処分の対象にするのもむずかしい。家族がケアという相互行為をとおして成り立つ関係であるというその核心に触れるからである。

Ⅶ　ドメスティック・サービスと暴力

　以上みてきたように，家族の関係はケアを介した相互行為を前提にしている。子どもを育てる過程に子ども虐待があり，要介護の状態にある老人へのケアの過程に老人虐待が発生するということである。配偶者同士にはドメスティック・サービスというケアが成り立っている。通例は，男性である夫への食事，身の回りの世話，セックスなど，彼の快適さを保つための妻のサービスがあり，これらは憩いの場としての家庭を営む妻の責任ある仕事とされることが多い。世話する役割の女性と稼ぐ役割の男性ということである。男性は家庭を憩いの場，安息の場，団欒の場として意味づけることが多い。もてなされる側の意味づけである。家庭がそうした場になるためには，誰かがサービスを提供しなければならない。これをドメスティック・サービスという。それは妻や母の役割であることが多い。心理的暴力をもとにして身体的な暴力をともなうDVが

発生するが,この時に作動しているケア機能の場が,このドメスティック・サービスあるいはドメスティック・ケアワークという相互作用である。それは通例,妻から夫に対してなされることが多い。この相互作用は「感情労働」という性質もあわせもっている。情動的な一体性が家族のきずなであるという観念を共有し,社会の公的な領域では表現しないような感情的な言葉や動作を交感しあう空間として,家族という私的領域が観念されている[13]。安息の場,落ち着きの場であり,喜怒哀楽の坩堝としての家族である。自他融合的な感情が支配し,プライバシーを相互に侵入しあいながらも親密さを実感する。相互に扶助しあうという関係は,子どもの養育,老いた親の介護,病気になった者への看護,夫婦の絆の確認という具体的なケアリングとして営まれる。

　しかし,それを家族のメンバーが等しく担うわけではない。ケアの役割を担うのは,社会的に分有されたジェンダーの秩序やマザリングを反映して,より多く女性・妻・母親に期待されている。これは,社会的にも,ボランティア,アンペイドワーク,ローペイドワークとして女性性と不可分に結びつき,社会的分業としても,性別職域分離(看護,介護など,いわゆるフェミニンな仕事,つまりケア・ワーク)が顕著に存在していることと連動している。

　ケアリングには,愛着的関係の形成,身体的接触の常態化,対象者の心理的受容,非対称的関係(ケアする側とされる側)などの特徴がある。加えて,家族関係の情動化という傾向や愛情を注ぐべき子どもという社会的期待がここに重なる。本来,ケアリングは,個別性,私事性,共同性,公共性,社会性などの広がりをもつものであるが,ジェンダー秩序をとおして,女性性や母親役割,家族ケア中心主義,ケアの無償性や精神性などが前面化する。そして,そうであるがゆえに,ケアする者はケアされる者の怒りや憤りややるせなさを受けとめるということを期待される。暴力を甘受する心性がケアに生まれる。「ホスピタリティ hospitality」というもてなしの,他者をケアする心づかいは,「敵意 hostility」と同じ語源をもつということが暗示するように,愛と憎しみはメビウスの輪のように反転しあって共在しているということだ。家庭内暴力はこの

特徴を家族という私的空間のなかで極限化したものである。感情的依存が暴力を受容し，容認させる。そして，家庭内暴力をふるう者が一般に示す「退行現象」が象徴するように，依存と甘えの感情が支配する空間としての情動的家族が形成されていく。バタラーの行動面，性格面，心理面での特質も，こうしたラインに即して感情発露とコミュニケーションのパターンとして様式化されていく。

　もちろん，心理的暴力に付随して多様な形態の暴力がふるわれるし，その相互の連関も複雑である。たとえば，強迫的虐待というとらえ方もある。母親役割へのとらわれと父親の養育への無責任さがあり，それが昂じていく場合である。さらに，継父が母の連れ子を虐待して死亡させるような場合，母の継父への愛情と実子への愛着が天秤にかけられていることもある。アルコール依存症とかかわったDV，介護疲労と重なった老人虐待，老人が老人を介護する結果のネグレクト（共倒れ型），幼い頃に家庭内暴力の被害にあった男の子が長じて再現するDVや子ども虐待の加害など，個々の事例に即してみれば，単なる暴力類型論だけでは収まりきれない複雑な連鎖が読み取れる。権力論的な暴力把握のマクロ性と個人病理化する精神医学的・臨床心理的なミクロ性の間にあるメゾレベル（中間領域）における，つまり家族という場における暴力生成の過程をこうしたケアリングとジェンダーの視点から考えることが，社会学的な知見に基づく社会病理学的なDV論には必要だと考える。

Ⅷ　今後の課題

　DVの被害者への援助には，公的な相談体制の整備，警察による危機介入の体制づくり，保護命令制度の円滑な活用，シェルターの整備，経済的自立への援助などの諸課題がある。しかし，その筋道はみえてきたので，確実に実行することが大切となる。そして今後は，DVの加害者対策が必要である。行動変容を促すための加害者更生の取り組みであるバタラーズプログラム[14]やその受

講を可能にする法制度の整備，非暴力行動変容への心理社会的援助のあり方やNPOによるリハビリテーションサービス提供の仕組み，そして暴力の予防や防止という観点からの取り組みなども必要である。そして，母親業の再生産をとおしたケア役割の再生産と暴力の関わり（ケア役割の社会的分有の必要性），子ども虐待などの家庭内暴力対策の総合化，加害者の心理機制の研究なども重要である。親密な関係に宿る暴力としてのDVが投げかける波紋は広く，成人への行動修正を命じるための作為命令の可否と是非，非自発的な加害者の行動変容への援助技法の開発，被害者援助の体系化など難問を提起していることとなる。DVは社会病理学の存在意義が問われている主題だと考えるし，介入の理念，手法，制度デザインには臨床社会学的な知見が役立つと考えている。

注）
1) 谷口優子『尊属殺人罪が消えた日』筑摩書房，1987.
2) 小島妙子『ドメスティック・バイオレンスの法』信山社，2002. 中村正「家庭内暴力の克服―司法による援助設定をとおして」『司法書士』2002年3月号.
   http://www.shiho-shoshi.or.jp/shuppan/geppou/2002/200203/200203_02.html で全文閲覧可能.
3) 中村正ほか『家族の暴力をこえて―当事者の視点による非暴力援助論―』かもがわ出版，2002.
4) 松島京「家族におけるケアと暴力」『立命館産業社会論集』第37巻第4号，2002.
5) チョドロウ，N.（大塚光子・大内菅子訳）『母親業の再生産』新曜社，1981.
6) Murphy, C.M. and Hoover, S.A., 2001, "Measuring emotional abuse in dating relationships as a multifactorial construct," O' Leary, K.D. and Maiuro, R.D. (eds.), *Psychological Abuse in Violent Domestic Relations*, Spring Publishing Company.
7) 同上書.
8) 中村正『ドメスティック・バイオレンスと家族の病理』作品社，2001.
9) ダットン，D.（中村正訳）『なぜ夫は，愛する妻を殴るのか―バタラーの心理学―』作品社，2001，p.89.
10) ハーマン，J.（中井久夫訳）『心的外傷と回復〈増補版〉』みすず書房，1999，pp.124-125.
11) ウォーカー，L.（斎藤学監訳）『バタードウーマン―虐待される妻たち―』金剛

出版，1997.
12) Walker, L. E. A., 2000, *The Battered Woman Syndrome*, 2nd ed., Spring Publishing Company, pp.178-187.
13) 中村正『家族のゆくえ』人文書院，1998.
14) 以下の拙稿で詳しく述べてある。
「家庭内暴力加害者研究の概略と争点」『立命館人間科学研究』第3号，2002.
「男らしさと暴力—メンズサポートルームの取り組み」『保険医雑誌』422号，大阪府保険医協会，2002.
「ドメスティック・バイオレンス加害者治療の試み」『アディクションと家族』第17巻第3号，日本嗜癖行動学会誌・家族機能研究所編，2000.
「家族臨床への視点—親密な関係性がはらむリスク—」『立命館人間科学研究』第1号，2001.
「続・ドメスティック・バイオレンス加害者治療の試み」『アディクションと家族』第19巻2号，日本嗜癖行動学会誌・家族機能研究所編，2002.
「アメリカにおけるDV加害者対策と日本社会への導入」人権文化を育てる会編『DV—女性たちのSOS』ぎょうせい，2002.
「家庭内暴力の加害者たちとともに—非暴力グループワークの実践から—」女性ライフサイクル研究所『女性ライフサイクル研究』第12号，2002.
「ドメスティック・バイオンスの加害者（バタラー）たちとともに」『生活教育』第46巻10号，へるす出版，2002.
「暴力を伴う習慣的行動を修正するための集団療法」『現代のエスプリ』434，至文堂，2003.

第10章　セクシュアル・ハラスメント

I　ある女性のライフ・ヒストリー
——性的被害個別面接調査から——

　A子さんは1953年生まれで，面接時47歳。定位家族は両親・姉との4人家族。父親は自営業を営んでいたが，A子さんが中2の時，借金をつくって別の女性と出奔。以来，母親は昼夜を分かたず働いて忙しく，一家団欒はなかった。

　小学2・3年生の時からしばしば露出被害に遭い，その数は10回を超える。小学4・5年生の頃，夕方1人で電車に乗っていると，中学生くらいの男子が強引にパンツのなかに手を入れてきた。自動ドアの近くにいて身動きがとれず，抵抗できなかった。どうしたらよいか分からなかった。次の駅で降りたらそれ以上追って来ず，窮地を脱した。家に帰って母親に話すと，親身になって話を聞いてくれた。しかし，その後，当分の間電車に乗れなくなった。

　中2の冬に父親が出奔してからは，家庭の事情を知られたくないという思いが強く，そのため友人とは表面的な付き合いしかできず，とくに仲のよい友達もできなかった。そんななかで，15歳の時，とくに恋愛の対象ではなかった年上の従兄弟との間で，キスとペッティングの性的関係をもったが，これについては，むしろこの年齢で性的な経験をもてたことに優越感のようなものを感じていた。両親は父親の家出から15年後に正式に離婚。

　高校卒業後，常勤で事務職に就く。19歳の時，ガード下を歩行中，いきなり男が飛び出してきて，驚いて大声をあげて逃げた。すぐに人が来てくれて助かったが，呼吸ができないほど恐怖を覚えた。この頃，虫垂炎に罹患。

　20歳の頃，勤務先の上司（部長）に「胸が大きい」など不快な傷つく言葉でしばしばからかわれた。21歳の時，卵巣の病気に罹る。同じ頃，地下鉄で何度か

男性性器を押しつけられたことがあり，嫌な気分を味わった。

　22歳で結婚。それを機に退職。その後パート勤めをする。勤めを始めてから，ある日，飲みに行った帰りに，酔っぱらっていた勤め先の課長から無理やりにキスをされ，また別の上司や同僚の男性からも抱きつかれたりした。その時は，「酔っぱらっているからしようがない」とやりすごした。

　3人の子どもを出産したが，第1子は乳児期に病気で死亡。29歳の頃から，男尊女卑的な考えをもつ夫との関係がギクシャクし始め，煙草を吸うようになり，酒に溺れた時期もあった。32〜33歳の時，昼間に信号待ちをしていると，40歳くらいの男から「ホテルに行かない？」と声をかけられ，馬鹿にされているような気がして，プライドが傷ついた。

　34〜35歳の頃は，夫との関係がますます悪化し，離婚を望むが，「この子がいるから離婚できない」と思って，子どもに当たることもあった。30歳代の後半になると，夫と同じ部屋に居ることにさえ嫌悪感を感じるようになり，まして肌に触れられると虫酸が走った。それでも夫は求めてきた。ある日，眠っている時に夫が部屋に入って来て，無理やりにセックスをさせられた。隣に子どもが寝ていて，声も上げられず，また腕力で押さえつけられて抵抗できなかった。夫は自分の欲望を満たすと，すぐに部屋から出て行った。この出来事には大きなショックを覚え，今も忘れられない。

　39歳の時，自転車を運転中，トラックにはねられ入院。40歳で離婚。娘2人は夫と同居。離婚後，常勤の事務職に再就職。離婚の1カ月後に，16歳の娘が自転車に乗っていて事故に遭い死亡。母親や姉に「離婚したからだ」と責められ，自分でも自分を責めた。離婚して2年後，元夫はガンで死去。

　娘の死後，妻子ある男性と付き合い始める。娘の死について「おまえは悪くない」といってくれ，心の支えになってくれたことが付き合いのきっかけだった。当初，相手は「いつかは一緒になろう」といっていたのだが，最近になって「結婚はできなくなった」といわれた。一体何だったんだと思って一時は落ち込み，夜も眠れなかったが，今は割り切って考えられるようになった。「先

の煩わしさを考えると，結婚するよりも恋人同士でいた方がよいかもしれない。自分ひとりでいる時の時間の過ごし方を大切にしたい」と思っている[1]。

II　セクシュアル・ハラスメントの概念

　広義のセクシュアル・ハラスメントは，「相手方の意に反する不快な性的言動[2]」のすべてをさす。つまり，広い意味ではセクシュアル・ハラスメントは，(1)意に反する，(2)不快な，(3)性的言動，という3つを構成要素とする行為の一切を意味し，その行為がどこで営まれたかを問わない。

　(1)　「意に反する」性的言動とは，当事者双方の自由な意志によって選択されたのではない性的言動，すなわち，両者の「合意」に基づかない性的言動のことである。① 暴行・脅迫をともなう性的言動(強姦，強制わいせつなどの刑事犯に該当する性的言動など)や② 相手方が明確に拒絶している状態でなされた性的言動は，明らかに「意に反する」性的言動を構成する。③ 相手方の拒絶の意志が明確でなく，外形上「合意」があるようにみえる状態でなされた性的言動の場合も，当事者間に上下関係・支配服従関係など権力の不均衡状態があって，相手方が明確な拒絶の意志を表明することに困難がともなう状況のもとで，その権力の不均衡を濫用してなされた性的言動であれば，相手方の自由意志によって選択されたのではない言動として，やはり「意に反する」性的言動をなす。裁判で「合意」の有無が争われるケースは，この ③ の事例が多い。

　(2)　「不快な」性的言動とは，基本的に相手方本人が「不快」と感じる一切の言動をさす。当然，「不快」の判断には，相手方が内在化しているカセクシスの基準(＝快・不快の判断基準[3])などにより，個人差が生じうる。この場合，行為者はもとより第三者からみて「不快」と感じられないような言動であっても，受け手本人にとって「不快な」言動であればセクシュアル・ハラスメントと認定するのが妥当である。当の受け手が「不快」と感じるものを，他の誰も「不快でない」と断定できないからである。何よりも，(男性中心)社会の「客

観的」基準に依拠する行為の判定から，受け手本人の「主観的」うけとめ方——それ自体「客観的」基準に規制されている面があるとしても——に依拠する判定への転換こそが，とりわけ女性被害者たちが「主観的」感情を無視ないし軽視され続けてきた長く残酷な伝統からの解放を促進するものとして，セクシュアル・ハラスメント概念の第1次的な意義だからである。改正男女雇用機会均等法(1999年4月1日施行)の「通達」が述べる「平均的な女性労働者の感じ方」を「快・不快」の基準とするなどの「一定の客観性」の確保は[4]，法的処罰など国家・行政権力の介入に際してのみ考慮されるべきである。なお，「意に反する」性的言動と「不快な」言動とは連動し，おおむね対応関係に立つ。「意に反しない」言動が，その言動の遂行過程で「不快」と感じられるような場合もありうるが，この場合は，「不快」と感じるようになった時点で「意に反する」言動に転化したとみることができる。逆に，「意に反する」言動で「不快」を感じないようになる場合は，その時点で「意に反しない」言動に転化しているか，あるいは，逃れられない状況のなかで「不快」の感情を意識下で自己抑制しているかである。後者の場合は，抑制された感情が後に精神障害などとなって表出する可能性もあり，セクシュアル・ハラスメントへの対応の重要課題のひとつとなる。

　(3)　性的言動とは，性的欲求・関心を動機(のひとつ)とするいわゆる「性的言動」をさすが，それにとどまらず，性差別意識に基づく言動をも含むものである。すなわち，強姦・強制わいせつなど刑事犯に該当する行為から，「スリーサイズを聞く」「性に関する冗談やからかい」「性的な噂を流す」などの言葉の暴力に至る，従来から「性的言動」とされていたものの他に，「女には仕事を任せられない」「女性は職場の花でありさえすればよい」などの発言，「女性というだけでお茶汲み，掃除，私用などをさせる」という取り扱い，「男の子，女の子」「僕，坊や，お嬢さん」「おじさん，おばさん」などと人格を認めない呼び方をするなど，性差別意識に基づく言動＝ジェンダー・ハラスメントも，性的言動に含めて解すべきである。人事院規則(1999年4月1日施行)10—

第10章 セクシュアル・ハラスメント

10に関する「通知」で,「性的な言動とは,性的な関心や欲求に基づく言動をいい,性別により役割を分担すべきとする意識に基づく言動も含まれる[5]」とあるのは,上記の趣旨を明記したものである。ただし,従来からのいわゆる「性的言動」は,性的な関心や欲求に基づいてのみ生起するものではないこと,また,この「性的言動」の背後には性差別意識が働いていること——したがって,両者の間には,共に性差別意識に根をもつものとして,密接な関係があること——に留意しておく必要がある。

以上の3つを構成要件とする行為がセクシュアル・ハラスメントである。このセクシュアル・ハラスメントは,権力関係における力の不均衡を濫用して,個人の尊厳や名誉,精神的自由,プライバシーなどの人格権を侵害する行為として,「暴力」の色彩を帯びる。とくに,狭義のいわゆる「性的言動」は,力の濫用によって被害者の性的自由,性的自己決定権などの人格権を犯す「性暴力」という意味合いをもつ。セクシュアル・ハラスメントの用語は,1970年代のアメリカにおいて公民権運動とともに力を得てきたフェミニズム運動のなかで生まれた造語であるが[6],1992年の国連の女性差別撤廃委員会の一般的勧告において,「女性に対する暴力」は差別の一形態であり,そして,セクシュアル・ハラスメントは女性に対する暴力の一類型であることが明確にされた[7]。セクシュアル・ハラスメントの概念は,このような暴力としてのそれを防止し排除する含意を込めて用いなければならない。

セクシュアル・ハラスメントには,力の濫用による「意に反する不快な性的言動」であるかぎり,男性→女性のそれのみならず,女性→男性や男性→男性や女性→女性のそれも含まれうる。しかし,わが国を含め,それが問題となっている世界のすべての地域が男性社会であり,セクシュアル・ハラスメントは事実上男性社会の男女間の権力の格差を悪用・濫用して営まれており,各種の実態調査もそのことを反映して,男性→女性のそれが圧倒的多数を占めている。わが国の裁判例もすべて男性→女性の事件によって占められている。このような事情から,本章でも以下,男性→女性のそれを中心に論じていく。

広義のセクシュアル・ハラスメントは大きく２つの類型に分かれる。第１は，職場や大学など，主として職制上・身分上の上下関係・支配従属関係の存在する組織の内部およびその組織の人間関係，とくに上下関係が実質的に存続する組織外部の場において行なわれる「意に反する不快な性的言動」をさす。これは，(1)性的な内容の発言と，(2)性的な行動とに分かれ，それぞれ ① 狭義のいわゆる「性的言動」と ② ジェンダー・ハラスメントとに分かれる。(1)―① の例として「性的な経験や性生活について質問すること」，(1)―② の例として「まだ結婚しないの？早く結婚しろ」との発言，(2)―① の例として「身体への不必要な接触」，(2)―② の例として「酒席で，上司の側に座席を指定したり，お酌やチークダンスなどを強要すること」を，それぞれあげることができる。

　また，このタイプのセクシュアル・ハラスメントは，しばしば，職場などで行なわれる「意に反する不快な性的言動」に対する受け手の対応により，当該受け手の労働条件・研究勉学条件などについて不利益をうける「対価型」セクシュアル・ハラスメントと，当該受け手の就業または修学上の環境が害され，能力の発揮に重大な影響が生じるなど，当の受け手が就業または修学する上で看過できない程度の支障が生じる「環境型」セクシュアル・ハラスメントとに分類される。

　この第１のタイプのセクシュアル・ハラスメントが「狭義」のそれであり，日常用語として使われ，また改正男女雇用機会均等法第21条や人事院規則などの法の対象となっているセクシュアル・ハラスメントである。なお，改正均等法は職場内の言動のみを，人事院規則は職場内に限定せず，職場の人間関係がそのまま持続する歓迎会の酒席のような職場外の言動をも対象にしている。また，改正均等法は雇用する女性労働者に対する性的言動のみを，人事院規則は性別を限定せず，さらに職員による非職員に対する性的言動をも規制対象としている。ただし，このタイプのセクシュアル・ハラスメントの主要な標的は，実態に照らして，事実上職場およびその人間関係が持続する場における「女

性」，しかも「成人女性」であるということができる。

　第2は，第1のタイプを除く，社会一般で発生する「意に反した不快な性的言動」をさす。これは，職場とその延長線上の場以外の，基礎社会(家族，地域社会，国民社会など)や派生社会(クラブ，サークル，宗教団体など[8])で行なわれる性的言動のことである。これも，狭義の「性的言動」(見知らぬ人によるレイプ，電車のなかでの痴漢，家庭における「子ども」への性的虐待など)と「ジェンダー・ハラスメント」(家族における性別役割分業の強要，地域社会の行事で女性に雑用をさせる，クラブやサークルの活動中における卑猥なジョークなど)とに分かれる。この第2のタイプと第1のタイプとを併せて，狭義の「性的言動」の被害は一般的に「性的被害」とよばれるものに該当する。

　職場・大学などの内部ないしその人間関係の延長する場でなされる第1のタイプは，女性に対するセクシュアル・ハラスメントである場合，全体社会の男女間の権力関係と職場などの職制・身分上の権力関係とが重なり合う場面での倍加された力の濫用によって引き起こされるものであって，被害者に深刻な影響を及ぼす。セクシュアル・ハラスメントの概念はこの第1のタイプに限定すべきという主張も多く[9]，以下，このタイプを中心に論じることになろう。

　ちなみに，上述のA子さんの半生は，子ども時代から第2タイプの性的被害を頻回にうけ，長じては職場のセクシュアル・ハラスメント(第1タイプ)，さらに夫からのドメスティック・バイオレンスなど(第2タイプ)をもうけるという，性暴力の連鎖とそのインパクトのなかで翻弄された半生であり，性暴力の被害経験がさらなる被害につながり，また，それらの影響は一見無関係と思えるさまざまな身体的疾患(卵巣の病気など)や出来事(交通事故など)として表出することを示唆する事例として注目すべきである。

Ⅲ　セクシュアル・ハラスメントの実態

　まず，広義のセクシュアル・ハラスメントにおける狭義の「性的言動」の被

害＝「性的被害」に焦点を当てて，その実態をみると，石川たちが関西圏在住の18～54歳の女性を対象に実施した無作為抽出調査(1999～2000年)では，女性の性的被害経験率は以下のようになっている。「お尻などへの接触」58.4％，「衣服の上からの性器等への接触」43.7％，「露出行為」40.4％，「言葉の被害」34.8％，「つきまとい」22.4％，「キス」21.2％，「覗き」18.6％，「直接の性器等への接触」16.7％，「被害をうけてはいるが具体的なことは回想不能」15.1％，「男性性器等への接触強制」9.2％，「指・物の性器等への挿入」8.1％，「その他の被害」8.0％，「オーラルセックス」5.9％，「性交未遂」5.1％，「性交完遂」3.6％。なお，以上の15被害項目のうちどれかひとつでもうけたことのある者の比率は79.0％に上った[10]。

　以上の被害経験率は，職場・学校などおよびその延長線上の場での性的被害とそれら以外の場での性的被害とを併せた女性の「性的被害」の経験率であるが，職場(およびその延長線上の場)でのセクシュアル・ハラスメント(狭義のそれ)について，最近の調査データに限定して，女性におけるその被害経験率をみれば，次のようになる。すなわち，連合調査(1995年)57.6％，新聞労連調査(1996年)63.1％，労働省調査(1997年)62.1％，人事院調査(1997年)70.3％。労働省調査によって，うけた言動の種類別にみると，「対価型」10.9％，「環境型」45.1％，「性別を理由とする行為＝ジェンダー・ハラスメント」51.3％，「勤務時間外の行為」30.2％，となっている。また，同調査により加害者の職位・身分などをみると，「社長」3.3～5.8％，「上司」62.1～71.1％，「同僚」12.7～25.3％，「取引先・顧客」2.0～6.4％，「その他」5.5～7.6％，となっている[11]。

　上記の数値から，現在のわが国で約8割の女性が広義のセクシュアル・ハラスメント(ジェンダー・ハラスメントを除く)をうけており，雇用女性の場合は6割から7割の者が，主として職制上の上位者から，「環境型」・「ジェンダー・ハラスメント」を中心に，狭義のセクシュアル・ハラスメントをうけているということになろう。なお，加害者について，人事院調査では，「直接の上司」36.3％，「直接ではない上司」57.0％，「同僚」44.4％，「部下」4.8％と，

「同僚」の比率が高いが[12],「同僚」ないし「部下」による場合,職制・身分上の権力格差はないとしても,男女間のそれを濫用して行なわれたものとして,やはり職場のセクシュアル・ハラスメントを構成する。

狭義のセクシュアル・ハラスメントには,職場のそれ以外にも,小・中・高などの学校で起こるスクール・セクシュアル・ハラスメント,大学で起こるキャンパス・セクシュアル・ハラスメント,研究職などを対象に起こる研究評価や採用昇進などの性差別たるアカデミック・ハラスメントなどがある。石川らの調査(1998年)では,教師によるスクール・セクシュアル・ハラスメントの被害経験率は男女込みで4.2%,うち女性が71.4%を占めていた[13]。キャンパス・セクシュアル・ハラスメントについては,女性学教育ネットワーク調査(1995年)によると,学部学生13.5%,大学院生34.2%,女性教員36.8%という被害経験率になっている[14]。

以上のように,女性のセクシュアル・ハラスメントの被害経験率は高く,これをみただけでも,この問題が個人的問題ではなく,構造的な社会病理の問題であることが明らかであろう。

Ⅳ　セクシュアル・ハラスメント被害の影響

(1) 社会的・経済的影響

セクシュアル・ハラスメントへの対応に起因して職員などがその勤務等条件につき不利益をうける「対価型」の場合,解雇,降格,減給などの不利益が,そのまま被害者にとっての否定的な社会的・経済的影響を構成する。

セクシュアル・ハラスメントのため職員などの勤務等環境が害される「環境型」の場合,就業意欲などの低下,仕事などが手につかない,業務などに専念できない,能力が発揮できないなどの悪影響が生じ,これは,放置されたままであれば,やはり,解雇,降格,減給,配置転換,辞職,進学断念などの不利益へと帰着していく。これらの不利益は「環境型」のもたらす否定的な社会

的・経済的影響を構成する。「対価型」における不利益は「環境型」の終着点でもある[15]。

　これらの不利益は，社会的手当てが施されないならば，被害者にとって，生活の経済的基盤の喪失や所属組織・集団的絆の消失などのより大きな不利益へと繋がっていく可能性がある。

(2) 心理的影響

　セクシュアル・ハラスメント，とくに狭義の「性的言動」の被害者たちは重篤な長期的なトラウマ(心的外傷)を負うことが多い。このようなトラウマを生じる根因は，これによって次の4つの心的状態が生み出され，かつ強化されるところにある。すなわち，①職場などにおいて仕事などの上での対等な人格としてではなく，「性的」対象としてのみ扱われることによって，自らを男たちの性的欲望の捌け口にすぎない「性的」存在とみなすようになる「トラウマ的な性的特色付与」，②職場などで，日頃信頼し，場合によっては尊敬さえしている上司などから性的危害を加えられることに基づく「裏切り」受難の感情，③職制・身分上の権力関係に男女間の，時には年齢上の権力関係が重なり合う強固な支配従属関係のなかで，報復を恐れ，また職場などの人間関係をも配慮し，抵抗したくともできないままに「意に反して」性的言動を甘受せざるをえないという「無力状態」，④抑圧的な状況のなかでの「不快な」性的言動の「意に反した」受忍であるにもかかわらず，その経験をめぐって，何らかの否定的な意味づけ——たとえば，悪いことだ，恥ずかしいことだ，罪深いことだといった意味づけ——が，不合理的にも被害者の側に(主に男性社会に制度化された文化によって)暗示され，しかも，この暗示的意味づけが次第に自己イメージのなかに組み込まれてくる「スティグマ付与」，がこれである。フィンケルホーたちは，以上の4つの要因を「トラウマを生成する原動力」とよび，これらの原動力は，世界に対する女性の認知的・情動的志向をつくりかえ，そして，女性の自己概念，世界観，感情能力を歪めることによってトラウマを生

み出すことを示唆した[16]。

　これらの原動力を基盤に，被害者は被害経験時またはその後4週間以内に急性ストレス障害(ASD)を発症することがある。これは，① 現実感消失・解離性健忘などの解離性症状，② 外傷的出来事の夢などによる再体験，③ 外傷を想起させる刺激の回避，④ 強い不安症状または覚醒の亢進，の諸症状から成り，「臨床上著しい苦痛または，社会的，職業的，または他の重要な領域における機能の障害を引き起こしている，または外傷的な体験を家族に話すことで必要な助けを得たり，人的資源を動員するなど，必要な課題を遂行する能力を障害している[17]」。

　急性ストレス障害に罹患した被害者の症状が1ヵ月以上持続している場合には，外傷後ストレス障害(PTSD)への移行を考慮すべきである。これは，① 解離性フラッシュバックのエピソードなどを含む外傷的出来事の再体験，② 外傷と関連した刺激の持続的回避と全般的反応性の麻痺，③ 持続的な覚醒亢進症状，の諸症状から成り，やはり著しい苦痛をともない，職業などの重要な領域における機能障害を引き起こす。PTSDの症状は通常3ヵ月以内に始まるが，数ヵ月または数年も遅れて発現する場合もある[18]。セクシュアル・ハラスメント被害が，単発的でなく，抑圧的な職場などの雰囲気のなかで長期反復性外傷となる場合は，より多項目の症状を含む複雑な長期反復性外傷症候群，すなわち複雑性(複合型)PTSDを発症することもある[19]。

　ASDとPTSDをきっかけに，ストレスによって，抑鬱，心気症，パニック障害，広場恐怖・閉所恐怖などの恐怖症，アルコール・薬物の依存症，急性錯乱や被害妄想などの精神病状態などの「複合反応」が発生することもある[20]。

　また，これらとは別に，被害によるASDを抑圧し，援助専門家などの助けを求めず，事件そのものを隠蔽しようとする「サイレント反応」が多発する。セクシュアル・ハラスメントは，多重的な権力関係を背景に，被害者にとって生存の基盤となっている職場などの人間関係のなかで，多くは以後も長年にわたり仕事などを共にしなければならないかもしれない「社会的には紳士」の上

司などからうける言動であり，しかも，性的被害者の「落ち度」を強調する文化的背景の故に，被害者は不合理にもほとんど例外なく「自責の念」を抱いており，サイレント反応を惹起しやすい。サイレント反応による沈黙・秘匿のためにハラスメントは持続し，専門家などの援助もないままに被害女性はPTSDや複合反応に追い込まれていくことにもなる（なお，ASDには家族に「話す」などの能力の障害が随伴するから，サイレント反応はASDに付随する障害とみることもできる）[21]。

そして，このようなトラウマを負った被害者たちは，職場などでの機能の障害などから，経済的基盤の喪失や所属組織・集団的絆の消失などの社会的・経済的不利益へとリンクしていくことになろう。

(3) ２次被害

性暴力の被害者は，セクシュアル・ハラスメントのそれに限らず，被害者役割の内面化によって絶えず被害者の役割を演じ続け，同種の被害に遭遇しやすい人になってしまう。精神医学者たちはこの現象を「反復強迫」や「トラウマへの嗜癖」というメカニズムで説明している。前出のＡ子さんが多数の性的被害を繰り返しうけているのは，ひとつにはこのメカニズムに拠っている。

のみならず，セクシュアル・ハラスメントの被害者は，他の性暴力の被害者たちの場合もそうだが，サイレント反応のトラウマを何とか脱して，直属の上司や職場などの仲間，また職場などに設置された相談・苦情の窓口や民間・公共の電話相談や面接相談，さらに警察，裁判所に事件を訴え，あるいは相談・苦情をもちかけた時，２次被害にしばしば遭遇する。すなわち，被害者を非難したり——スキがあったのではないか，そんな派手な服装をしているから，大したことではないなど——，プライバシーを詮索したりする「セカンド・レイプ」である[22]。そして，この２次被害は被害者をして退職，進学断念などに追い込み，社会的・経済的不利益を強化すると共に，心理的インパクトによりトラウマを強化する。これは，被害者の生活そして人生の破綻，その魂の死に繋

第10章　セクシュアル・ハラスメント

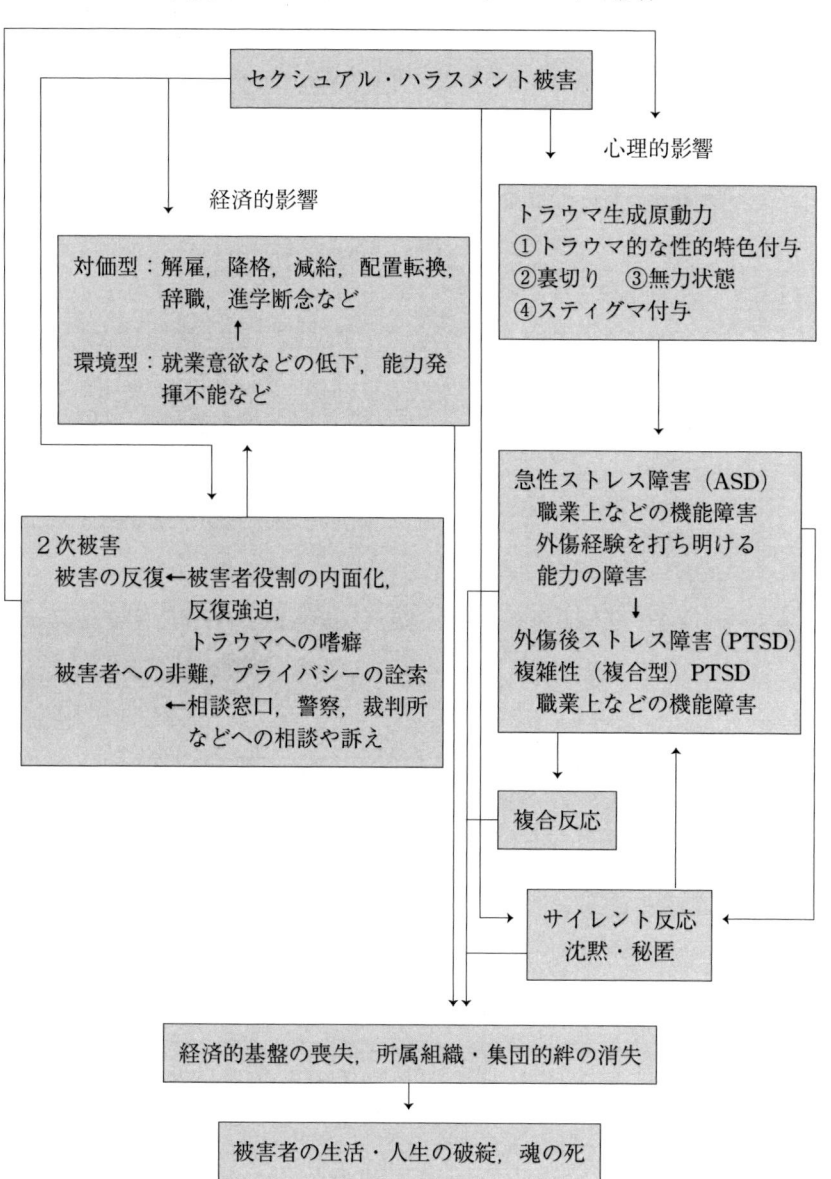

図表10－1　セクシュアル・ハラスメントの影響

```
                    セクシュアル・ハラスメント被害
                                    │
          経済的影響                       心理的影響
              │                              │
    ┌──────────────────┐        ┌──────────────────┐
    │ 対価型：解雇，降格，減給，配置転換， │        │ トラウマ生成原動力            │
    │   辞職，進学断念など           │        │ ①トラウマ的な性的特色付与      │
    │          ↑                 │        │ ②裏切り　③無力状態           │
    │ 環境型：就業意欲などの低下，能力発   │        │ ④スティグマ付与              │
    │   揮不能など                 │        └──────────────────┘
    └──────────────────┘                     │
                                    ┌──────────────────┐
                                    │ 急性ストレス障害（ASD）       │
                                    │   職業上などの機能障害         │
                                    │   外傷経験を打ち明ける         │
                                    │   能力の障害                │
    ┌──────────────────┐        │          ↓                 │
    │ 2次被害                     │        │ 外傷後ストレス障害（PTSD）   │
    │   被害の反復←被害者役割の内面化，  │        │ 複雑性（複合型）PTSD        │
    │    反復強迫，              │        │   職業上などの機能障害         │
    │    トラウマへの嗜癖          │        └──────────────────┘
    │   被害者への非難，プライバシーの詮索│                │
    │    ←相談窓口，警察，裁判所    │           ┌─────────┐
    │    などへの相談や訴え         │           │ 複合反応   │
    └──────────────────┘           └─────────┘
                                            │
                                    ┌─────────────┐
                                    │ サイレント反応      │
                                    │   沈黙・秘匿       │
                                    └─────────────┘

        ┌──────────────────────────────┐
        │ 経済的基盤の喪失，所属組織・集団的絆の消失      │
        └──────────────────────────────┘
                          │
            ┌──────────────────────┐
            │ 被害者の生活・人生の破綻，魂の死   │
            └──────────────────────┘
```

がる危険性をもつ(図表10-1)。

V セクシュアル・ハラスメントの発生メカニズムとそれへの対応

　それでは，セクシュアル・ハラスメント，とくに職場などでの狭義の「性的言動」はいかなるメカニズムで発生するのであろうか。

　セクシュアル・ハラスメント発生の基本的構造要因は，① 現代社会における男女間の不均衡な権力構造と，② その下で男子のセクシュアリティが社会化される仕方，である。現代社会において，男たちは社会化の過程で性的充足を求めて略奪的に接近するという態度を身につけ，そして，この態度を男性―女性の不均衡な権力関係を濫用して構造的弱者たる女性に向けて行動化する。略奪的アプローチは弱者を対象にしてこそ可能ないし容易だからである。セクシュアル・ハラスメントとは，典型的には，現代の家父長的な権力関係の下で，男性が社会化によって身につけた性に対する略奪的態度を，その関係を濫用して行動化することによって生じる構造的な社会病理現象だといえる。

　以上の構造要因を基盤に，セクシュアル・ハラスメントが発生するには，さらに以下のような諸要因・条件が不可欠となる。

　(1) 動機づけ：男たちがセクシュアル・ハラスメントへの「動機づけ」をもつこと。この動機づけは3つの源泉から生まれる。すなわち，① 情緒的適合：当該女性と性的関係をもつことが，ある重要な情緒的要求(たとえば，権力・全能感・統制力への要求)を満たすとみなす状態，② 性的喚起：当該女性が当の男にとって性的充足の潜在的源泉であるようになること，③ 代替選択肢の封鎖：情緒的・性的充足の代替の諸源泉が利用できない，あるいはそれらの充足度がより低度である状態，つまり，それらを他者との健全な人間関係のなかで満足させる能力において障害をうけている状態，の3つである。この3因子の協働から動機づけは生まれる。ここで，性的欲望のみでなく，情緒的要求も動機づけの形成に関わっていることに注目すべきである。なお，男女の認

識の違いから，善意の動機に基づく行為がセクシュアル・ハラスメントと誤認される場合があるとの主張があるが，現代の文化的状況の下では，セクシュアル・ハラスメントをうけることはけっして女性にとって名誉なことではなく，それを訴えることのリアクションも強いことから，女性の側にそのような誤認を回避する心理的機制が働き，したがって，そのようなケースはあっても稀である。

(2) 内的抑止力の解除＝脱抑制：以上のような動機づけに基づいて，セクシュアル・ハラスメントの行為を行なうことを禁止する内面化された性的モラルなどの「内的抑止力」が解除すなわち脱抑制されること。脱抑制に向かわせる原因はいろいろあるが，日本の企業・大学などに残存する封建制的な家族主義的土壌が，職制・身分上の上位者たる男たちに家父長的権威を付与し，部下や指導学生などを自分たちの望むままに取り扱うことのできる存在であると錯覚させ，同時に，擬似家族的な無限定的上下関係のなかで，職務・教育上の限定的・機能的関係を超えて，私的な性的関係まで許容されると誤解させることなどが，脱抑制に寄与することにとくに留意すべきである。

(3) 外的抑止力の機能障害＝環境要因：セクシュアル・ハラスメントに対する外部環境の「外的抑止力」によるチェック＝監視機能が障害されること。セクシュアル・ハラスメント，とくに性的関係の強要などは，もともと第三者の監視を遮蔽した「密室」で行なわれることが多く，外的抑止力が働きにくいが，わが国の場合とくに，経営家族主義による企業の丸抱え体質，それに基づく企業による従業員の私的領域への介入傾向，また，大学における前近代的な徒弟制度的な師弟関係などは，職務・教育上の関係を離れた，上司・指導教官などとの2人だけのプライベートな空間＝「密室」を生み出しやすい。そして，そこには外的抑止力は届かない。

(4) 抵抗力の圧殺：人間には元来，被害を回避し，それに抵抗する能力が備わっているが，その能力が何らかの事情で「圧殺」され，被害に対して無防備になること。日本の職場・大学などでは，職制・身分上の支配服従関係が，職

務・教育などに限定された機能的な非人格的支配服従関係を超えて，生活の全面にわたる無限定的な人格的支配服従関係となりやすい。この場合，加害者との多面にわたる人格的人間関係への配慮から，性的アプローチをうけた際にも，抵抗力が抑制されてそれを発揮できなくなる。なお，抵抗力の圧殺ということを考える場合，子ども時代という自己概念・世界観の形成期に被害を経験することが，情緒的不安定・欠乏感・不支持感を助長し，また，被害者役割の内面化を通じて，当該被害者のその後の人生における抵抗力を削ぎ取ってしまう事態を考慮すべきである。A子さんの場合，子ども時代に性的被害を経験したことが，回避・抵抗能力の圧殺を惹起し，それが長じてのセクシュアル・ハラスメントや夫によるDVの被害につながっていったものと考えられる。

(5) 社会・文化要因：以上のセクシュアル・ハラスメントの発生諸要因を支え促進する方向に，それぞれの社会における「制度・構造・文化」が作用することによって，間接的にその発生をもたらしているということ。この社会・文化要因には，① 男女の不均衡な権力関係を支える男性中心文化，② 男子の社会化のあり方を方向づける「男らしさ」の神話，③ 情緒的要求の性行為を通じての充足・表現を強調する価値観，④ 性的欲望を喚起するポルノグラフィーなどの性風俗文化，⑤ 自慰や夫婦間以外のセックスを悪い行為とみなす―妻の貞操規範の一般化としての―抑圧的な性規範，⑥ 組織における職制・身分上の男性上位者に家父長的権威を認め，彼らに私物化思想を吹き込むイデオロギー，⑦ 職制・身分上の上司・教官などと部下・学生などとの間に2人だけの私的空間を作り出しやすい家族主義的な組織体質，⑧ 職務・教育上の命令以外の私的なそれに対しても服従を余儀なくされる組織上の無限定的な人格的支配服従関係，などが含まれる[23]（図表10-2）。

以上の発生メカニズムの解明から，セクシュアル・ハラスメントに対する対応としては，① 男女間の不均衡な権力構造の解消，② 男子の社会化のあり方の改善，③ 情緒的要求の正しい充足の仕方の教育，④ 性的喚起を刺激する要因の除去，⑤ 情緒的・性的要求を健全な人間関係を通して充足するスキルを

図表10－2 セクシュアル・ハラスメントの発生メカニズム

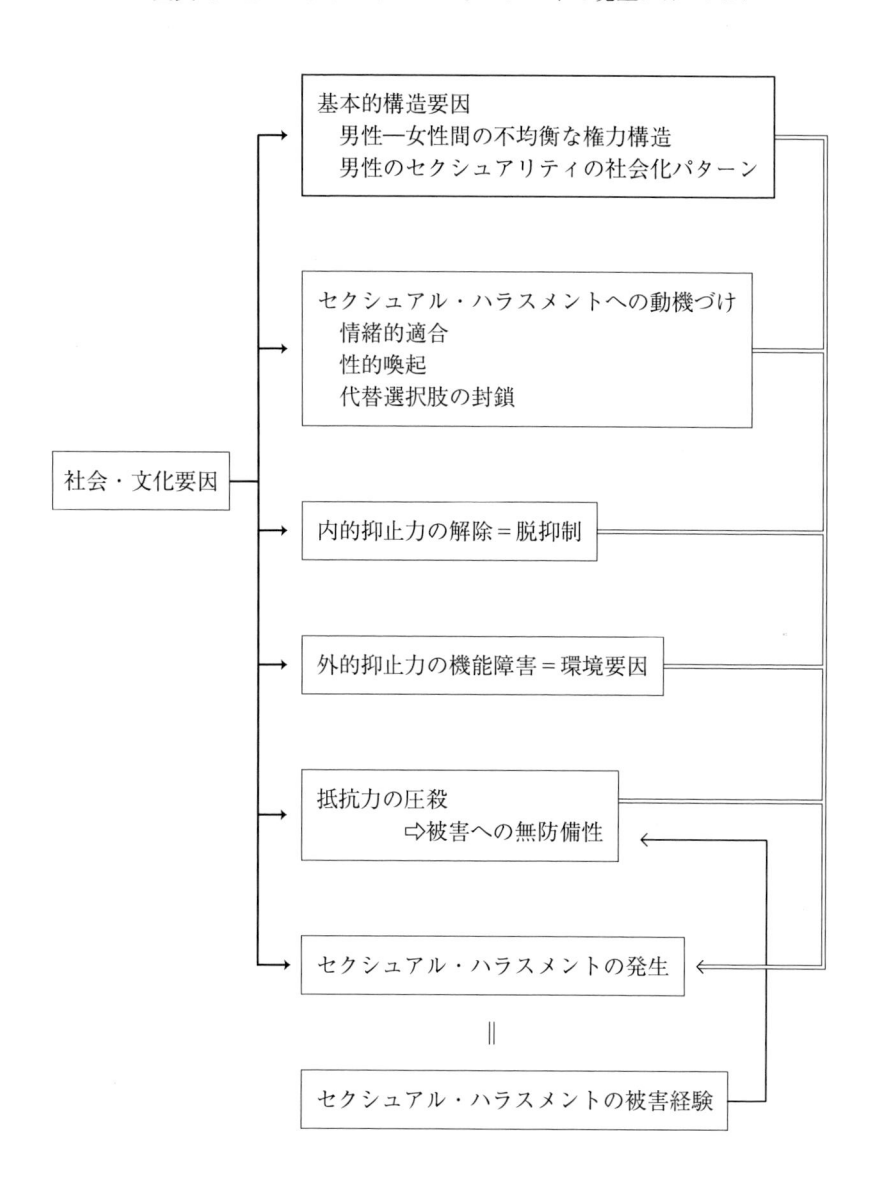

```
                    ┌─────────────────────────────────┐
                 ┌─▶│ 基本的構造要因                  │
                 │  │   男性―女性間の不均衡な権力構造 │
                 │  │   男性のセクシュアリティの社会化パターン │
                 │  └─────────────────────────────────┘
                 │
                 │  ┌─────────────────────────────────┐
                 ├─▶│ セクシュアル・ハラスメントへの動機づけ │
                 │  │   情緒的適合                    │
                 │  │   性的喚起                      │
                 │  │   代替選択肢の封鎖              │
                 │  └─────────────────────────────────┘
                 │
 ┌──────────┐    │  ┌─────────────────────────────────┐
 │ 社会・文化要因 ├─┼─▶│ 内的抑止力の解除＝脱抑制        │
 └──────────┘    │  └─────────────────────────────────┘
                 │
                 │  ┌─────────────────────────────────┐
                 ├─▶│ 外的抑止力の機能障害＝環境要因  │
                 │  └─────────────────────────────────┘
                 │
                 │  ┌─────────────────────────────────┐
                 └─▶│ 抵抗力の圧殺                    │◀──┐
                    │   ⇨被害への無防備性             │   │
                    └─────────────────────────────────┘   │
                              │                            │
                              ▼                            │
                    ┌─────────────────────────────────┐   │
                    │ セクシュアル・ハラスメントの発生 │◀──┤
                    └─────────────────────────────────┘   │
                              ‖                            │
                    ┌─────────────────────────────────┐   │
                    │ セクシュアル・ハラスメントの被害経験 ├──┘
                    └─────────────────────────────────┘
```

習得させるための働きかけ，⑥ 職制上などの男性上位者に家父長的権威を付与し，私物化思想を醸成し，脱抑制に寄与する組織の家族主義的体質の近代化，⑦ 外的抑止力の届かない私的空間＝密室を生み出しやすい超機能的で没個人主義的な組織文化の改変，⑧ エンパワーメントによる抵抗力圧殺の圧力のはねのけ，また抵抗力の回復，⑨ セクシュアル・ハラスメントの発生要因を支え助長する家父長制的文化・社会要因の改革などが，基本課題として提起されるであろう。

注）
1）石川義之・村本邦子・新理恵・窪田容子・西順子・前田真比子・前村よう子・横野まゆみ『性的被害女性のライフコース―関西コミュニティ調査報告（Ⅱ）―』(2001年度大阪樟蔭女子大学特別研究助成成果報告書)，女性のトラウマを考える会，2002，pp.208-212.
　　A子さんの事例は，本人のプライバシーを配慮して，大幅に修正・加工してある。
2）水谷英夫『セクシュアル・ハラスメントの実態と法理』信山社，2001，p.179.
3）Parsons, T. and Shils, E.A. (eds.), 1951, *Toward a General Theory of Action*, Harper & Row.（永井道雄・作田啓一・橋本真訳『行為の総合理論をめざして』日本評論新社，1960，pp.95-98.）
4）東京女性財団編『セクシュアル・ハラスメントのない世界へ』有斐閣，2000，p.189.
5）同上書，p.197.
6）水谷英夫，前掲書，p.i.
7）井上輝子・上野千鶴子・江原由美子・大沢真理・加納実紀代編集『岩波・女性学事典』岩波書店，2002，p.296.
8）高田保馬『社会学概論』岩波書店，1922.
9）白井久昭・水島広子『セクハラ・これが正しい対応です』中央経済社，1999，p.34. 上野千鶴子編『キャンパス性差別事情―ストップ・ザ・アカハラ―』三省堂，1997，p.2.
10）石川義之・村本邦子・新理恵・窪田容子・西順子・前田真比子・前村よう子・横野まゆみ『性的被害の現在―関西コミュニティ調査報告―』(2001年度大阪樟蔭女子大学特別研究助成成果報告書)，女性のトラウマを考える会，2002，pp.63-64.

11) 水谷英夫，前掲書，p.119，p.140．産労総合研究所編『人事スタッフのための職場のセクハラ防止マニュアル』経営書院，1998，pp.211-215．
12) 人事院職員局福祉課「『国家公務員セクシュアル・ハラスメント調査』結果について」1998(http://www.jinji.go.jp/kisya/sekuhara.htm，2002.9.26)．水谷英夫，前掲書，p.140．
13) 石川義之編著『親・教師による体罰の実態―大学生・専門学校生等調査の分析と考察―』島根大学法文学部社会学研究室，1998，p.240，p.261．
14) 渡辺和子・女性学教育ネットワーク編著『キャンパス・セクシュアル・ハラスメント―調査・分析・対策―』啓文社，1997，p.22，p.105，p.130．
15) 水谷英夫，前掲書，p.61．
16) Finkelhor, D., & Browne, A., 1986, "Initial and Long-Term Effects: A Conceptual Framework," Finkelhor, D. and associates (eds.), *A Sourcebook on Child Sexual Abuse*, Sage, pp.180-198. 石川義之『社会学とその周辺―パーソンズ理論から児童虐待まで―』大学教育出版，2002，pp.230-231．
17) The American Psychiatric Association.(高橋三郎・大野裕・染矢俊彦訳)『DSM-Ⅳ 精神疾患の診断・統計マニュアル』医学書院，1996，p.439．
18) 同上書，pp.434-436．
19) ハーマン，J.L.(中井久夫訳)『心的外傷と回復』みすず書房，1996，pp.186-191. van der Kolk, B.A. & Fisler, R.E., 1994, "Childhood Abuse and Neglect and Loss of Self-regulation," *Bulletin of the Menninger Clinic*, 58(2), p.148.
20) 斉藤学「被害者と加害者の精神医学」産労総合研究所編，前掲書，pp.98-99．
21) 同上書，pp.98-99．
22) 東京女性財団編，前掲書，p.163．
23) Finkelhor, D., 1984, *Child Sexual Abuse: New Theory & Research*, The Free Press, pp.53-68. 石川義之「インセスト的虐待の加害者たち(Ⅱ)」『大阪樟蔭女子大学・人間科学研究紀要』1，2002，pp.159-178．

第11章　ストーカー

I　社会問題としてのストーカー

　ストーカーという言葉を私たちが初めて聞いたのはいつだっただろうか。"stalk"（＝忍び寄る，そっと跡をつける）という英語を語源とするこの言葉は，実は比較的新しいものである。

　ストーカー関連の出版が相次ぎ，民放各局がストーカーを題材にしたドラマをこぞって制作しはじめたのが1995年以降のことである。このことから，ストーカーないしストーキングという言葉が広く知られるようになったのは，この時期だったと考えてよいだろう[1]。

　そこで論考に入る前に，ストーカーという問題の立て方自体が，きわめて現代的な現象であることに留意しておきたい。執拗な待ち伏せや脅迫などの行為は，「ストーカー行為などの規制に関する法律」（以下，「ストーカー規制法」と略す）以前から存在していたのである。しかし，同法の制定・施行後，ストーカー関連の相談件数は急増している。この傾向をみる限りにおいても，ストーカー規制法以降，ストーカー行為を「社会問題」として認知する意識が，急激に高まったといえる。ストーカーという新しい言葉が社会に浸透し定着すると，ある対象や行為への意味づけや対応がかわっていく点に目配りすることを忘れてはならない。これは，社会学のさまざまな領域で近年注目を集めてきた社会構築主義的な問題設定にも通底するテーマである。以上のような注意点に目くばりした上で，本章では，「ストーカー規制法」の概要を整理しつつ，官庁統計に基づいて実際の運用状況を確認する。

　さらに，ストーカーという社会現象をとおして現代社会の特徴と関係性のあ

り方の変容をみていく。まず、ストーカー関連図書の年次別出版状況を整理し、ストーカー問題の構築過程について概観する。1995年頃、ストーカー関連図書やTVドラマなどのマスメディアから発信された情報が人びとの関心をストーカーないしストーカー行為へと振り向けた。その後、現実のストーカー関連の凶悪犯罪がメディアでクローズアップされた時期に、さらにフィクショナルなストーカー言説が量産された。その結果、親密な関係性にストーカー言説がもち込まれる可能性が高まり、それまで法的にも日常生活の上でも別の扱いをなされていた人物ないし行為が、新たにストーカーないしストーカー行為として命名されたのである。ストーカーという社会現象は意味付けの変化の結果であった。とはいえ、恋愛関係も含んだ日常の対人関係と行為において、関係性の病的変化などの要素が生じた可能性を捨象してはならない。親密な関係性にストーカー行為とも密接に関連する暴力や嗜癖といった問題が絡んでいる可能性、ストーカー行為に及ぶ個人の病理と社会的背景、ストーカー行為の問題告発に関わる個人の心性など、ストーカー問題は現代社会の病理を照射するものである。

以上のように、本章は問題関心を次のように大きく2つに分けてストーカーの社会病理学的考察を試みる。はじめに、ストーカーに関する法的な取り扱いを整理し、続いて、ストーカーないしストーカー行為の社会文化的背景に関して論考を進めていく。

II ストーカー規制法の概要および運用

(1) 「ストーカー規制法」による定義

2000(平成12)年5月、ストーカー規制法によってストーカー行為に対する処罰が明確化され、同年11月24日から施行された。しかし、同法が対象とする「つきまとい等」と「つきまとい等」を繰り返す行為をさす「ストーカー行為」それ自体は、けっして新しいものではない。ストーカー規制法によって取

第11章　ストーカー

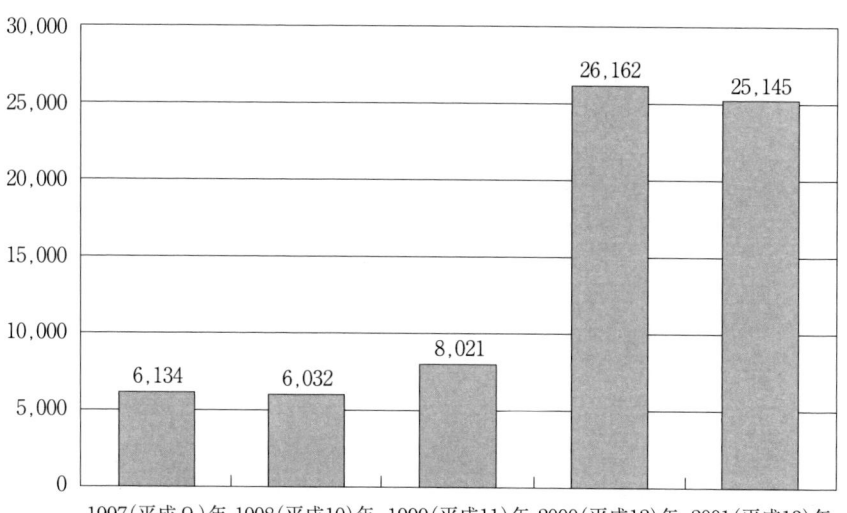

図表11−1　ストーカー事案に関する相談件数

年	件数
1997(平成9)年	6,134
1998(平成10)年	6,032
1999(平成11)年	8,021
2000(平成12)年	26,162
2001(平成13)年	25,145

り締まり体制が整備される以前，ストーカー行為は軽犯罪法違反や脅迫罪などによって対応されていた。

　全国の都道府県警察が相談をうけた「つきまとい事案」の件数は，1997(平成9)年6,134件，1998(平成10)年6,032件，1999(平成11)年8,021件である。ストーカー規制法の成立・施行によって，一般のストーカーに対する問題認知が進む一方，各都道府県警察によって相談窓口が整備され，相談受理体制が充実した結果，2000(平成12)年度の相談件数は前年比で3倍以上の2万6,162件に上り，2001(平成13)年には2万5,145件が報告されている[2]。

　ここで，ストーカー規制法第2条に基づいてストーカー行為の定義を確認しておきたい。同法により規制対象となる行為は，「つきまとい等」および「ストーカー行為」の2つである。

　「つきまとい等」とは，8つの類型に分類される行為である。そして，同一の者に対する「つきまとい等」の反復が「ストーカー行為」として規定されている。ストーカー規制法は，以上のようなストーカー行為を，「特定の者に対

図表11-2 「つきまとい等」,「ストーカー行為」の8分類

① つきまとい,待ち伏せ,押しかけ
② 監視していると告げる行為
③ 面会,交際の要求
④ 乱暴な言動
⑤ 無言電話,連続した電話・ファクシミリ
⑥ 汚物などの送付
⑦ 名誉を傷つける
⑧ 性的羞恥心の侵害

出所）全国防犯協会連合会『Self Defense』第3号,2001,p.24.

する恋愛感情その他の好意の感情又はそれが満たされなかったことに対する怨恨の感情を充足する目的」とした行為として定義している。この法律は客観的に認定することが困難な「恋愛感情」を動機として規定している点に注意しておかねばならない。

　ところで，警察法第2条2項には，「いやしくも日本国憲法の保障する個人の権利及び自由の干渉にわたる等その権限を濫用することがあってはならない」とある。これは，かつて治安維持法などを根拠にした強制捜査などにおいて，人権侵害が行なわれた過去を踏まえた上で，警察はあくまでも「民主的理念」に基づいた「警察の管理と保障」を行なうと規定した一文である。

　しかし，現代日本において，この条文の実際の運用は，政治的思想や社会運動に関わった問題というより，むしろ，親密な関係にあるカップルにありがちな「痴話げんか」や「感情のもつれ」などのトラブル，金銭貸借，家庭内でのいざこざなどに警察は立ち入らないという，いわゆる民事不介入の原則として機能するケースが圧倒的に多いと想像される。この民事不介入の原則が壁となって，警察が手をこまねいてきた私的な領域で，時に凄惨な暴力や殺人にまで至る凶悪犯罪が起こり，それらがストーカー行為，ドメスティック・バイオレンス，児童虐待などとして近年改めて注目され，社会問題化してきた。

(2) 「ストーカー規制法」成立の経緯

 「ストーカー規制法」は、「ストーカー行為の処罰を求める国民の声に応えるかたちで」[3]、きわめて短期間で成立に至ったが、問題告発と法制化の過程において、マスメディアによるストーカー事件の報道が大きな影響を及ぼした。

 従来、「軽犯罪法以上、刑法未満」[4]といわれてきた行為を対象としたストーカー規制法は、〈桶川ストーカー殺人事件〉の捜査に関わる管轄警察の不祥事という特異な経緯をたどった末、成立した。中傷ビラを撒かれるなどの被害をうけたAさんが、名誉毀損容疑で埼玉県警上尾署に告訴したが、署員3名が告訴調書を改ざんするなどして捜査を放置した間に、Aさんは1999年10月26日に殺害されるに至った[5]。

 執拗なストーカー行為から殺害に至るまでの期間には、警察が事件として立件する機会は何度もあったと考えられる。被害者ならびに家族は警察への相談を繰り返したが、警察当局は捜査放棄ともとれる対応に終始した。さらに、同年7月には告訴に踏み切ったにもかかわらず、9月下旬には元巡査長によって「告訴取り下げ」が要請されている。その1ヵ月後、被害者は殺害された。

 この一連の不祥事は報道番組の取材によって露見したものであった。被害者殺害の後に、主要な被疑者の自殺などもあり、次々と報道される捜査ミスと不祥事の隠蔽に関するニュースは、国民の警察不信を著しく煽るものであった[6]。〈桶川ストーカー殺人事件〉によって、従来のストーカー被害者に対する警察対応の手薄さが浮き彫りにされるとともに、警察への不信感やバッシングが高まり、ストーカー行為に対する法整備が急務となった。

 その後、急遽対応を迫られた警察庁は、1999年12月「女性・こどもを守る施策実施要綱」を制定し、翌年2000年5月にはストーカー規制法が成立した。

 次に、同法の内容と運用実態について概観しておきたい。

(3) ストーカー規制法の適用

 2001年6月30日までに警察庁に報告された、各都道府県警察において取り

扱ったストーカー事案は9,142件であった[7]。被害者の性別は、女性が8,113人(約88.8％)[8]であり、加害者たる行為者は男性が6,929人(約75.8％)[9]と、被害者・加害者とも性別で相当の偏差がみられる。被害者の年齢は20歳代が3,764人(約41.2％)、30歳代2,373人(約26.0％)となっており、ボリューム・ゾーンを形成している。加害者の年齢が判明している事案についての集計をみると、20歳代が1,526人(約16.7％)、ついで30歳代が1,517人(約16.6％)であるが、40歳代951人、50歳以上も1,052人とそれぞれ全体の約２割を占めており、被害者の年齢構成に比べて分散する傾向がある。ストーカー規制法第４条による行政措置の実施状況については、警告は460件、同法第５条による禁止命令などは18件であった。このことから、被害者からの申し出によって警告がなされると、大方のストーカー事案は解決に至ったことが推測される。

とはいえ、ストーカー規制法以外の刑罰法令により検挙されたものが485件報告されている。その内訳を件数の多いものからみると、脅迫および傷害がそれぞれ85件ともっとも多く、住居侵入(62件)、器物破損(50件)、暴行(22件)、銃砲刀剣類所持等取締法違反(18件)、逮捕監禁(17件)と続いている。先にみたように、防犯指導や警告などによって対応可能なストーカー事案が多いとはいえ、ストーカー行為から凶悪犯罪に至る可能性があることを示している。

次に、ストーカー行為の加害者と被害者の関係をみておこう。ストーカー事案の総報告件数9,142件のうち、その関係が明らかである7,479件では、交際相手(現・元含む)であるケースがもっとも多く、3,827件で約51.2％を占めている。さらに配偶者(現・元・内縁含む)の1,077件(約14.4％)を加えると、親密な関係にあったものだけで約65.6％に上る。関係不明のケースが1,663件で総報告件数の約18.2％あるが、相談者の側の思い込みなどもここに含まれていると考えられる。職場関係者やその他の知人などを含めると、加害者の約90％は被害者とは顔見知りである。

凶悪犯罪に至る悪質で執拗なストーカー行為は、交際相手ないし配偶者という親密な関係にあったというケースで生じる場合が多い。〈桶川ストーカー殺

人事件〉にも，別れ話のもつれの結果という側面があった。ストーカー規制法成立の前後，2000年4月には，静岡県で別れ話をもちかけられた男性が相手の女子高生を刺殺し，同年8月には，元交際相手の女性を殺害し，遺体を河川敷に埋めるという事件が茨城県で起きている。これらのケースは「ストーカー行為」の末の殺人事件として認知され，報道された。

しかし，先にみたストーカー事案に関する相談件数の急増は，警察などによる相談窓口の整備とマスメディアの報道などによって社会的に構築されたストーカー・イメージに大きく依存していると考えられる。統計上にみえる相談件数の急増は，ストーカー行為の果ての殺人や傷害事件の急増を直接に意味するものではないという点に留意しておきたい。

Ⅲ ストーカー言説という現象

(1) ストーカー関連図書の出版概況

ところで，私たちはストーカー行為と聞くと，どのようなイメージを浮かべ，ストーカーとしてどのような「人物」を想定するのだろうか。すでにみたように，ストーカー規制法自体が「恋愛感情」などといった客観的評価のむずかしい要素を含んでいた。ここでは，そのような評価や判断のむずかしい部分を充填し脚色するストーリーが，メディアによって提供され，それが消費されてきた経緯に注目してみたい。ストーカーという言葉は，今や，恐怖，嫌悪，蔑視，あるいは諧謔のニュアンスを帯びて，日常の会話で用いられるようになった。しかし，メディアが提供するストーカーのイメージと，ここまで統計によって確認してきた犯罪としてのストーカー行為の実態は，微妙にすれちがい錯綜しているといえそうである。

1995年以降，年に数点にとどまっていた関連図書出版数は，1997年に一気に増え，タイトルに「ストーカー」を含むものだけでも21点が相次いで出版されている。これは同年，「ストーカー／逃げ切れぬ愛」（日本テレビ系）と「スト

図表11－3 年別ストーカー関連図書出版

出版年	タイトル	種別	出版点数
1995	ストーカー　ゆがんだ愛のかたち ストーカーズ	R N	2
1996	十戒　聖なるストーカー スター・ストーカー　狙われるスターたち ストーカーの恐怖　寄生愛者	N R R	3
1997	愛と狂気のストーカー　満たされない性愛の病理学 ザ・ストーカー　愛が狂気に変わるとき ストーカー　逃げきれぬ愛 図解ストーカー対策マニュアル　尾行・電話からゴミの出し方まで ストーカー　誘う女 ストーカー・一千日の恐怖 ストーカーの心理学 あなたがストーカーに狙われたとき 報道できない超異常殺人の真実　猟奇・快楽殺人犯からストーカーまでその素顔に迫る 娘はなぜストーカーに殺されたか 電脳ストーカー ストーカー完全対策ファイル　世紀末の異常追跡者・ストーカーの心理分析から対策まで 人はなぜストーカーになるのか ストーカー狙われた標的　あなたの背後に迫る恐怖の影 キッドナップ　ファザーストーカーとの果てなき闘い ストーカー殺人 ストーカー Indeep　ストーカーコレクション 追跡者　ストーカー ストーカーの真実 誰でもできる危機脱出マニュアル　ストーカー・通り魔・大地震から身を守る	R R N M N R R M R R N M R R R N C C N R M	21
1998	実録！サイコさんからの手紙　ストーカーから電波ビラ，謀略史観まで！ 面会人はストーカー　情熱ナース・水原絵梨花 ストーカーと戦い続けた女　恐怖に打ち勝った勇気ある16年 元刑事が教える完全ストーカー対策　犯罪捜査の現場から 漫画キャラクター精神分析極秘カルテ　やがてのび太はストーカーになる サイバーストーカー	R N R M R N	6

第11章　ストーカー

出版年	タイトル	種別	出版点数
1999	ストーカー	N	
	ママチャリ刑事　狙われた女教師！髪切りストーカー事件!!ほか	N	
	ストーカー日記	R	
	エロトマニア妄想症　女性精神科医のストーカー体験	R	
	ストーカー恐怖の体験	R	
	オイラは町の不動産屋　ストーカー編・占有編	N	6
2000	姫麿！　愛の千年ストーカー編	C	
	妻はストーカーに殺された	R	
	完全図解盗聴・盗撮（禁）マニュアル　マニア・ストーカーのテクと最新，全手口を徹底解剖！	M	
	ストーカーズ	N	
	桶川女子大生ストーカー殺人事件	R	
	遺言　桶川ストーカー殺人事件の深層	R	
	愛と狂気のストーカー	R	
	図解ストーカー対策マニュアル	M	
	元刑事が教える完全ストーカー対策	M	
	女性のためのストーカー・暴力「救急相談室」　元刑事がQ&Aで教える「予防」「撃退」のためのアドバイス	M	
	ストーカー完全撃退ハンドブック　ストーカーから身を守る究極のマニュアル	M	
	ストーカー	N	12
2001	人はなぜストーカーになるのか	R	
	ストーカーからあなたを守る本　法的対策から心のケアまで	M	
	警察に頼らないストーカー対策	M	
	ストーカー規制法解説	M	
	ストーカーの心理	R	
	恋のゆくえ　許せないストーカー!!	M	
	知っておきたいストーカー規制法	M	
	女医レイカ　恐怖ストーカーの正体	C	
	Q&Aセクシュアル・ハラスメント　ストーカー規制法解説	M	
	私はストーカーとこうして闘った!!　女性11人の記録	R	
	危ないオトコから身を守る101の鉄則	M	
	あなたがスートーカになる日	R	
	ストーカー撃退マニュアル　やられる前に身を守る	M	
	探偵屋の女房女子高生ストーカー	C	
	殺人を予告した少年の日記　愛知県西尾市「ストーカー」殺人事件	R	
	ストーカー行為等規制法の解説	M	
	こういう男とつきあってはいけない　危ない「ストーカー男」の見抜き方	R	
	屈折愛　あなたの隣のストーカー	R	18

出版年	タイトル	種別	出版点数
2002	ストーカー，痴漢，通り魔，強盗…女性がキケンから身を守る24の方法	M	
	わかりやすいストーカー規制法	M	
	仮面　ストーカー規制法適応外	R	
	普通の人が犯罪者になるとき　探偵が語るストーカーの心理とセルフ・プロテクション	R	
	ダブル・ストーカー　女医・朝比奈遥子	N	
	これで撃退！ストーカー最強対処術　被害に遭う前にするべきこと，遭ってしまってからすること	M	6
			総計 74

この一覧表は，2002年9月30日までの出版物についてNACSIS Webcatおよび紀伊国屋インターネット仮想書店，Amazonブックストア等によって検索したものから，映像・図画資料と同名異議のモチーフに関する出版物を除き，作成した。なお，表中の各アルファベットは，次のような種別を示している。R＝ルポルタージュおよびノンフィクション系，M＝対策マニュアルおよび関連法の解説，N＝小説，C＝コミック

カー／誘う女」（TBS系）が放送され，大きな反響をよんだことが影響していると推察される。しかし，翌年1998年および1999年は6点と，出版界における「ストーカー・ブーム」には沈静化の兆しがみえていた。そして，〈桶川ストーカー殺人事件〉の発生をまたいだ2000年に12点，2001年には18点と，近年「ストーカー・ブーム」は再燃している。

　このような経緯から，テレビドラマというフィクショナルなストーリーが「ストーカー・ブーム」に火をつけ，実際の凶悪犯罪の発生によって「ストーカー」ないし「ストーカー行為」がさらに注目を集めるに至ったことがうかがえる。恋愛関係をめぐって生じる暴力から名誉毀損やある種の厄介事に至る事柄をストーカー行為として定義し，問題告発する根拠と解釈図式は，フィクションのストーリーとノン・フィクションの犯罪が相乗し錯綜するなかで用意されたといえるだろう。

(2)　ストーカー言説の「文法」と虚構のモチーフ

　つぎに，図表11－3にあげたストーカー関連図書のタイトルに注目してみた

い。すると，「あなた」ないし「わたし」と「ストーカー」をストレートに関係づける，興味深い一種の「文法」の存在に気づく。誰しもいつ被害にあうのか予測不可能である，または，「わたし」がストーカーになるかもしれないというストーカー言説における「文法」は，ストーカーという名称が社会的認知を得ていく過程で一般に流布された。

　しかし，確認したとおり，ストーカー行為の加害者の多くが被害者と恋愛関係にあった者であった。恋愛が転じてストーカー行為に移行していく過程は，おそらく当事者によって感知されうるであろう。知らないうちに見知らぬ人に狙われていたなどの，面識がない加害者からのストーカー行為は約9.9％と稀少である[10]。ここに，メディアが供給するストーカーのイメージと現実の落差のひとつがある。また，統計によると，警察の介入をうけた加害者はストーカー行為を中止するケースが多かった。ところが奇妙なことに，ストーカー・ドラマやストーカー関連図書では，現実を必ずしも反映しない，もしくは誇張するモチーフが多用されている。忍び寄られ，いくら逃げても追われ，理解を絶する物品を送りつけられるという現実の被害状況は，確かに「ストーカー規制法」の範疇ではあるのだが，フィクションの世界でそこに「ホラー・ムービー」に近い脚色が加えられたのである。

(3)　**ロマンティック・ラブとストーカー行為**

　ここで若干迂回して，「ストーカーという問題の立て方自体が，きわめて現代的な現象である」という冒頭の指摘について注釈を加えておきたい。ストーカーという定義がない社会文化的状況において，「ストーカー行為」はどのように意味づけられるのかという問題である。

　韓国の恋愛作法に関する興味深い紹介文がある。韓国の男性は，遊びであるのか本気であるのかを問わず，「とにかく『落としたい』と思ったら……相手が根負けするまで諦めることなく攻めまく」り，一方，女性の方は「徹底的に拒否の態度を示し続ける」という「女の鉄則」を守る。「口説き落としてこ

そ」の男性と，それに対して「そう簡単に誘いに乗らないことは，相手の男性に対する礼節でもある」として徹底的に無視する女性という見事なジェンダー・ロールが，かつての韓国では成り立っていた[11]。韓国の映画やドラマでは，思い定めた女性を執拗に待ち伏せ，贈った花束を投げ返され，しまいには路地にひれ伏して懇願する男性がよく登場するが，これはロマンティック・ラブのおなじみのパターンである。

　それほどまでに戯画的なジェンダー・ロールの遂行を日本で観察することはほとんどない。しかし，韓国とはテクスチャーが異なるとはいえ，映画やドラマをはじめ，演歌はいうに及ばずポップスなどにも，ロマンティック・ラブにまつわるメッセージはあふれている。それらは解釈が違えば明らかにストーカー行為と定義しうるものも含んでいる。

　そのようなストーカー行為に近似する行為が現実の生活で生じた場合でも，当事者が下す解釈はけっして一様ではない。それが恋愛関係の只中であれば，当事者にとっては「歓びの空間」[12]を具現するための役割遂行に他ならない。しかし，ひとたび問題が生じて，恋愛をめぐる儀礼的応酬なり戦略なりに関するリアリティに重大な亀裂が生ずれば，「歓びの空間」は「嫌悪／恐怖の煉獄」へとドラスティックに転換することもありえるだろう。ストーカー行為に関する考察では，この当事者の主観的意味付けという問題を避けることはできない。

　とはいえ，ストーカー行為の問題を被害者の解釈の問題に一義的に帰してしまってはならない。ストーカー行為は時に殺人にまでエスカレートする場合があるということを数々の事件は示している。このような現実を前にして，ストーカー行為を被害者側の「被害妄想」[13]と断じることはセカンド・レイプ的な暴力である。以上のように考えると，ストーカー行為を分析することの困難さは，殺人や暴力といった凶悪犯罪と「恋愛の機微」に読み替え可能な親密性に密着した問題が，同様にカテゴライズされるという点に関わっているといえる。ストーカー行為とロマンティック・ラブを分かつ行為者による理解の問題

は非常に重要ではあるが，本章は両者を生み出す社会文化的な背景に焦点を当てて，考察を進めていくことにしたい．

Ⅳ ストーカーの説明原理

(1) 〈わたし〉の内部へ向かうストーカー言説

ここで再びストーカー関連図書を参考にして，そこで提示されるストーカーのいくつかの類型について概観してみたい．

まず，ストーカー関連図書の対策マニュアル，関連法解説，小説などを除いて，もっとも多く扱われるテーマが「人はなぜストーカーになるか」という系統のものである．その謎解きの装置として，ストーカー行為を「嗜癖」の一種であると解説するパターンがある[14]．

ストーカー行為への言及はないものの，人間関係の病理と嗜癖を関連づけた臨床的論考として，シェフ(Schaef, A.W.)の『嗜癖する人間関係』[15]などがあげられる．シェフは，「性的嗜癖，ロマンス嗜癖，人間関係嗜癖」に陥った当事者が「嗜癖的文化の犠牲者」であることに気づき，「嗜癖的文化から生じた病から回復する」[16]ことの重要性を説く．嗜癖的人間関係から回復し，「健全な人間関係」を築くための処方箋として，「12ステップ・プログラム」を提唱している[17]．

「嗜癖」としてのストーカー行為という見方に立てば，個人の欲望を嗜癖対象へと煽り立てていく欲望自然主義的な社会の病理性と煽りに弱い脆弱な個人が，病理の核心部として問題化される．ストーカー行為の問題を行為者本人だけの問題に矮小化することを避け，関係性の次元に切開しうるという意味で，嗜癖問題としてのアプローチは洞察を含んでいるといえよう．嗜癖としてのストーカー行為という発想は，また，ストーカー行為をコミュニケーション不全としてとらえる問題設定にも連関する．

しかし，このような発想と根本を同じくしつつも，嗜癖に陥る個人の弱さに

対して，排他的なニュアンスを含んだ言説も生み出された。「自分の欲求や感情をコントロールできない人びと。増大する一方的な自己主張。希薄な自己存在への不安感。ケータイ依存症。ひとりではいられない多くの若者たち。渦巻く疎外感と孤独感。『コミュニケーション不全』の現代社会にストーカー予備軍は蔓延している」[18]。このような言説を介して，ストーカー問題は社会問題から個人の問題へと再びソフトに収斂されていく。さらに，ストーカーの心理的特徴に問題行動の原因を見出そうとする大衆心理学的な諸言説がそのような事態に拍車をかけることになる。精神医学や心理学の専門用語を交えつつ，ストーカー行為を一種の「精神病理」として解説するストーカー関連図書は，専門性のレベルも高低さまざまに，精神科医やカウンセラーなどによって著されてきた。「ストーカーもストーカー的人物も精神的虐待行為をするような加害者は人格障害者であることが圧倒的に多い。いわゆるボーダーラインだ」[19]，「顔見知りや同僚をつけ狙うストーカーの多くは，行動とは裏腹に一見正常に映り，そのような彼らの精神病理は『ボーダーライン人格障害』に重なる部分が大きい」[20] といった解説は，学術専門誌から週刊誌に至るまで散見される[21]。「わたし」と直にリンクするストーカー言説の「文法」は，さらに心理主義的に脚色されたのである。ここに至って，「わたし」がいつストーカーになるのか，「わたし」がいつストーカー被害にあうのかわからない，というストーリー構築が完成したといえるだろう[22]。

(2) 「人格障害」というカテゴリー

　精神医学ないし心理学などの臨床的立場からは，精神病理としてストーカー問題を位置づける言説が呈示されてきた。そこでは，論者の立場によっていくつかの分類が示され，「人格障害」，「ボーダーライン」という区分がほぼ共通して用いられている。

　まず，「人格障害」とはどのようなカテゴリーなのか，簡単に確認しておく。アメリカ精神医学会は「精神障害の分類と診断の手引き」（Diagnostic and Statistical Manual of Mental Disorders = DSM) を発行しており，その診断カテゴリーのひとつが「人格障害」である[23]。

さらに詳しくみると，(A) 奇妙で風変わりな人格障害群，(B) 感情の混乱や過剰を特徴とする人格障害群，(C) 不安の強さを特徴とする人格障害群，という大きく区別された人格障害の3タイプのうち，(B) に，演技性人格障害，自己愛性人格障害，反社会性人格障害とならんでボーダーライン人格障害が示されている。ボーダーライン人格障害は「対人関係，自己像，感情の不安定およびいちじるしい衝動性の広範な様式」と指摘され，8項目の診断基準が示されている[24]。

ところで，人格障害とは，病気ではなく，人格の病的な偏りを示す名称である。病気ならば治療可能であるが，病気でない人格障害は治療困難であることが想像される。そもそも人格障害という診断およびその診断基準たる DSM は，分類のためのマニュアルである。精神科医の滝川一廣によると，DSM は治療を指向する処方箋ではなく，単にカテゴリーであり，「DSM は原因や病理を原則として問わない理解法」[25]である。

以上の整理にしたがえば，人格障害という分類自体はある状態の原因・病理を説明しうる説明原理ではない。ストーカーと人格障害を結びつける言説はひとつのレトリックにほかならない。

(3) ストーカーを生む社会文化的背景

ストーカー問題をコミュニケーション・スキルの問題と関連づけた社会学者が宮台真司である。「日本的学校化」が進行する過程で，学業成績のみで自他の能力を判断するエリート層が1970年代に誕生したという議論を踏まえ，「全能感」を抱いたエリート学生が，女性からの拒絶をうけ入れずに執拗に追い回したのが，日本社会におけるストーカーの登場だったという指摘である。その後，「日本的学校化」が裾野を広げた結果，ストーカーの土壌も広がったとしている[26]。

ストーカー関連図書に目を通していくと、ストーカー行為の加害者が非常な自信家であったという事例が多い。しかし、ストーカーのすべてが学業成績のみを軸にして、誇大妄想的な自信を担保していたわけではなさそうである。学業成績が芳しくない場合でも、彼らは何かに自信の根拠を見出して、「全能感」を維持していたようにみえる。そのような根拠のない過剰な自信は、多くの場合、自我を揺さぶる深い劣等感をともなうであろう。ここまでみてきたように、ストーカーのイメージにはフィクショナルに構築された部分が大きいとはいえ、実際にストーカー行為に及ぶ者にコミュニケーション・スキルの劣化という要因がなかったとはいえない。それが一部の凶悪犯ではなく、より広範な行為者に共有されている性質であるならば、病理の根はさらに深部にある。

　その他、ストーカー行為を「都市犯罪」と位置づける論者もいる[27]。再び統計をみると、主要都市圏では面識のないものによるストーカー事案が全体の約11.8％であり、全国平均の約9.9％に比して割合は若干高い。

V　ストーカー行為の予防のために

　ストーカーは「恋愛感情」を振り向ける対象に暴力的に依存する人びとである。一方、ストーカーを生み出した現代社会には、「嗜癖的文化」とロマンティック・ラブ・イデオロギーが蔓延している。しかも現代日本のロマンティック・ラブ・イデオロギーは、ハッピー・エンドや悲恋といったパターンを用意するというより、「わたし」へと内向するストーリーを量産してきたのだといえるかもしれない。イデオロギーがロマンティックな香気を放つ分には、私たちにも安寧の床が準備されるだろう。しかし、マスメディアによって構築されるストーカー言説とそこに加えられる心理主義的脚色は、個人をますます過敏にし、場合によっては暴力をひきおこす危険さえ孕んでいる。また、それらの言説が滑り込むことにより、親密な関係性は自己防衛や危機管理の対象となりうる。もっとも親密であるはずの世界に冷酷な関係疎外が生じる可能性も

あろう。

　「ストーカーの被害者は，警察や周りになかなか信じてもらえない孤立無援な無力感と，報復を恐れる気持ちとが相まって，声を上げなかったり，上げられないことが多い」[28]という被害者の心情に近い訴えは，なぜかくも大量のストーカー関連図書の需要と供給があったのかという問題にひとつのヒントを与えてくれる。加害者たるストーカーは対人コミュニケーションの能力をいちじるしく欠く，行為の不道徳を病んでいるが，ストーカーに怯える被害者と被害者予備軍は，万一ストーカー行為が身に降りかかってきた場合の対処に疎いという事情が推察される。

　ストーカー対策の小冊子は，「もしあなたが狙われたら，① 尾行されていると感じたら，あたりを警戒し，タクシーなどの利用を，② 無言電話には，応対せずに切ること，③ 個人情報が書かれている書類は，細かく砕いてからゴミとして出しましょう，④ ひとりで悩まず，手遅れになる前に警察に相談を」[29]とよびかけている。現代日本の社会生活において基本であるといえるこのような危機管理や対策がいまだに共有されていないとすれば，さらなる啓発とストーカー行為の予防推進が必要であろう。

注）

1）1994年にアメリカで出版された Linden Gross, To Have or to Harm: True Stories of Stalkers and Their Victims, Warner Book が，1995年にグロス, L.(秋岡史訳)『ストーカー　ゆがんだ愛のかたち』詳伝社刊，として紹介され，これがマスメディアによるストーカー関連の情報発信の先鞭をつけた。
2）なお，2001年の相談件数は，上半期が１万3493件，下半期が１万1652件であり，半期で約13.6％減少している。
3）檜垣重臣「ストーカー行為等の規制等に関する法律について」『警察學論集』第53巻第７号，立花書房，2000，p.79.
4）園田寿『わかりやすいストーカー規制法』有斐閣，2002，p.9.
5）「埼玉県桶川市で刺殺された女子大２年(当時21歳)が生前に県警上尾署に告訴した名誉毀損事件に絡み，同署員３人が調書を改ざんしたことなどの監督責任を問い，国家公安委員会は６日午前…処分を決めた。県警も同日，署員３人を虚偽

公文書作成・同行使容疑で浦和地検に書類送検するとともに，懲戒免職処分とした。…調べでは，元巡査長は昨年（1999年：引用者注）9月7日，昨年7月29日と8月3日にAさんの供述を元に作成した供述調書を作成した疑い。また，元刑事2課長ら3人は，昨年7月13日にAさん宅周辺に中傷ビラがまかれた事件で，実況検分を行なった際，立会人となったAさんの母親にビラを廃棄させて，押収していなかったことをごまかすために，今年（2000年：引用者注）1月10日などに，本多元巡査長がビラ8枚を押収した後に廃棄処分にしたとする虚偽の調書や捜査報告書を作成するなどした疑い。…昨年9月に母親に対して，元巡査長が行なった告訴の取り下げ要請は，つじつまを合わせるための工作だったとみられる。」
(毎日新聞2000年4月6日記事)
6) 鳥越俊太郎・取材班『桶川女子大生ストーカー殺人事件』メディアファクトリー，2000．
7) ストーカー規制法に抵触する事案の他，刑罰法令に抵触するとしないとを問わず，執拗なつきまといや無言電話などによる嫌がらせ行為をともなう事案を含む。なお，統計については，重久真毅「『ストーカー行為等の規制等に関する法律』施行後1年を経て」『捜査研究』創刊600号記念増刊号，東京法令出版，2002，から引用した。
8) 被害者が法人である2件を除いている。
9) 行為者が不明である1,306件を除いている。
10) 重久真毅，前掲論文，p.130．
11) 呉善花『恋のすれちがい』角川文庫，1997，pp.11-13．
12) 高橋裕子『「女らしさ」の社会学』学文社，2002，p.82．
13) 岩下久美子『人はなぜストーカーになるのか』文春文庫PLUS，2001，p.3．
14)「ストーキングは，一種の『嗜癖』である…彼らの多くは，アルコール依存と同じように，自らを酩酊させるストーキングという悪い習慣(嗜癖行動)をやめたいと思ってもやめられない…。ストーカーは…常に依存対象を探している。のめりこむ対象がアルコールやタバコではなく，人間という点が問題を重大にする」（岩下久美子，前掲書，pp.136-137）という指摘を参照されたい。
15) シェフ，A.W.(高畠克子訳)『嗜癖する人間関係』誠信書房，1999．
16) 同上書，p.184．
17) この12ステップは，アルコール依存の回復プログラムに依拠している。同上書，pp.208-211．
18) 岩下久美子，前掲書，p.338．
19) 小早川明子『あなたがストーカーになる日』廣済堂，2001，p.111．
20) 春日武彦『屈折愛　あなたの隣のストーカー』文春文庫，2001，p.27．
21)「彼らの心の奥には，自分はずっと傷つけられ，苦しんでいて，自分こそ被害者なのだという思いがあり，その思いから生じた，他人や社会に対する強烈な復

讐心，恨みがある…」(荒木創造『ストーカーの心理』講談社＋α新書，2001，p.182)という指摘を参照されたい。
22) 典型的な言説として，「『ストーカーとは誰だ？』の答えには，『それは誰でもなりうる』ものだと答える」(小早川明子，前掲書，p.4.)があげられよう。
23) 高橋三郎『DSM-4　精神疾患の分類と診断の手引き』医学書院，1996．
24) 鈴木茂『人格障害とは何か』岩波書店，2001，pp.44-49．
25) 滝川一廣『「こころ」はどこで壊れるか』洋泉社，2001，p.158．
26) 宮台真司・藤井誠二『「脱社会化」と少年犯罪』創出版，2001，pp.29-38．
27)「ストーカーは都市に典型的な犯罪であって，ムラ的な地域社会では成立しえない。ストーカーたちは，都市の無名性・匿名性という闇のなかから忽然と立ち現れる」(福島章『新版　ストーカーの心理学』PHP新書，2002，p.14.)という指摘を参照されたい。
28) 岩下久美子，前掲書，p.252．
29) 全国防犯協会連合会『Self Defense　特集：女性を守る』東京法令出版，1999，p.7．

第12章 病める関係性とマクロ問題
——自殺の分析から——

I　問題の所在

　終章にあたって再確認すれば，本書のタイトルである「病める関係性」は，基本的には「現代社会における人びとの関わりの型・方法の喪失」を意味している。それは，人びとのコミュニケーション能力，自己表現能力，人間関係の形成・維持能力などの弱化や欠如をあらわす概念である。したがって，本書は関係性の「希薄化」を基調にしながら，その上で，関係性がそこから「浮遊，濃密化，歪み」の各方向にブレる（複雑に絡む）現代的状況を，第1部と第2部のタイトルとしてあらわしている。

　そして，本書が「ミクロ社会の病理」として対象にしている各章の「病理または問題行動」現象には，第1に，少年非行・少女売春・夫婦間コンフリクトのように，比較的古くからあらわれた（または社会問題化した）上で，今日新しい性質をもつようになったものがあり，第2に，いじめ・過労死のように，主に1980年代以降に注目されるようになったものがあり，第3に，ひきこもり・子ども虐待・DV・セクハラ・ストーカーのように，1990年代からきわめて最近にかけて注目されるようになったものがある。これらの諸現象に比べると，本章が対象にする「自殺」は，第1のタイプのなかでも「今日の新しさ」があまり顕著にあらわれていない現象であり，その社会問題化や「言説」性が他の諸現象ほど強調されていない現象であると思われ，その意味では伝統的・不変的な社会病理現象といえるだろう。

　ところで，本章であえて「マクロ問題」というタイトルの下に自殺を論じるのは，デュルケム（Durkheim, E.）も述べたように，「個人の身体的・心理的素質

によっても物理的環境の性質によっても説明することのできない特有の自殺傾向が，それぞれの社会集団に存在」し，それは「必然的に社会的原因に根ざす」[1]からであり，また，各章の「病理または問題行動」現象が本講座第2巻の「マクロ社会の病理」と関連していることを確認するためである。そして結論的にいえば，自殺にみられる「病める関係性」とは，自殺が，関わりをもつことに疲れて関わりを放棄するものであり，希薄化・浮遊する関係性による青少年の自殺や，濃密化・歪む関係性から離脱する中高年の自殺などが，そこに象徴的にみてとれることを意味している。

II 自殺の概念と意味

デュルケムは，「死が，当人自身によってなされた積極的・消極的な行為から直接・間接に生ずる結果であり，しかも，当人がその結果の生じうることを予知していた場合を，すべて自殺と名づける」[2]と定義したが，その後，この定義に欠けている要件として，死への願望・意志や目的の存在が指摘されるようになった。また，彼は自殺の「病理性」について，自殺は道徳的な合意に反する行為であり，自殺の急増は19世紀のヨーロッパ社会の病理(エゴイズムの肥大化，アノミーの蔓延，生に対するペシミズムの風潮)を反映していると述べた。

このような自殺の「病理性」についての判断や自殺の「是非」をめぐっては，個人がもつ自由権のひとつ＝死ぬ権利として自殺を肯定する見方もあるが，基本的人権や生命の尊厳という近代社会の理念・規範に反するものとして自殺を否定する見方が一般的である。つまり自殺は，個人という「聖なる対象の，対象の内部に由来する意図的な毀損・侵害の動きであり，だから人びとにとってあってはならないこと」とみなされるのである。ただし，この「病理性」の判断は，「『個人』の神聖さ(→自殺の禁止)対『個人』の自律(→自殺の自由)という……近代の個人主義という価値……が孕む矛盾に根ざしている」[3]というべ

きであろう。したがって、社会学的方法論においては、「自殺に関する議論は、実証主義と主観的社会学の間の分裂を反映している」[4]ともいわれ、後者の代表格であるダグラス(Douglas, J.D.)はデュルケムの一元的な自殺＝病理観を批判して、多元的な自殺観と行為者の意味付与の問題を提起した[5]。それは簡潔にまとめれば、① 現世から来世への自己解放の手段、② 他者に対する自己変革、③ 助けや共感を求める仲間意識、④ 他者の罪にする報復、の４つの意味である。

　ところで、本章では既に、自殺はその社会問題化や「言説」性があまり強調されない伝統的・不変的な社会病理現象であると述べた。その第１の理由は、「死ぬ権利」や自殺の自由として語られるように、自殺は個人の自由意志によるものとみなされがちであるが、「自殺は強制された死である……さまざまな選択肢のなかから自由な意思に基づいて選ばれたものではない」[6]という見解を支持するからである。さらに臨床的には、自殺者の多くはうつ病に代表される心の病を抱えており、他の選択肢がみえないほど追いつめられているといわれるからである。第２の理由は、自殺への巨視的・社会構造的アプローチ(マクロ問題としての自殺の分析)から、自殺を強制する社会や自殺を許容し賛美する社会の病理性・問題性を明らかにすべきであると考えるからである。したがって、「自殺は『社会病理』認識のためのいわば手段的な意味」[7]をもつということになる。第３の理由は、自殺の公式統計は非行統計のように社会的に構成される程度が低く、統制側とマスメディアの反作用によって社会問題化される程度も比較的低いと考えるからである。この点については、主観的社会学の潮流は公式自殺率に対する懐疑的立場をとり、「公式自殺率は社会的に構成される。役人の定義や収集手続きは変化するので、自殺率は体系的に偏りがちである」[8]と主張するが、中河伸俊も述べるように、「公式統計を用いた研究を全面的に否定する必要はない……自殺統計は少なくともある程度は、社会的な『何か』を表現していると思われる」[9]からである。

Ⅲ 自殺の社会学的研究の系譜

　自殺統計があらわす社会的な「何か」を初めて社会学的に解明したのがデュルケムの『自殺論』(1897)であった。彼は19世紀西欧の自殺の公式統計を分析して，各社会集団ごとに固有に恒常的にあらわれる自殺率を規定する社会的要因を析出しようとして，「自殺は，個人の属している社会集団の統合の強さに反比例して増減する[10]」という有名な命題を提起した。デュルケムによれば，カトリックよりもプロテスタントの方が，農村よりも都市の方が，既婚者よりも独身者や離婚者の方が自殺率が高いのは，後者が属している社会集団の統合度・凝集性が弱いからである。そして，19世紀の西欧社会は社会集団の統合の弱まりによって特徴づけられるがゆえに，自殺の急増という病理現象をひきおこしたというわけである。

　デュルケムはまた，特定の歴史的・社会的状況において生じるさまざまな自殺の類型化を，以下の4つのタイプで示したことでも知られている。その第1は「自己本位的自殺 egoistic suicide」であり，個人を社会集団に結びつける絆の弱まりから起こる。近代社会では，人びとは周囲の価値や期待から離反すると，「過度の個人主義」に悩むようになり，その結果，行動の活力を失って孤独な生活に閉じこもるようになり，自殺傾向を強めるのである。第2は「集団本位的自殺 altruistic suicide」であり，個人の社会集団への過度の統合から起こる。とくに伝統社会では，個人の自我が所属集団の慣習や伝統によって強く規定され，個人が外在的・集合的な価値にのみ強く方向づけられる結果，強烈な感情に根ざした能動的な行為としての自殺傾向を強めるのである。第3は「アノミー的自殺 anomic suicide」であり，社会による個人の規制の欠如から起こる。産業社会では，とくに急激な経済変動は社会的・個人的な不安定性を助長し，人びとは現実の所有と所有願望とのギャップから不満足感をつのらせる。その結果，失望にともなって生じる苛立ちや憤懣などの感情が自殺傾向を強めるこ

とになる。第4は補足的なタイプで，社会による個人の過度の規制から起こる「宿命的自殺 fatalistic suicide」である。

　デュルケムによる自殺の社会学的4類型は，さまざまな特徴を示す自殺の類型化と説明に今日でも適用されており，この類型化自体を否定する学説は出ていない。しかし，デュルケム以後の自殺の社会学的研究は，彼の命題のなかの「社会集団の統合」という概念を特定の他の変数に置き換える形で，彼の理論を補強または修正していった。それらのなかには，自殺の増減や自殺率の高低を規定する主な社会的要因として，階級的・職業的下降移動をあげるもの，子どものしつけ方の階級的・文化的相違をあげるもの，都市的生活様式や社会移動の高率地域における社会統合度の低さ(社会的孤立化)をあげるものなどがあるが[11]，もっとも代表的なものとしては，ヘンリー(Henry, A.)とショート(Short, J.)の「欲求不満—攻撃」理論[12]と，ギブス(Gibbs, J.)とマーチン(Martin, W.)の「地位統合」理論[13]があげられる。

　「欲求不満—攻撃」理論(1954)は，社会的要因として，経済的不況による社会的地位の喪失と個人の外的拘束度の低さをあげている。不況時などに経済的利益を得られずに社会的地位の維持に失敗すると，人びとは欲求不満に陥りやすい。そして，この欲求不満が攻撃的衝動を刺激して，自己に対する攻撃をひきおこした場合に，自己の行為への外的拘束の度合いが低い(自律的な存在でありえる)上層階級の人びとは自殺傾向を強めるというわけである。また，「地位統合」理論(1958)は，自殺率は社会的要因としての地位統合の程度に反比例するという命題を提起している。近代化にともなって人びとは多様な地位群を占めるようになり，そのために社会関係の安定性や持続性を弱める役割葛藤に直面しやすい。そこで，所属集団内で両立不可能な地位を占めるようになる(地位群が統合されない)と，この役割葛藤のために自殺傾向を強めることになる。

　このように，デュルケムの「社会集団の統合」という概念はさまざまな変数に置き換えられたが，それらの変数は概して，都市化・産業化の進展にともな

う社会移動の激化を歴史的背景として，人びとの社会関係や地位の不安定化・喪失をあらわすものであった。

Ⅳ 日本の自殺統計の特徴

日本の自殺統計の問題として，厚生労働省の「自殺死亡統計」と警察庁の自殺統計の差異があるが[14]，結果的には警察庁の統計値の方がわずかに多くなっている。また，自殺をタブー視して身内などの自殺を隠す傾向があるので，公式統計よりも実際の自殺者数は多いといわれているが，われわれはまず，これらの自殺統計から日本全体の自殺の動向をみていかなければならない。

戦後の自殺者数の推移は図表12-1によってあらわされている。日本の自殺統計は1899（明治32）年から始まったが，同年の人口10万人比を示す自殺率は

図表12-1 自殺者数の推移（1977年以前は厚生省，78年以降は警察庁の統計による）

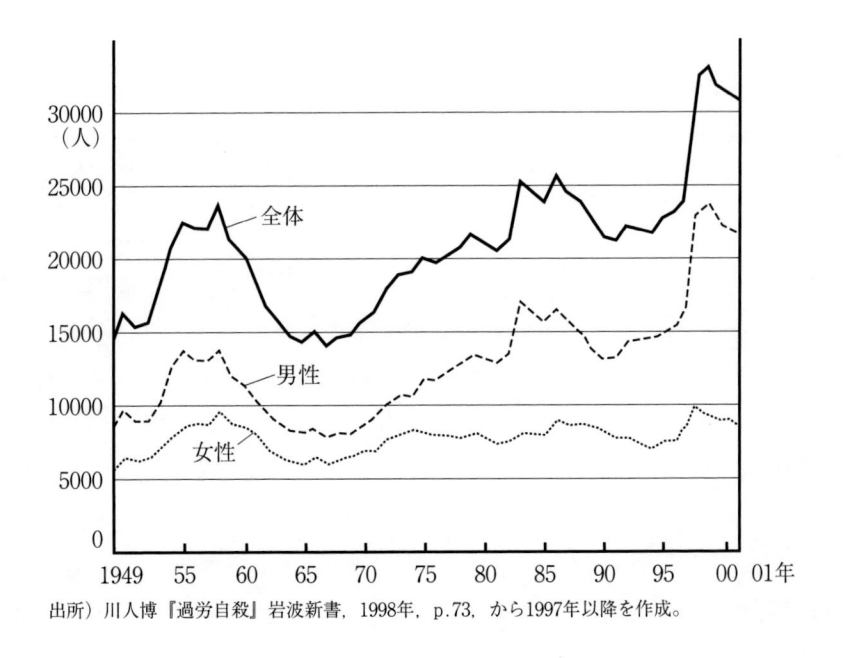

出所）川人博『過労自殺』岩波新書，1998年，p.73，から1997年以降を作成。

第12章 病める関係性とマクロ問題

13.7であり，戦前・戦中の最高は1932年の22.2，最低は1943年の12.1であった。そして，戦後の自殺者数と自殺率（カッコ内）には3つのピークがあることがわかる。第1のピークはなべ底景気といわれた1958年の2万3,641人（25.7）で，当時の世界最高を記録し，1953年から1960年までの8年間は自殺率が常に20を上回っていた。そして，その後は減少傾向を続け，1967年に1万4,121人（14.2）の自殺率戦後最低を記録したが，1980年代には再び自殺増加期に転じて，1983年から1987年までの5年間には自殺率が19を上回り，1986年の2万5,667人（21.2）で第2のピークを形成した。さらに，自殺者数が一挙に3万人台に増加した1998年以降の最近の4年間は，史上最多の自殺者数と最高の自殺率を記録した1999年の3万3,048人（26.1）を第3のピークとする自殺多発期を形成している。

このような日本の自殺の動向は経済的変動に左右される傾向が強く，図表12

図表12-2 自殺率と完全失業率の推移
（失業率は総務省，自殺率は厚生労働省・警察庁による）

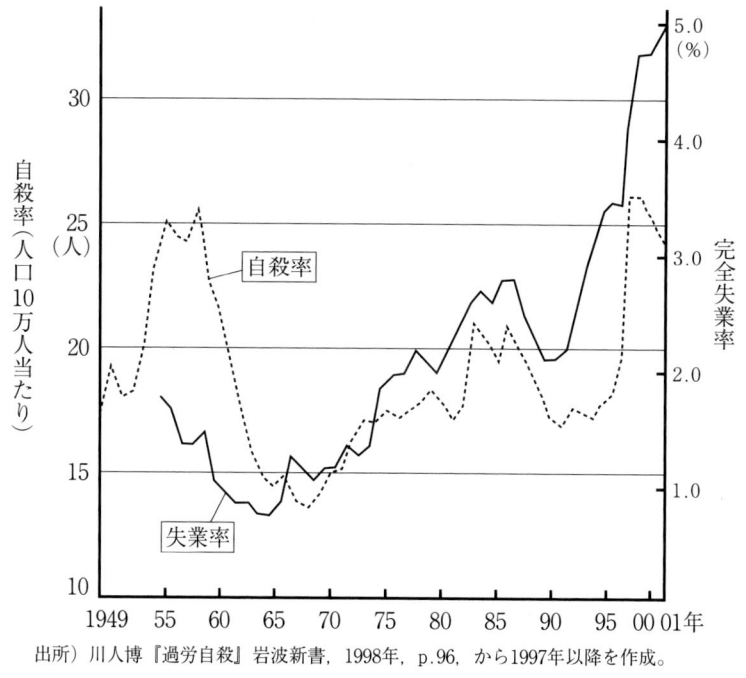

出所）川人博『過労自殺』岩波新書，1998年，p.96，から1997年以降を作成。

図表12−3 性・年齢階級別自殺死亡率（人口10万対）の年次推移

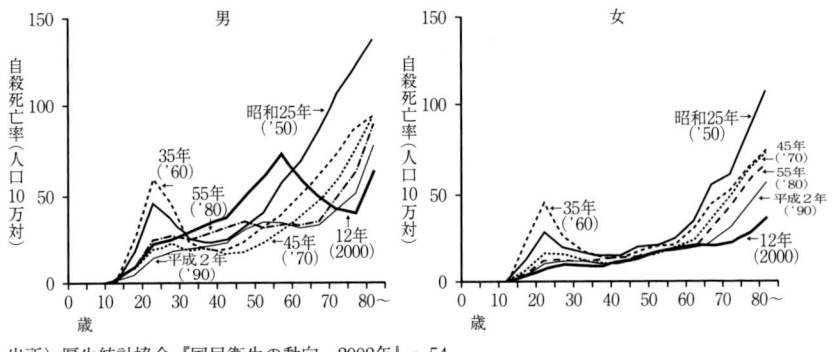

出所）厚生統計協会『国民衛生の動向 2002年』p.54

−2からも明らかなように，失業率と高い相関関係にあることがわかる。1960年代から1970年代初期の高度経済成長期には自殺率が低く，その後の失業率の上昇にともなって自殺率も上昇した。そして，バブル経済期の1990年前後からの失業率の低下とともに自殺率も低下したが，平成大不況が深刻になって失業率が4％を越えた1998年からは，再び自殺率が急激に上昇しているのである。

次に，年齢階級別にみた日本の自殺の特徴を図表12−3から概観すると，第1のピーク期を形成していた青年層の高い自殺率が高度経済成長期から急激に低下し，その代わりに，中年層の自殺率が高くなって第3のピーク期を形成している。とくに，1997年から1998年にかけての自殺者増加数8,472人のうち，男性が78％を占めており，50～64歳の年齢層が44％も増加し，未組織労働者，無職者，失業者が圧倒的に多いと報告されている。この傾向は，第1のピーク期のN字型曲線と第2のピーク期の欧米型の右上がり直線が崩れて，男性中年層をひとつのピークとする新N字型曲線へ移行しているとみることができる。なお，高齢者層では加齢とともに自殺率が一貫して上昇しているが，その度合いは次第に弱まってきている。

日本の最近の自殺統計からその他の諸特徴を列記すれば，第1に，男女ともに配偶関係における「死別」「離別」の場合の自殺率が高いが，とくに男性の

場合は女性(死別30.0, 離別27.1)に比べて非常に高く(死別85.3, 離別135.8),「未婚」の場合も,男性だけは加齢とともに高い自殺率(50歳代99.9, 60歳代以上107.5)を示すようになっている[15]。第2に,自殺率の男女比(自殺性比＝男性の自殺率に対する女性の自殺率の割合)は,第3のピーク期の最近の4年間では40％台前半であり,70％台を占めていた高度経済成長期よりも男女差は拡大してきている。しかし,欧米諸国に比べると,日本の性比は依然として高く,女性の高齢者層の自殺率も国際的にはまだ高い(2000年の65歳以上男性47.0,同女性25.3)。第3に,都道府県別の1997～2000年の自殺率をみると,秋田県が4年連続1位を占め,青森・岩手・新潟・富山・島根・宮崎の各県でワースト5を占めている。この傾向は,日本では戦前から農村に自殺が多かったことを引き継いでおり,今日では「過疎・農村県の自殺には……農村の過疎型社会の定着化が関わる」[16]ことを証明しているといえる。第4に,警察庁による自殺の原因・動機別の分類(2001年)によれば,病苦などの「健康問題」が48.7％,「経済・生活問題」が22.1％,「家庭問題」が8.6％,「勤務問題」が5.7％となっている。そして,負債関係・事業不振・生活苦・失業をその内訳とする「経済・生活問題」が理由とみられる6,845人の自殺者数は,この統計を始めた1978年以降の最多を記録している。

V 現代日本における自殺の社会学的分析

以上のような自殺統計の特徴に基づいて,関わりをもつことに疲れて関わりを放棄する自殺の「病める関係性」の諸相を社会学的に分析しなければならない。つまり,かつて中久郎が指摘したように[17],自殺の頻度を高める集団状況とその状況の日本特有の社会的・文化的背景,「自殺傾向」への反応が高い地位カテゴリーとその地位に対する社会構造上の圧力を解明しなければならない。つまり,自殺は「孤独の病」であり喪失体験によると一般的にいわれるが,その「孤独と喪失」を感じやすい人びとがおかれている集団的・社会構造的状況

を解明しなければならない。

　なお,「自殺は自殺傾向と直接動機との関数的関係から起こってくる」[18]といわれている。社会学的に換言すれば,自殺は間接的原因としての客観的諸要因(生育歴の過程を含む)と直接的原因としての個人の主観的動機(自殺発生時に作用した諸過程など)から起こり,これにデュルケムがあえて斥けた非社会的な要因としての個人特有の性格や精神疾患などが作用する。たとえば,心理学的剖検による調査から,自殺者の9割は何らかの精神科診断に当てはまる(＝うつ病とアルコール症)と指摘されている[19]。

　そこで,まず,デュルケムが主張した自殺の4類型と「社会集団の統合の弱まり」,その後の自殺の社会学的研究が主張した「人びとの社会関係や地位の不安定化・喪失」という状況が,日本の最近の自殺統計から読み取れるかという問題を検討してみたい。

　宮島喬はデュルケムの自殺観の根本にふれる問題として,彼は「貧困,経済的危機,病苦といった要因にはほとんど注意を払っていない。……彼の注目した『社会的』要因は……孤独,生き甲斐の喪失,行為の方向や目標の欠如,などの要因である」と述べて,経済的要因の影響や病苦に投影された社会的諸問題,および「デュルケムの社会問題への視角の狭さ」[20]を指摘した。そして,この指摘はその後の日本の自殺統計の分析によっても十分に実証されるものである。とくに,第3のピーク期においても顕著な失業率と自殺率との相関関係や新N字型曲線は,社会問題としての自殺を強く裏付けるものであり,病苦などの「健康問題」と「経済・生活問題」と「勤務問題」の合計は76.5％を占めている。したがって,現代日本の自殺は,デュルケムが指摘した社会的要因を規定するマクロ社会の病理からとらえられるべきである。

　このことをふまえた上で,現代日本の自殺をデュルケムの4類型に当てはめると,戦後の急速な近代化・産業化・大衆化の進展とともに,自己本位的自殺とアノミー的自殺が大半を占めるようになったのは当然のことである。近年ますます進行する家族の小規模化と機能の縮小化は家族と成員との絆を弱めて,

家族の統合の弱まりをもたらした。また，都市化の進展と社会移動の激化は地域の社会関係の希薄化と匿名化をおし進めて，地域の統合の弱まりをもたらした。その結果，人びとは病苦・葛藤・挫折などを受容したり癒したりする集団を失い，ますます個人主義的な志向を強めて，自己本位的自殺をひきおこしやすい社会的状況に影響されるようになった。さらに，現代の競争社会化と高度消費社会化の進展は人びとの生活と精神の不安定化を促し，業績主義と金銭至上主義の蔓延が人びとの物質的欲望の肥大化をもたらした。その結果，人びとは高められた欲望とその達成とのギャップのために緊張と不安と落胆を余儀なくされ，アノミー的自殺をひきおこしやすい社会的状況に影響されるようになった。もっとも今日の第3のピーク期では，欲望達成の挫折よりも，平成大不況によって生活と地位の現状維持が困難になってきたことの方が影響が強いと思われる。

　したがって，現代日本の中年層の自殺は，デュルケムとその後の社会学的研究からみれば，「社会集団の統合の弱まり」を前提にしながらも，所属階級・階層に関わりなく，労働の場全体に広がっている「社会関係や地位の不安定化・喪失」によるものであり，とくに階級的・職業的下降移動にともなう地位——役割葛藤によるものが多いと考えられる。その意味では，経済的要因が社会的要因を強く規定していて，今までの生活水準が維持できない下降的なアノミー的自殺の特徴を示していると考えられる。川人博はこのような状況を「市場教」の席巻と表現して，次のように述べている。「これまでの会社主義の土壌のうえにもちこまれた市場原理万能主義の思想が，労働者を呪縛している。荒々しい市場原理・競争至上の考え方が労働者の自由な生活，心のゆとりを奪っているのである」[21]。

　ところで，依然として日本の自殺の多くを占める高齢者層の自殺は，しばしば集団本位的自殺としても説明されてきた。しかし，デュルケムの4類型を厳密に適用するならば，高齢者層の自殺は集団への過度の統合から能動的に行為されるものではなく，家族や地域の機能の縮小といった「集団の統合の弱ま

り」による孤独と喪失を基調にしているので，自己本位的自殺やアノミー的自殺に属するものが多いといえる。とくに75歳以上の後期高齢者の多くは昭和以前の生まれであり，戦前のムラの伝統的な共同性とイエの集団主義的結合を原体験としてきた。しかし，ムラの過疎化，イエ機能の弱化，家族形態の変化などは高齢者の原体験を失わせて，家族成員との価値観のズレをもたらし，家族や地域における彼らの地位と役割を奪ってきた。このような急激な社会変動の結果としての孤独と喪失が，日本の高齢者層の自殺傾向を強めてきたとみるべきであろう。したがって，高齢者が内面化してきたムラとイエの価値体系と現代の価値体系との落差が自殺に影響を与えているという点では，とくにアノミー的自殺の性格が強いと考えられる。1人暮らしの高齢者よりも3世代同居の高齢者の方が自殺が多いと指摘されるのも，この落差によるところが大きいと考えられる。

　しかし，デュルケムとその後の社会学的研究からは読み取れない日本の自殺の社会的・文化的背景が今までいくつか分析されてきた。そのなかでもっとも注目すべきことは労働をめぐる日本的な価値観であり，「働くことが美徳」という単一の価値観である。それは高齢者の場合には，「働けること，役に立つこと」の価値を煽るエイジズム(年齢差別主義)としてあらわれ，中年層の場合には，「自己を職業的役割に過度に同一化する態度(役割自己愛)」[22]としてあらわれる。そして，1人ひとりに仕事の過重負担を強いる日本型システムがこの価値観を強めてきたといえよう。

　このような日本的な価値観は，第1に，65歳以上の前期高齢者世代とその直後の世代の問題として具体的にあらわれている。いわゆる「昭和1ケタ世代」を中心とする1930年代生まれの彼らは，その成長期を軍国少年として過ごし，自己を組織に同一化させる最後の世代といわれ，弱音を吐くことを恥とする「勤勉・禁欲世代」である。また，その反面，弱音を吐かない彼らの忍耐強さは，社会での葛藤や挫折に対する柔軟でしたたかな対応能力を弱めて，時として自殺を起こしやすい心性の形成につながるといわれている。したがって，

1950年代の青年層の高い自殺率はこの世代の出生コーホートにつながり，それが再び今日の中高年層の高い自殺率を形成しているとみることができる[23]。

　第2に，この日本的な価値観は，農村の貧困と過疎のなかで生きる高齢者により強い影響を与えていると考えられる。1995年の統計では，65～69歳の自殺率1位は秋田県(55.1)，70～74歳の同1位は青森県(49.8)，75～79歳の同1位は宮崎県(80.3)，80～84歳の同1位は秋田県(99.4)，85歳以上の同1位は新潟県(113.7)であり[24]，この4年間にワースト5を競っている青森・秋田・岩手・新潟・富山・島根・宮崎の各県は，いずれも高齢者層の自殺率が高い。また，これらの各県は県別人口の減少率が高く（秋田県が1位で0.63，7県とも減少率16位以内[25]），新潟県と富山県を除く5県は1人あたり県民所得が全国34位以下である[26]。したがって，自殺高率県と貧困・過疎の因果関係は，「自然的・地理的条件の厳しさ→農業経営の零細性→農家所得水準の低さ・出稼ぎ・過疎化→過疎地帯の労働過重」という状況のなかで，「老人でもいつまでも働かざるをえない」，「働けなくなったら生きていく価値がない」[27]という厭世観に至るものと推測することができる。

　第3に，上述の日本的な労働価値観には直結しない社会的・文化的背景を明らかにするために，日本の男女別の自殺率にみられる諸特徴を分析する必要がある。そして，まず，死別・離別・未婚の男性の自殺率が女性に比べて非常に高いことは，日本の男性の多くが依然としてジェンダー意識を強く内面化しているために，ウチを支えてきた配偶者を失った孤独感に耐えがたい状況をあらわし，また，「世帯をもって一人前の男」という単身者差別意識の影響をうけていると考えられる。その結果として，このように典型的な自己本位的自殺を起こしやすいのであろう。次に，国際的には女性の自殺率が高いこと（2000年の13.4は主要12ヵ国の比較でハンガリーの14.7についで2位[28]）は，中がかつて指摘したように[29]，日本の女性の自我の高まりや社会進出にもかかわらず，ジェンダー意識や家族の前近代的な人間関係が依然として強く，女性の自立を妨げている現状をあらわしていると考えられる。その結果として，社会的規制

に関わるアノミー的自殺や宿命的自殺の性格が強く，近代化の過渡期の現象として語られてきた。

Ⅵ　自殺の「社会問題化」

　既述のように，自殺の「言説」性があまり強調されない最大の理由は，その公式統計が社会的に構成される程度が低いことである。したがって，「社会問題の構築」という文脈においては，自殺は他の「病理または問題行動」諸現象に比べて「社会問題化」されにくい。しかし，自殺をめぐるマスメディアの報道や世論が，時には自殺を「重大な社会問題」として取り上げたり，特定の年齢層における自殺の増加をひきおこしたりすることには注目する必要があるだろう。また，自殺の既遂・未遂１件あたりに周囲の５人が精神的に深刻な影響をうけ，既遂者の10倍の未遂者がいると推定すれば，心の傷を負う人は年間150万人に及ぶという指摘は[30]，自殺がきわめて「重大な社会問題」であることを示している。ところが，その重大性を世に問うことが自殺防止にはつながらず，逆に自殺を促進しかねないところに自殺問題のむずかしさがある。

　この事情を以下に簡潔に記すと，まず，自殺に対する企業責任を問い，遺児に対する社会的支援をよびかけるという「正当な社会問題化」が最近進んでいる。1996年に，「電通過労自殺事件」に対する東京地裁判決は，「常軌を逸した長時間労働が自殺の原因。会社側は社員の健康に配慮する義務を尽くしていなかった」として被告側の責任を認め，１億２千万円の損害賠償を認めた初めての司法判断になった。そして，これに続く最高裁判決は，「企業が過労やストレスの蓄積で社員の心身の健康を損なわないよう注意する義務がある」という企業の健康管理責任を明確にした[31]。この影響もあって，過労自殺の労災認定は1999年の新基準以降に急増し，2001年には92件の請求に対して31件が認定されている。また，親が自殺した遺児が全国で９万人にのぼると報道されるなかで，「あしなが育英会」の支援活動が徐々に注目を集め，2002年11月には，同

会編の遺児たちの手記集『自殺って言えなかった。』の出版発表会が，彼らの会見と実名公表とともにマスメディアによって全国的に報道された。

　つぎに，特定の年齢層における自殺の増加は，高橋祥友によれば[32]，「ウェルテル効果」にみられるような青少年の場合に顕著な現象である。1950年代の青年層の高い自殺率も，この「マスメディア的な社会問題化」が一役買っており，近年の日本では，1979年，1986年，1994年と「群発自殺」が生じた年だけ青少年の自殺が一時的に増加したことが指摘されている。とくに，1986年の中2生S君の「いじめ自殺」とタレントの岡田有希子の自殺が，センセーショナルな報道を通じて同年代の少年たちに与えた影響は有名である。同年の未成年者の自殺は802人と突出していたし，「いじめの社会問題化」もこの頃に顕著であった。また，かつては敬老の日の前後に起こった高齢者の自殺をマスメディアがこぞって報道したために，同時期の自殺が頻発したことも印象的である。そして，このような見方から推測すれば，現在の第3のピーク期についても，1999年の初めての報道がその後の中年層の自殺に一定の影響を与えているとみることができる。当時の新聞の見出しは，「自殺者，初の3万人台，中高年男性の増加目立つ」，「経済・生活苦の自殺7割増，不況・リストラ反映」[33]であった。

Ⅶ　マクロ社会の病理としての自殺

　2001年の自殺者総数3万1,042人のうち，40代以上は2万3,417人で75.4％を占め，無職者は1万4,443人で46.5％を占めている。また，未成年者は586人で増加していない(警察庁調べ)。この傾向は第3のピーク期を通じてほぼ同じであり，現代日本の自殺が中高年層と男性に多いことは明らかである。

　そして，すでに分析したように，中年層では経済的要因が社会的要因を規定し，彼らは市場・競争社会の下で下降的アノミーに巻き込まれて苦悩している。また，高齢者層は新旧の価値体系の落差のなかで地位と役割を喪失し，とくに

農村の貧困と過疎のなかではエイジズムと孤独を余儀なくされている。このように，現代日本の自殺は，はじめから利己的で個人主義的な状況によって起こるというよりも，過重労働を強いる日本的な価値観とシステムによって起こるのである。つまり，カイシャとムラとイエに対して「関わりを煽る社会」が，一方では，当初の濃密な関係を維持することなしに人びとを冷酷に切り捨て，他方では，近代化によってその関わりを一挙に希薄化する社会に自動的に変質してしまったのである。これが自殺を強制する「単線型」社会であり，現代日本の自殺は受け皿をもてない人びとによって受動的にひきおこされている。上述の遺児たちの手記は，「弱肉強食の社会で，問題をひとりに負わせ，死に追いやる」現状を非難している。

したがって，自殺における「関わりの喪失や希薄化」という社会的要因は，その多くが「関わりの濃密化と歪み」から派生しており，ここに日本社会に根強いジェンダー意識も影を落としている。しかし，このようなマクロ社会の病理の蔓延のなかでも，第3のピーク期以前には高齢者の自殺は確実に減少しつつあった。それは高齢者福祉の発達と高齢者の健康，自立，社会参加によるところが大きい。人びとを自殺に追い込まず，その苦悩を受容する「複線型」社会が望まれる。

注）
1) デュルケム，E.(宮島喬訳)『自殺論』中公文庫，1985, p.160.
2) 同上書，p.22.
3) 以上，中河伸俊「自殺の社会的意味」仲村祥一編『社会病理学を学ぶ人のために』世界思想社，1986, p.144.
4) Moore, S., 1991, *Investigating Deviance*, Collins Educational, p.20.
5) Douglas, J.D, 1967, *The Social Meaning of Suicide*, Princeton University Press.
6) 高橋祥友『中高年の自殺を防ぐ本』法研，2000, p.4.
7) 中久郎「日本人の自殺」宝月誠・大村英昭・星野周弘編『日本の社会学13・社会病理』東京大学出版会，1986, p.114.(初出：大橋薫・大藪寿一編『社会病理学』誠信書房，1966)

8) Taylor, S., 1988, *Suicide*, Longman, p.26.
9) 中河伸俊，前掲書，p.133.
10) デュルケム，É.，前掲書，pp.247-248.
11) 岩井弘融「自殺」岩井弘融編『社会学講座16・社会病理学』東京大学出版会，1973，などがこれらの紹介に詳しい。
12) Henry, A.F. & Short, J.F., 1954, *Suicide and Homicide*, Free Press.
13) Gibbs, J.P. & Martin, W.T., 1958, "A Theory of Status Integration and Its Relationship to Suicide," *A.S.R.*, 23(2).
14) 星野周弘『社会病理学概論』学文社，1999，p.163，が詳しい。
15) 厚生省大臣官房統計情報部編『自殺死亡統計』同部，1999，による1995年の統計値である。
16) 山本努「過疎地の社会解体—自殺の分析から」日本社会病理学会編『現代の社会病理』9号，1994，p.211.
17) 中久郎，前掲書，p.113.
18) 大原健士郎『働き盛りのうつと自殺』創元社，2001，p.21.
19) 高橋祥友『自殺の心理学』講談社現代新書，1997，pp.36-43.
20) 以上，宮島喬『デュルケム自殺論』有斐閣新書，1979，pp.204-206.
21) 川人博『過労自殺』岩波新書，1998，p.207.
22) 高橋祥友，前掲書，p.108.
23) 佐々木士郎「自殺」四方寿雄・山口透・藤田弘人編『現代の社会病理学』学文社，1988，pp.80-83.
24) 注15)に同じ。
25) 2002年3月31日時点の住民基本台帳に基づく総務省の発表による。
26) 内閣府の県民経済計算(1999年度)による。
27) 澤田徹郎「農村の老人自殺について」日本社会病理学会編『現代の社会病理』4号，1989，p.178.
28) 厚生統計協会『国民衛生の動向 2002年』2002，p.54.
29) 中久郎，前掲書，pp.109-110.
30) 高橋祥友，前掲書，および『群発自殺』中公新書，1998.
31) 川人博，前掲書，参照
32) 高橋祥友，注30)に同じ。
33) 『日本経済新聞』1999年6月12日付，7月2日付による。

索　引

あ　行

愛着　　102, 105-107, 110, 111
赤川学　　89, 90
アカデミック・ハラスメント　　181
あしなが育英会　　226
アノミー　　214, 227
アノミー的自殺　　216, 222, 223, 224, 226
アリエス, P.　　82
アルコール依存　　102
アルコール依存症　　169, 183
暗数　　51
遺棄的離婚　　146
いきなり型　　66
いじめ概念の拡大　　19, 24
いじめ現象　　17-19, 21
いじめの可視性　　23
いじめの定義　　19, 20
いじめの特定化　　18, 25, 30
異食　　111
逸脱の医療化　　61
逸脱の"脱"逸脱化　　3
逸脱の有責性　　3
意味付与　　215
医療的援助モデル　　159
イワニエク, D.　　103, 114, 118
淫行処罰規定　　92
インフォーマル集団　　29
ウェーバー, M.　　21
ヴェブレン, T.　　8
ウォーカー, L.E.A.　　166
内山絢子　　86, 89
ASD　　183-185
エイジズム　　224, 227
N字型曲線　　220
援助交際　　60, 82, 84, 85, 87-91, 92, 94
援助実践　　60

援助者　　49, 54, 55, 61, 62
圓田浩二　　85, 88, 89
桶川ストーカー殺人事件　　197, 198-199, 202
男らしさ　　186
親の会　　50, 51, 56, 58, 62

か　行

ガーフィンケル, H.　　56
買春　　83-85, 92
買春処罰規定　　84, 92
解消必要一致　　142, 146, 147
改正男女雇用機会均等法　　176, 178
外的抑止力　　187, 189, 190
回復力モデル　　46
快楽系　　88
解離性症状　　183
核家族　　68, 69
拡大家族　　68, 69
下降移動　　223
過食　　111
カセクシス　　175
過疎　　221, 225, 227
過疎化　　224
家族観　　147
家族ケア中心主義　　168
家族主義　　187, 188, 190
家族病理　　152
学校恐怖症　　34
家庭内葛藤　　69
家庭内暴力　　155, 158-163, 167-170
家庭内離婚　　139
過労死を考える家族の会　　122
過労死110番　　122
川上亮一　　22, 25
川人博　　223
「環境型」セクシュアル・ハラスメント

178, 180-182, 185
監護能力　76, 77
感情共同体　162
感情労働　161, 168
企業中心社会　125
企業中心主義　134
器質的発育障害　108
絆　105-107, 182, 185
基礎社会　179
凶悪犯罪　65
共依存　34, 166
共感性　77, 79, 80
共感能力　30
狭義のセクシュアル・ハラスメント　178, 180, 181
協議離婚　139
協議離婚制度　151
共同体　10-12
強迫性虐待　169
拒食　109, 115, 117
去勢否認　44
ギル, D.G.　101
禁止命令　157, 158, 197
倉本調査　50, 51, 53-55, 60
グリュック夫妻　68
群発自殺　227
ケアの両義性　162
ケアリング　9, 161, 163, 164, 168, 169
結婚観　148
欠落系　88
研究所調査　50, 51, 52
ケンプ, C.H.　101
厳密な定義　55, 56
広義のセクシュアル・ハラスメント　175, 178-180
公共性　13
強盗　65
合理的選択　40
コーザー, L.A.　145
互換性　147, 149

個人化　10
個人主義　214, 216, 223, 228
小林篤　28-30
コミュニケーティブ　58, 59
コンフリクト・アプローチ　139, 140, 147

さ　行

サイクス, G.M.　8
再体験　183
斉藤環　49
サイレント反応　183-185
酒鬼薔薇聖斗　66
作為命令　157, 159, 170
佐々木嬉代三　5
サバゲ, M.J.　102
CSCプログラム　61
シェフ, A.W.　205
シェフィールド・プロジェクト　20
ジェンダー　9, 161, 164, 168, 169, 204, 225, 228
ジェンダー・ハラスメント　176, 178-180
自己概念　86, 182, 188
〈仕事〉の信憑　133-135
自己評価　70, 77, 79, 80, 100, 103, 112, 114, 164-166
自己本位的自殺　216, 222-225
自殺性比　221
自殺の概念　214
自殺の「言説」性　226
自殺の自由　214, 215
自殺率　215-220, 222, 225
『自殺論』　216
私事化　10-12
私事化のパラドックス　12
思春期青年期暴力　155, 160
思春期の自立　28
市場教　223
自傷行為　111, 112
自助グループ　57
自他融合　162, 164, 168

231

児童　81
児童買春　83, 84
児童買春・児童ポルノ法　81, 83, 84, 92
児童虐待防止法　101, 156, 161
支配・脅迫　165
支配服従関係　175, 187, 188
自発性　131, 132
私物化思想　188, 190
自分中心志向　147, 148
嗜癖　194, 205
嗜癖的文化　205, 208
社会構築主義　159, 193
社会集団の統合　216, 217, 222, 223
社会的構築　25
社会的コントロール理論　8
社会の事実　82, 94
社会復帰　42
社会問題化　65, 82, 94, 196, 213, 215, 226, 227
社会問題のワーク　61
集団拘束力　30
集団本位的自殺　216, 223
修復　57, 58
主観的意味付け　204
主観的社会学　215
宿命的自殺　217, 226
受容万能論　38
状況依存的表現　56
少女　81, 82, 93
情緒的虐待　99, 100, 102, 110
情緒的適合　186, 189
情緒的侮辱行為　100
情緒的無視　100
情動家族　163, 169
初期診断　43
職業としての売春　90, 91
触法少年　67
女子　83
新N字型曲線　220, 222
人格障害　62, 206

人事院規則　176, 178
身体的虐待　99, 102
ジンメル, G.　140, 143
心理学的支配　166
心理社会的発育不全症　108, 112
心理主義　61, 206, 208
心理的依存　9
心理的暴力　161, 164, 165, 167, 169
進路形成　38
スティグマ付与　182, 185
ストーカー規制法　156, 193-195, 197-199, 203
ストーカー言説　194, 199, 202, 205, 206, 208
ストーカー行為の定義　195
ストーカー・ブーム　202
ストックホルム・シンドローム　165
スプレイ, J.　140
性愛ベクトル　141-143
生活者中心　148
生活主体　141, 142, 144-147, 152
性規範　186
制限と巻き込み　165
正常社会学　5
青少年　81
精神保健福祉センター　50, 51, 53, 60
性的喚起　186, 188, 189
性的虐待　99, 156
性的言動　175, 176-179, 182, 186
性的自己決定権　177
性的被害　179, 180
正当性根拠　21
正当の根拠　23
正当的支配の類型　21
性別職域分離　168
性別役割分業　149, 150, 179
性暴力　177, 179
セカンド・レイプ　184, 204
世代間連鎖　159
接近禁止命令　158

摂食障害　　115
セルフコントロール　　158
潜在価値の理論　　8
全能感　　207
相互行為場面　　60
相互補足性　　147, 149
存続・解消不一致　　142, 145, 146
存続必要一致　　142, 145

た　行

「対価型」セクシュアル・ハラスメント
　　　　178, 180-182, 185
体重妄想文化　　116
代替選択肢　　186
代替選択肢の封鎖　　189
ダイヤルQ2　　87, 91
高橋祥友　　227
ダグラス, J.D.　　215
脱文脈化　　60
男女共同参画　　149
単身家庭　　66-68, 70, 71, 74, 75, 77
単身者差別意識　　225
地位統合理論　　217
力の不均衡　　8
中傷　　165
中和の理論　　8
長時間労働　　124
つきまとい等　　194-196
出会い系サイト　　91
DSM　　207
DV法　　156, 161
敵意のある引き込み　　165
デュルケム, É.　　53, 82, 213, 214, 216, 217,
　　　　222, 223, 224
テレクラ　　86, 87, 91
電通過労自殺事件　　226
同一化　　72
東京シューレ　　35
登校拒否　　34
登校拒否を考える会　　35

登校刺激　　38
闘争の諸機能　　145
同調への賭け　　40
ドメスティック・サービス　　167
ドメスティック・バイオレンス(DV)
　　　　139, 140, 143, 146, 186, 196, 213
トラウマ　　18, 30, 182, 184, 185
トラウマティック・ボンディング　　165,
　　　　166

な　行

内的抑止力　　187, 189
中河伸俊　　215
中野富士見中事件　　17, 22, 27
中久郎　　221, 225
仲間集団　　18, 22, 23, 27-30
中村正　　9
西尾市東部中事件　　17, 18, 20, 25, 27, 28
西澤晃彦　　5, 7
日本的学校化　　207
認識上の隠蔽作用　　5-7
ネグレクト　　99, 156, 161, 165, 169

は　行

ハーシ, T.　　8
バーチャル・リアリティ　　59
ハーマン, J.　　166
売春　　81, 83-86, 94
売春防止法　　83, 90, 92
バイト系　　88
派生社会　　179
バタードウーマン・シンドローム　　166
バタラー　　156, 157, 162, 164, 166, 169
働きすぎ　　125, 130, 134, 135
発達障害　　108, 116, 118
反復脅迫　　184, 185
PTSD　　166, 183-185
被殴打女性症候群　　166
「ひきこもり」定義　　51-53, 56, 58
非器質的発育障害　　108, 110

非対称性　163
病院論　3
貧困家庭　70
フィンケルホー, D.　182
夫婦間緊張　140, 141
夫婦間平等志向　148, 149, 152
夫婦間紛争　140, 141
夫婦間暴力　140
フェミニズム　92, 94, 149
フェミニズム運動　177
フォックス, K.J.　61
複合型PTSD　183, 185
複合反応　184, 185
不作為命令　158
不作為命令制度　157
藤井良樹　87-89, 91
不登校の親の会　34
不当な扱い　107, 119
ブルセラ　82, 87, 88
文化的物品　70
ベスト, J.　94
法化対象　156
傍観者層　26
放任　76, 77
暴力のサイクル　166
暴力類型論　161
ボウルビィー, J.　105
保護命令　157, 158, 161, 169
ホスピタリティ　168
母性の剥奪　105
ボーダーライン　206
ホームエデュケーション　37
ホームレス　6
ポランスキー, N.　103
ポリティクス　155, 159
ボンド(絆)理論　40

ま　行

マザリング　9, 164, 168
マッツァ, D.　8

未婚の母　103
宮島喬　222
宮台真司　87, 89, 91, 94, 207
民事不介入　196
村瀬幸浩　91
メゾレベル　10
メンズサポートルーム　162
モラルパニック　26
森田洋司　26

や　行

役割葛藤　217, 223
役割自己愛　224
山形マット死事件　22, 25
病める関係性　213, 214, 221
良い離婚　153
欲求不満―攻撃理論　217

ら　行

リアクション　107, 112, 119
離婚観　151
リスク　46
リスクヘッジ　12
離別　68, 69
略奪的アプローチ　186
臨床教育研究所「虹」　51
臨床実践　61
累犯少年　75, 77, 80
隷属的ないじめ　27-30
ローカル性　59
労災認定　126, 130, 226
労災認定問題　124, 125
労災補償制度　128
労働価値観　225
労働時間構造　125
労働者災害補償保険　121
労働負担　124
ロマンティック・ラブ　203, 204
ロマンティック・ラブ・イデオロギー　208

| 社会病理学講座 3　病める関係性——ミクロ社会の病理 |

2004年2月10日　第1版第1刷発行

編著者　高原　正興 他

発行所　株式会社　学 文 社

発行者　田中　千津子

〒153-0064　東京都目黒区下目黒3-6-1
Tel.03-3715-1501　Fax.03-3715-2012

ISBN 4-7620-1271-8

http://www.gakubunsha.com

©2004 TAKAHARA Masaoki　Printed in Japan
乱丁・落丁本は，本社にてお取替致します。
定価は，カバー，売上カードに表示してあります。〈検印省略〉　印刷／新灯印刷㈱